平成金融危機

初代金融再生委員長の回顧

柳澤伯夫 Yanagisawa Hakuo

日本経済新聞出版

平成金融危機

初代金融再生委員長の回顧

柳澤伯夫

Yanagisawa Hakuo

日本経済新聞出版

恩師島崎くに先生に捧げる

まえがき

金融再生委員長としてわが国の主要銀行に対し公的資金の投入をなし終えた一九九九年度の年度末を少し過ぎた頃、たまたま出会った大蔵省（現、財務省）の先輩西垣昭氏(*)から声を掛けられた。「柳澤君、今度のことは是非記録に残しておいた方がいいよ」との言葉であった。筆者自身も「そうだな。自分の責任でもあるのだろうな」と思ったものだ。

それ以来あの宿題をやらなければと気に掛けてはきたものの、まとまった時間がなかなかとれず、否、それ以上に生来の要領の悪さのせいで、集中してこの作業に取り掛かる時期を逸してきてしまった。そしてようやくこの度その時間に恵まれることになった。遅くはなったが、今度こそ責任を果たそうと決意している。

この記録を書くに当たっては、筆者を取り巻く情勢やそのなかにおける筆者の政治家としての姿勢や判断を記すことは言うまでもないが、直接の当事者として問題への対応を考える際の筋道とその結果としての施策の概要も後に来る人々のために是非書き残しておきたいと考えている。

＊西垣氏は元大蔵事務次官、海外経済協力基金総裁。西垣氏が筆者にこのような声をかけてくれた背景には、西垣氏自身が佐藤総理秘書官として日中国交正常化の秘密交渉の連絡役となった際、当時の経過を日記に残していたこと（最近ＮＨＫの特別番組で明らかとされた）があったためと思われる。

政治論だけを期待する向きには制度論はわずらわしいと思われるかもしれないが、「柳澤はやはり、今時流行《いまどきはや》らない『官僚政治家』だなあ」という友人の評を厭《いと》わず、むしろ自任してきた者として読者諸賢には「制度論にも何とかお付き合いを」と庶幾《こいねが》うばかりである。

最後に回顧録を書き残すというような機会は、WB金融経済研究所の事務所が存在したればこそ、いただけたものである。この研究所に対しては国会議員だった当時からご後援いただいた地元企業をはじめ、生保会社や不動産会社などから多くのご支援をいただいてきた。記して心からの感謝を捧げるものである。

目次

II バブルの生成と崩壊

3 長銀譲渡の交渉経緯

装丁・野網雄太

I

難航する大蔵行政

1　銀行法の全文改正

大蔵省から国会へ

これから平成のバブル経済から金融危機の時代まで筆者が個人的に経験したことを中心に筆を進めていくが、その前に、話のテーマからして自ずと中心にあってこの問題に取り組んだ大蔵省(現在の財務省)という役所に対する国民からの信頼の浮沈について触れておきたい。

筆者は一九六一年に大蔵省に職を得た。ちょうどその前年の夏に政権が岸内閣から池田内閣に代わったが、池田首相自身が大蔵省の出身者であったうえに内閣と党の要職に大蔵省と縁の深い方々が続々と就いたため、大蔵省という役所に対する国民の関心が自ずと高くなる状況が生まれた。それに加え池田内閣の取った政治姿勢(「ウソを言わない」「寛容と忍耐」)および基本政策(「民生重視」「所得倍増」)がともに国民から高い支持と信頼を寄せられた。そしてそのことの反射として大蔵省に対する厚い支持と信頼がかなり長期にわたって維持されたと思われる。

一九八〇年六月二三日筆者は、第三六回衆議院議員総選挙の結果、衆議院に議席を得た。前年七月までは大蔵省から総理官邸に出向し、官房長官秘書官を務めていた。いろいろな廻り合わせから政界に転じることになったのだが、職能は変わっても大蔵省に対する誇りと愛着は決して消え失せたり、薄らいだりすることはなかった。しかしどうやら、筆者が大蔵省を去ったこの辺りの時期から、大蔵省に対する支持信頼が衰え、逆風がそこここで感じられるようになっていった。以下に銀行法全文改正、グリーンカード問題、国際金融センター構想の順に、その状況を振り返っておくこととしよう。

衆議院において筆者は後々、農林、文教、行政改革などを中心に雑多な分野に携わることになるが、当選一期目、二期目などの言わば新参議員の時期には、「恩返し」と称してできるだけ当選前の仕事と関係の深い分野、筆者の場合には財政金融の分野で働くのが通例であった。したがって筆者は衆議院では大蔵委員会に所属し、所属する自由民主党では政務調査会の財政部会（部会は短期的問題を扱う）や金融問題調査会（調査会は長期的問題を扱う）に加入した。

そこへ最初に大蔵省から提案されたのが、銀行法の全文改正案であった。当時の銀行法は昭和二（一九二七）年制定のカタカナ書き、文語文という時代物であった。しかも全体がわずか三三条の法律であった。この法律で戦前、戦中、戦後の五〇年以上もの激動の歴史を乗り切ってきたのは、かえってこの法三条ぶりが機能してきたと言えるかもしれない。

ただ機能の実体を言えば、それは多くをその時々の行政の判断に委ねてきたのであった。そのような行政依存によらざるを得ない法律が、戦後の立憲主義のもとで、これ以上生き永らえることはどの道許されるはずもなかった。

全文改正の背景と事情

銀行法改正がこの時期に取り上げられたことについては、もとより客観的にも一つ二つに止まらない切実な具体的事由もあった。それはまず、七三年および七九年の二回にわたる石油ショック（石油の大幅値上げ、「石油危機」とも呼ばれた）によって日本経済がこれまでと同じ軌道を進めなくなったことである。石油の価格が一バレル三ドルから一一・七ドルへ約四倍も値上がりした結果、わが国経済は国際収支の悪化、景気後退、インフレーションという三重苦に襲われることになった。高度成長の理論を主導した下村治博士が「ゼロ成長」を唱え、福田赳夫首相が「狂乱物価」の言葉を残す状況となった。

こうした状況のなかで金融機関の経営は確実に悪化した。インフレのために預金の伸びが失われる。国際収支の苦境や経済成長の鈍化から資金への貸出需要の減退が生じる。これらによって金融機関の健全性の確保が課題となり、まずはこの観点から銀行法の見直しが求められたのである。

金融機関のあり方を巡っても、国民の金融機関を見る眼が厳しくなっていった。七四年九月、ある新聞に載った「銀行を告発する会」発足の呼び掛けが皮切りであった。

彼らはおおむね次のように主張した。昨今の狂乱物価は大商社の活動によってもたらされているが、その背後には大銀行による巨額の融資があるので反省すべきである。他方、中小企業は融資を受けても、その一部には拘束的な定期預金（いわゆる「歩積両立」）を強いられる。金融機関は中小企業にもっと温かい手を差し延べるべきだ。さらに最近のインフレにより最も苦しめられているのは消費者である。消費者は「一円預金」を行い金融機関を混乱させ、金融機関に消費者の怒りを思い知らせよう。

このような呼び掛けによって、国民世論のなかに反金融機関の声が盛り上がっていった。この状況のなかで金融機関の公共性を確保し、さらに向上させることの必要性が明らかとなり、これも銀行法改正の要因となった。

このように金融機関には健全性や公共性が求められる半面、積極的な業務の展開も求められていた。

わが国の経済は石油ショックによって将来については厳しい見通しのもとにあるが、それまでの順調な経済成長の結果、八〇年代初頭には、個人の資産も企業の余裕資金も相当のレベルに達し、個人、企業ともにその資産の運用に強い関心を持つ状況となっている。金融機関としては多様なサービスの提供を行い、個人、企業の資産運用による利益確保の需要に応えていくことが求められる。この面からも銀行法の改正が必要とされた。

金融機関がさらに新たに対応を求められたのは、石油ショックによる不況のために国債の発行額および発行残高が急増した状況に対してであった。

国債の発行市場、流通市場を整備するためには、長く銀行と証券会社間の基本的規律とされてきた証券取引法六五条（銀行等の証券業務の禁止）との整合性および金融機関としての経営の健全性を損なうことなく、金融機関の業務の自由化をできる限り進めることが求められた。

具体的には、特に金融機関の窓口での国債の販売（「窓販」）および自己売買（「ディーリング」）の業務をどう規定するかが課題となった。

最後に国際社会からは、わが国の金融資本市場の将来の発展を見越し、外国の銀行、証券会社の進出に対し扉を開くべしとの要求が強まりつつあった。このような外国からの国際化の要求にいかに対処するかも、銀行法を改正する以上、避けて通れない課題であった。

改正の五つの観点

これらの事情を背景とするそれぞれの具体的課題に対して、政府としては当時の状況から最大限の妥当性を持つ対処策が銀行法改正案として提案されていたが、その主な内容を簡潔に記せば次のとおりであった。

財務の健全性を確保する観点からは、大口融資規制、合併時の準則、検査を中心とする当局の監督などが必要とされた。

公共性の観点から、新たに規定されることになったのは、情報開示（ディスクロージャー）の義務であった。

サービスの多様化の観点からは、新たな規定が設けられることはなかったが、中長期の預金や譲渡性の預金などの新種の預金、住宅ローンを中心とする消費者ローンなどが法律制定後実施される予定とされた。

業務の自由化の観点からは、店舗の設置、国債窓販の自由化などが規定されたが、国債のディーリングは認可対象のまま据え置かれることとされた。

国際化の観点からは、外国の銀行も相互主義のもとに、わが国の銀行の設立の場合と同じ免許を受けることにより、支店を進出させることが可能とされた。

ここまでの五つの観点からの改正のほかに、改正銀行法案では、銀行の事業年度について半年を一期とすること、休日を週休二日制とすること、金利の建て方について日分建を年利建に改めることが定められていた。

これらの事項はいずれも銀行に限らずどこでも問題となるルールであるが、銀行がこれに踏み切ることによって、それが国民の生活や経済のなかでより徹底して行われることが見込まれた。その意味で八一年の銀行法改正案は、わが国の社会経済全体にとって実に大きな意義を持つものであった。

難航した与党の事前審査

ところが、このような重要な内容を持つ銀行法改正案の国会審議は、与党のいわゆる事前審査という最初の段階からひどく難航することになってしまった。

どの法案でも国会議員による審議では、関連のある事柄であれば何を質問しても許されることになっている。しかもこの法律案は全文改正の法案であるから、全文が質問の対象になることは当然である。しかしそうであるからといって、一条ごとに言わば逐条的に審議することは通常は行われない。時間がかかるうえに、法案の問題点を明らかにして適切な結論を得るという審議の目的に適さないからである。

ところがこの法案の場合には、審議の進め方を論議した第一回の会合において、今回の審議では第一条から逐条的に審議するとの方法が早々と決定されてしまった。審議の遅延戦術であることは明らかで、与党の取るべき態度とは到底思われないものであった。

しかも法案内容の審議に入っても、その質問は新参議員の筆者らを失望させたり、あきれさせるものであった。法文の冒頭部分の政府側の説明に対し、「子供銀行は銀行か」とか「子供銀行が銀行でないのなら、なぜ銀行と名乗らせているのか」とか、いたずらに時間を空費させせんがための発言ばかりが横行した。それらの発言の後には、各条ごとに行政当局の権限強化反対の見地からの質問が繰り返され、大蔵省の権限強化反対の主張が叫ばれた。

元来新しい銀行法改正案は、先にも述べたとおり、旧法の法三条的な規定のもとで大幅に行政裁量へ依存していた体制を改め、国会の定める法律による民主的な行政の実現を企図するものである。それだけに旧法に比べれば、法文の字数も条文数も増えることになり、表面的には行政による行為、したがって行政の権限が増大しているように見える。それが問題だと騒がれたのである。

しかしこのような政府案に対する批判、抵抗の背景には、銀行行政を担当する当時の大蔵省銀行局、さらには広く財政金融行政を司る大蔵省全体に対する反感や不信感があるのではないかと当時強く感じられたものであった。

まず予算編成のプロセスが、いかにも大蔵省の官僚が他の省庁の上に立っているように仕組まれていることである。予算折衝において、各省庁の側から見ると、どの段階でも大蔵省側の格下の担当者と折衝させられることも日常不満の種だということである。

また、退官した後のいわゆる天下り先も、大蔵省出身者の方が他省庁の出身者より質量ともに恵まれていることも、当時においては話題になっていた。

さらに七九年には鉄建公団が大蔵省の職員を官費で接待していたことがいわゆる官官接待として国民の批判を浴びるとともに、大蔵省職員が実際には行われていない出張に旅費等の支給を受けていたことが明るみに出て、カラ出張の不祥事として世論の指弾を浴びることが続いた。銀行法全文改正の審議は、これらの不祥事が人々の記憶に強く残っている時期に始まっただけに、ハードルが極めて高くなってしまったのであった。

ただ、このような与党の一部議員による遅延戦術にもかかわらず、法案の意義と答弁に当たった大蔵省銀行局の土田正顕氏らの真摯な態度によって軽微な手直しを行うだけで事前審査を終了し、政府案として国会へ提出された。

2　グリーンカードの挫折

利子課税への批判

筆者が国会に議席を得た当時、銀行法の全文改正に次いで国会で議論を呼んでいたのは、グリーンカード問題であった。

そもそも金融所得については、利子・配当の所得と資産（主に株式）の譲渡益の三つが主な課税対象として挙げられる。このうち財政収支への影響が大きく、また税理論のうえでも基本的な考え方に相違があり、さらに現実の税制のうえで大きな変動を重ねてきたのが、利子所得であった。

筆者が国会に議席を得るべく準備をしていた一九七九年末、利子所得に対する課税の方式について大幅な改革を行うことが決定された。改正の対象となった従来の税制は、建前としては利子所得も他の所得と総合合算して課税することになっていたが、二つの例外があった。一つは、少額貯蓄（いわゆるマル優）と郵便貯金に対する非課税制度であり、いま一つは、これら以外の利子所得に対する源泉分離選択課税制度であった。

非課税となる少額貯蓄と郵便貯金にはそれぞれ預入限度額が定められており、その額は七四年度（郵貯は七三年一二月）以降三〇〇万円であった。また源泉分離課税を選択する場合の税率は、七一年同制度が発足した当時は二〇％であったが、七六年に三〇％、七八年には三五％に引き上げられていた。これらの制度はいずれも基本的には、わが国経済の資本蓄積の状況に鑑み、なお貯蓄を尊重し、優遇すべきとの考え方に発するものであった。

しかし制度の理念と外見はそうであるにせよ、利用の実態はこうした建前とはおよそ掛け離れたものになっているというのが、当時多くの人々の見方であった。

マル優には架空名義や他人名義の預金が多数存在していると言われ、郵便貯金には新幹線の駅ごとに駅前の局に別口の預金を持つ人がいるなどのことが話題にされた。他方、源泉分離選択課税制度についても、資産家たちはほとんど全員がこの制度を利用しており、確定申告によって原則である総合合算課税を受ける者は、預金額にして預金総額の五％程度しかいないという状況になってしまっていた。したがって利子課税制度は、金持ち優遇の不公平税制の最たるものだと強い批判の対象とされていたのであった。

グリーンカード導入による挑戦

このような不公平を放置することは許されない。しかも、源泉分離選択課税の租税特別措置としての期限が八〇年末に切れる事態も迫っていた。期限切れ後の制度をどうすべきかの難問の処理を担当したのが、七九年七月新しく税制第一課長に就任した内海孚氏であった。

内海氏は入省五年後にフランス大蔵省の研修課程に留学し、帰国後の五年間を主税局の一、二、三課の課長補佐として働いた言わば税制の専門家であった。

七九年半ば主税局の新しい陣容が整えられると、政府税制調査会と自民党の税制調査会の両方において八〇年度税制改正の内容として利子所得に対する課税のあり方について検討が進められ、年末、二つの税制調査会からともに利子課税の仕組みを大改革することが提案された。そして国会での法案審議も大改革にしては思いのほか円滑に進み、三カ月後の八〇年三月末、「所得税法の一部を改正する法律」として成立させることもできた。

その内容は実に画期的なものであった。当時の利子所得への課税は、先にも記したとおり、建前は総合合算課税とはいえ、一つには少額貯蓄非課税制度の乱用によって大きな穴を開けられ、二つには源泉分離選択課税制度が多用された結果、建前がほぼ形骸化してしまっていた。

この実体を正すため、まず少額貯蓄非課税制度の恩典を受けるためには、マル優預金および郵便貯金を通じて、少額貯蓄利用者カード（「グリーンカード」と俗称された）の交付を受けなければならないこととする。グリーンカードは、金融機関や郵便局の窓口で本人確認を行ったうえで交付され、カードには番号が付される。

しかもグリーンカードの役割はこれだけに止まらない。グリーンカードは、総合合算されるべき利子所得を受け取る者についても、架空名義や他人名義などによる本人確認や名寄せ漏れを防ぐため、利子の支払調書にはグリーンカードの番号を記さなければならないとされた。

これにより総合合算のうえ累進税率による課税を受ける預金の利子（このときの改正では源泉分離選択課税制度はすべて廃止されることになっていたので、少額貯蓄以外のすべての利子となる）についても、本人確認と名寄せが確実に行われることになった。

このようにしてグリーンカードは、名称こそ少額貯蓄利用者カードであったものの、課税対象のその他利子所得についても総合合算累進課税の原則を貫くことができるよう、預貯金の名義人の本人確認と名寄せを確保する方策となっており、当時の国民意識の状況から見てまだ導入するには時期尚早とされていた納税者番号制にかなり近いものになっていたと言えよう。

このような内容の制度ではあったが、法律が成立した以上、そこに定められたとおり実施されることは当然の運びとなるので、八〇年度に入ると関係行政機関である大蔵省と郵政省の間では実務的な打ち合わせが進められ、グリーンカードの交付手続を定める政令や省令も予定どおり制定されていった。

国民の受け止め方の変化と政党側の対応

しかし他方、政府部内の作業が進められていたのと同じ八〇年度に入ると、グリーンカード制度について利子所得の捕捉とそれへの課税強化になるとの受け止めが国民の間に強くなり、これを避けるための金融資産の移動が大きな関心を呼ぶようになっていった。当面総合合算課税を避けるため、できるだけ長期の郵便貯金に乗り換えておくとか、同じく償還期限の長い公社債に換えるとか、さらには利札（クーポン）が付かない割引率の大きな長期のいわゆるゼロクーポン債を探す動きが頻《しき》りと話題になり始めてきた。

この頃筆者は、都心のホテルで開かれた一〇人足らずの自営業者の会合に招かれる機会があり、利子課税の改革に対する彼らの対応ぶりについての率直な話を聞かせてもらった。

彼らはもともとそれぞれの道で成功した自営業者の仲良しグループであったらしく、筆者に向かって「われわれはもう外国にも眼を向け、最近はアメリカの賃貸住宅に投資しています」と予想外のことを口にした。

「シリコンバレーの延長で、オレゴン州のポートランド周辺の人口が増えるそうです。そこの住宅を何棟か買って賃貸に出しています。マネジメントをしてくれる会社もあって現場のことはそこにすべて任せています。天候が悪く、家に傷んだ個所が出ると、すぐに写真を撮って送ってくれ、修繕も二つ三つ工法の違ったものを提案してこちらの選択に委ねてくれます。家賃もキチンと送金してくれ、すべてにわたって信頼ができます」という説明であった。「自分たちは税金をごまかしておカネを作ろうなどとは考えていませんよ」というのが、彼らの訴えであった。

いずれにせよ、このように国民の多くが余裕資金の運用について利回りや税負担に敏感になっていた事情を背景として、八一年五月には自民党の政策審議会がグリーンカードの導入に対する慎重論を決議し、また翌六月には党内に自民党の幹事長金丸信氏を会長とする対策議員連盟まで発足することになってしまった。

筆者自身はもともと、金融所得課税については最適課税論を是とする考え方であった。それは当時比較的に新しい考え方で、課税の公平を重視しつつもそのために経済活動の水準が下がって税収が確保できなくなるようでは本末転倒になるという考え方であった。しかし当時は、グリーンカードの導入という旗印のもとで、大蔵省主税局の悲願とも言うべき利子所得への総合合算累進課税の理想に今一歩のところまで近づいていたので、この時点で個人的な意見を殊更に述べ立てることを控えていた。

しかし八二年に入ると、論壇でも評論家の長谷川慶太郎氏を先頭に反対論を打ち出す者も出始め、夏休み明けの九月一五日には対策議連もグリーンカード導入反対を決議してしまった。次いで議連の会長でもある金丸信氏から「グリーンカードはやめにしよう」との発言が行われ、実施断念が正式に決定された。

その後利子所得については、八八年度以降グリーンカードの導入時とはまったく逆に新たに一律分離課税制度が導入され、理念的には常に総合合算課税制度からの挑戦を受けつつも、現実には安定した制度として維持されている。

今にして思うと、少額貯蓄非課税がマル優にせよ郵貯にせよ両方とも無くなり、一律に分離課税になったことが、グリーンカード導入を巡って費やされた導入派、阻止派のエネルギーに対するせめてもの功徳であったと思うほかないことになってしまった。

3　国際金融センター構想の停滞

夢の目標

東京をロンドン、ニューヨークに並ぶ国際金融センターにしたいという構想は、わが国にとって将来の明るい夢の一つである。一九七九年に東京サミットが開催され、八五年にプラザ合意が成立した頃から、政府内ではどこからとはなしにこの話が出るようになった。八五年の国土庁の首都改造計画はそうした空気のなかではかなり形がはっきりしたものであったし、八六年元財務官細見卓氏の積極的発言が実った東京オフショア市場(*)の開設も筆者には構想のソフト面での試行のように見えたものであった。

構想の源は、東京サミットにせよ、プラザ合意にせよ、米国に英、独、仏、伊の欧州勢が加わるほかには、日本だけがアジアから参加していることである。各国のビジネスアワーから見ても、ロンドン、ニューヨークに東京が加わることでバランスの取れた一日二四時間の時間区分となるという事情もある。

この辺りまでの議論は極めて常識的であり、誰にとっても理解が容易であろう。構想が具体的になった場合、東京が金融のどの部分を担うセンターになるかは、それほど容易な問題ではないかもしれない。ニューヨークとロンドンを先行例として見てみよう。

ニューヨークとロンドン

ニューヨークについては、当地に在勤中も商業銀行と投資銀行の力関係が必ずしも筆者には見えやすいものではなかった。

確かに歴史的には、米国の商業銀行は、大銀行といえどもビジネスは要求払い預金を受け入れ、手形割引貸付を行うという超保守的な真正手形原則による決済業務に限られ、さらにはマックファデン法により州をまたぐ業務を禁じられるという真に制約された存在であった。

これに対して投資銀行（証券会社）は建国以来、鉄道建設や鉄鋼生産などに必要とされる巨額かつ長期の資金を株式や債券の形で調達するのが業務であり、商業銀行に比しその重要性において当然に優位に立っていたようであった。

しかしそうであったと言っても、三三年のグラス・スティーガル法によって銀行と証券が分離されると、モルガン商会の総帥J・P・モルガン氏は、これからは銀行の時代と考えて同商会を

＊東京オフショア市場（JOM）は八六年一二月に開設された。外為法上の特別金融勘定を設定し、そこで海外からの資金（円建て、ドル建て）を調達し、それを海外に融資する市場をいうとされる。金利規制、預金保険、準備金制度の対象外で、利子も非課税で優遇される。

整理し、銀行部門（MGTC）だけにしてしまった。もちろん現在においても証券会社として著名なモルガン・スタンレーが存在するが、それは旧商会の三人のパートナーが投資銀行業務にもまだ未来があるはずだと考えて同志を募って設立したものであり、資本的には両者は無関係だと伝えられる。

他方、商業銀行の側にも、伝統的な業務上の制約に甘んじることなく、折から盛り上がってきた一般産業部門の資金需要に応えようとする動きが現れてきた。米国の連邦準備制度理事会（FRB）もこの動きを肯定し、「商業銀行による産業に対する長期資金の供給は経済成長に貢献する」と宣言するほどになった。

民間でのこの動きを主導したのは、ニューヨークの巨大銀行のなかで首位を行くシティバンクであり、そのリーダーのW・リストン頭取であった。そしてその商業銀行の台頭の重要な手段となったのが、一つは譲渡可能定期預金証書（CD）であり、今一つはユーロダラーであった。

CDは、六一年二月にシティバンクが発行に踏み切り、しかも政府証券の取引仲介業者（ニューヨーク・ディスカウント社）と提携して流通性を保証したので、この手法は見事に成功することになった。他のニューヨークの大手商業銀行も次々と後に続くことになり、ここに商業銀行は従来社会のインフラとしてのサービス業（預金の受け手）でしかなかったのが、自ら債務を投資家に売るという独立の産業としての立場に立つことになったと言われた。

もう一つの手段となったユーロダラーとは、ロンドンなどにおいて外国に本店がある金融機関の帳簿の上で動くドル資金であり、そのため米国のFRBによる金利や準備金などに係る規制を一切受けないというメリットがあった。ユーロダラーは六六年の金融逼迫（クレジットクランチ）時に同じくシティバンクが先陣を切って資金の取り入れを行い、他行もこれに追随したので、短期間のうちに巨大な市場となった。

このようにニューヨークは、建国の初めからキャピタルマーケットを発展させてきた土地柄であり、わが国も日露戦争や関東大震災や戦後復興に必要な資金の調達のためにこのマーケットを利用してきたが、ここまで述べてきたような商業銀行の革新を経てマネーマーケットとしてもセンターの地位を確立させてきたと言い得るであろう。

次はロンドンである。

九〇年筆者は宮澤喜一元蔵相、河野洋平元科技庁長官（後に外相となる）に随行して、ベルリンの壁崩壊後のヨーロッパをごく短期間に要所巡りをする旅行に出た。ブリュッセルの欧州共同体（EC）本部、NATOの本部を訪ねた後、当時まだボンに首都機能を置いていた統一ドイツを訪ねた。昼間はコール首相を訪ね、ゴルバチョフ・ソ連大統領との間の息づまる統一交渉の話を聞いた。そして夕食は大使公邸で取ることになったが、宮澤氏と旧知の友人オットー・G・ラムズドルフ元経済相が主賓となった。

当然に両氏が経験された戦後両国の経済運営の思い出話が多かったが、一つだけ宮澤氏の質問に答えたラムズドルフ氏の話が筆者には興味深かった。宮澤氏が「今後ECや共通通貨構想が発展していく場合、ヨーロッパの国際金融センターはどこになるだろうか」と尋ねたところ、ラムズドルフ氏は「キャピタルマーケットのセンターはロンドンのままであろうが、マネーマーケットのセンターはフランクフルトに交代していくだろう」と、何の条件も付けずに断言されたのであった。

しかし現実は、あれ以来三〇年も経過し、フランクフルトにはヨーロッパ中央銀行（ECB）の本部も置かれているというのに、ロンドンは依然としてマネーマーケットセンターとしての力も失っていないどころか、今回英国が欧州連合（EU）から離脱することになっても大陸がロンドンの地位を奪うのは容易ではないように見えるが、果たしてどうなるのであろうか。

トーキョウセンター未だ成らず

筆者は二〇〇二年にこの問題への関心を胸に置きながら、香港とシンガポールを続けて訪ねたことがある。

香港は、株式市場に上場銘柄の数が徐々に増えつつあるという時代であった。取引所も立派な構えと言うには程遠く、すべてがこれからという印象であった。

シンガポールを訪ねたときには蔵相リー・シェンロン氏が相手をしてくれたが、彼は「シンガポールにとっては、やはり香港がライバルであり、税制面などでなかなか手強い手を打ってくる。例えば法人税も、香港への対抗上早晩二〇%にせざるを得ないと考えている」と述べた。ただし、筆者が「香港にはマーケットの後背地として広大な中国があるが、シンガポールはどこを考えているのか」と質《ただ》すと、彼は即座に「シンガポールにとってはインドネシアがあり、その点では心配していない」と述べた。

翻って日本については、筆者は一九九五年から九八年までの間が国際金融センターの夢の実現に最も近づいた時期であったと思う。

まずハード面では、東京都知事候補鈴木俊一氏が九五年四期目への公約として世界都市博覧会(都市博)を掲げたことである。この種の博覧会は、当面は短期的な目標として博覧会の開催を掲げるが、どこの国の例でも博覧会の後には常に何か本当の計画が構想されており、博覧会終了後跡地利用の計画として、当初隠れていた構想が表に出るようになる。練達の鈴木知事がこのような歴史を知らないはずはなく、都市博の裏側の計画は国際金融センター構想であったと言っても牽強《けんきょう》付会の絵空事ということにはなるまい。

ソフト面で九六年から九八年までは、橋本龍太郎総理が東京の国際金融センター化を胸に抱きながら提唱した金融ビッグバンのもとで、制度の検討、整備が行われた時期である。これについては後に詳しく記述するので、ここではこれ以上立ち入らないこととする。

いずれにせよ、鈴木都知事は都市博を公約したが後任の青島幸男知事によって中止とされ、ビッグバンの制度を整備した橋本総理は、後に述べるような不良債権問題の再燃などから、せっかく整備した制度を実施するまでの政権としてのエネルギーを発揮しないまま終わってしまった。

もし大蔵省がかつての池田総理の時代のような強力な指導力と国民からの厚い信頼を維持していたら、東京の国際金融センター構想の実現はそれほど難しいことではなかったと振り返るのである。

Ⅱ　バブルの生成と崩壊

1　バブルの相貌

地価高騰の舞台裏

後にバブルと呼ばれた異常な資産価格の高騰は、まず土地の価格、特に東京の都心の地価に始まった。一九八〇年代初めのことであった。

その頃筆者の郷里にあるわが国を代表する楽器メーカーの社長が、毎年の税務申告を依頼している公認会計士を前にして「そろそろ自分も相続のことを考えなければならないから、自分の財産の額と相続税の額の大体のところを調べ始めてくれないか」と話をされたことがあった。その際たまたま同席していた筆者にも「あなたも何か気付いたことがあったら、(公認会計士の)先生に伝えてください」との話があった。

その後、この公認会計士とは折に触れてこの件について雑談を交わすこととももなった。その雑談の一つとして二人の間で「社長と言えば、戦後の焼け跡から日本を代表する楽器メーカーを育て上げた名経営者でしょう。そんな社長の半世紀に近い経営努力の結晶でもある資産が、都心の赤坂辺りの煙草店が持っている土地の価格と比べてどうかなど、バカバカしくて考えるだけでイヤになります。世の中どこか間違っています」「まったくです」と嘆き合ったものであった。この公認会計士は浜松市の出身であるが、仕事は主として東京で営んでいた人であった。

そんな異常な状況は、より一般的な情報からも明らかになっていた。当時、高額所得者（八三年からは所得税の高額納税者となった）の公示制度があり、毎年五月の下旬に新聞各紙やテレビ局が税務署ごとに公示される情報を全国的に集計し、順番を付けて発表する慣わしがあった。

この言わば長者番付の上位には、毎年松下幸之助氏（松下電器産業社長）や上原正吉氏（大正製薬社長）らの著名な企業経営者が名を連ねていたが、八〇年代に入ると不動産業や農業や材木業などの職業を名乗る全国的にはほとんど無名の人物が高額な譲渡所得のために松下氏や上原氏に並んだり、取って替わったりするようになる。

新聞などは彼らを「土地成金」と呼んだりして、この風潮を大々的に報道したものであった。筆者の選挙区の経営者のエピソードも、このような地価高騰がもたらした資産価値の歪んだ姿の一例であった。

筆者がニューヨークに在勤した当時知り合いになった投資銀行ゴールドマン・サックスの友人ビル・ブラウン氏が、筆者の帰国（七五年）より一足先に、東京に同社の駐在員事務所を開くと言って日本に向かった。筆者も翌年帰国して付き合いが復活したが、彼らの日本進出は、わが国の金融自由化の本格化を見越しての米国勢の東京進出の先駆けであったと言えよう。

筆者と彼とは再び気の措《お》けない言葉を交わすようになった。住まいを尋ねると、東京都千代田区番町に住んでいると答え、ついでに家賃を聞くと、月額一五〇万円だと明かした。筆者たちの住居費とは初めから比べるべくもないとは思っていたが、それにしても高額な家賃であった。実は彼ら外国のビジネスパーソンの間でも、東京の住居費は格別高いというのが共通の評価だとも聞かされた。

八〇年代に入ると、米国の金融機関の東京進出はさらに多くなった。証券会社のモルガン・スタンレーも進出し、やがて責任者としてファースト・ボストンからモルガン・スタンレーに転じていた米国の友人ジャック・ワーズワース氏も着任した。このような具体的な動きの背景として、東京の国際化、情報化、サービス化が進み、それに伴いオフィススペース（床面積）の供給不足が注目を浴びるようになった。

国土庁は八五年（首都改造計画）、八七年（第四次全国総合開発計画）の二度にわたって東京でのオフィススペースの大幅不足の見通しを発表し、都心の地価高騰が実需にもとづくものとの見方を明らかにした。

地価の高騰は地方にも及んでいた（図表1）。都心の狭小な土地を高額で売却した者が近郊に広めの土地を取得して住居を移すだけでなく、別途財産保全の目的から地方でさらに広い土地を取得するのだが、それぞれの土地の価格交渉では「金持ち、喧嘩せず」で鷹揚《おうよう》に出るため、勢い価格は割高になる。これが都心の高い地価が地方に拡散していく基本的パターンであるとの説明を、当時わが国でも始まった大学の不動産学部の教授に転じた建設省の友人から聞かされた。

図表1　公示地価全国平均の推移

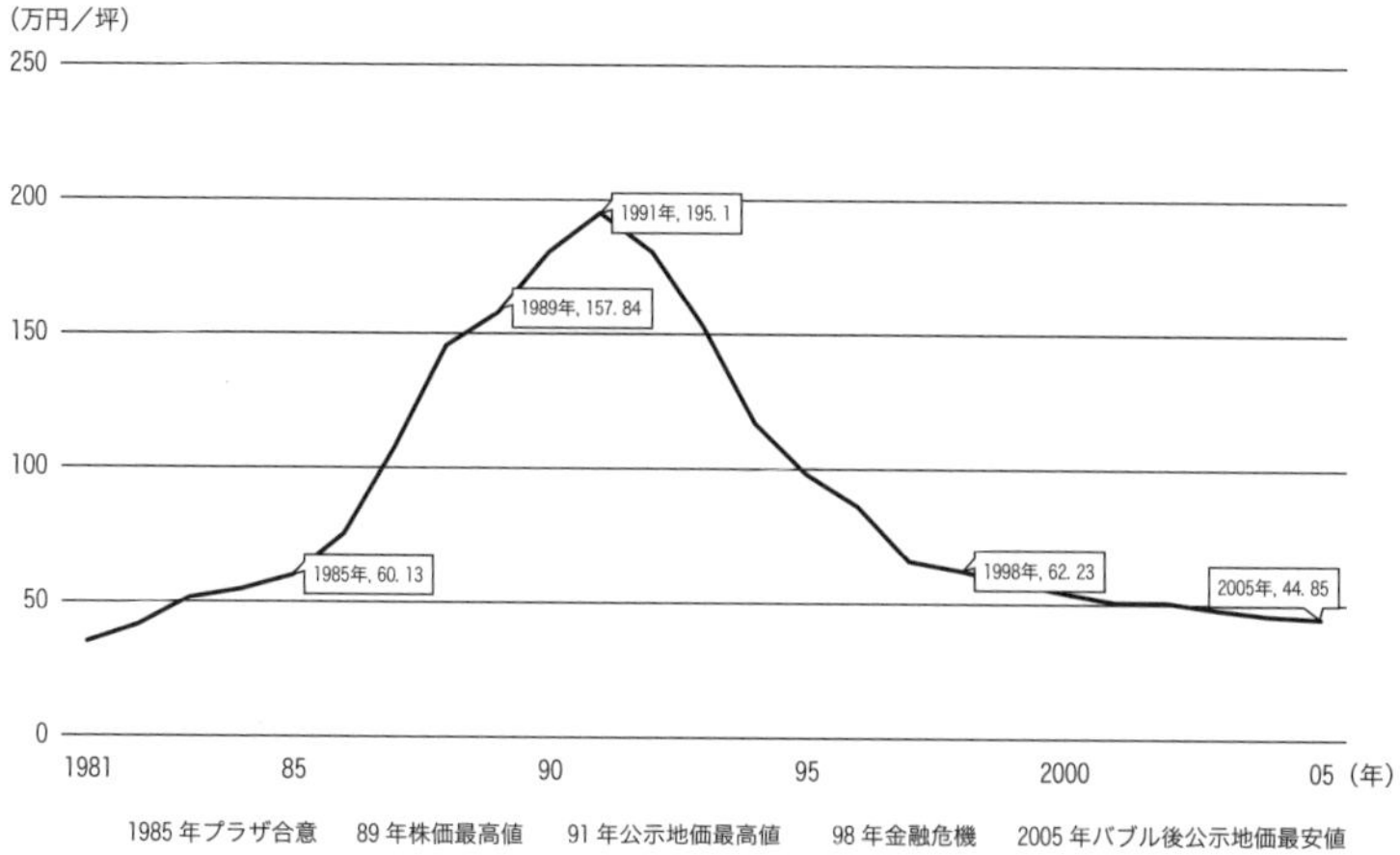

（出所）公示地価データ

筆者にも国会議員として係わりをもった事案があった。それは浜田卓二郎議員をリーダーとする地方におけるリゾート開発を推進する議員連盟の活動で、モデルは南フランスのラングドックルションであった。筆者など国会議員たちは八三年七月初めパリの国土整備地方振興庁（DATAR、日本の建設省に相当）を訪ね、構想と事業実施の経過を聞いた。

ラングドックルションは国家のプロジェクトであり、実現には長期間（一二年）を要したものの、資金、人材などをこの一カ所に集中投資することにより実現できたとのことであった。

しかし八七年六月に成立したわが国の「総合保養地域整備法（「リゾート法」）は、いつものように、対象地域を地方自治体に対して公募し、彼らからの手挙げ方式によって指定する手法を取ったため、対象地域が絞れず多数になり、指定地域を

図表２　全国土地時価総額の推移

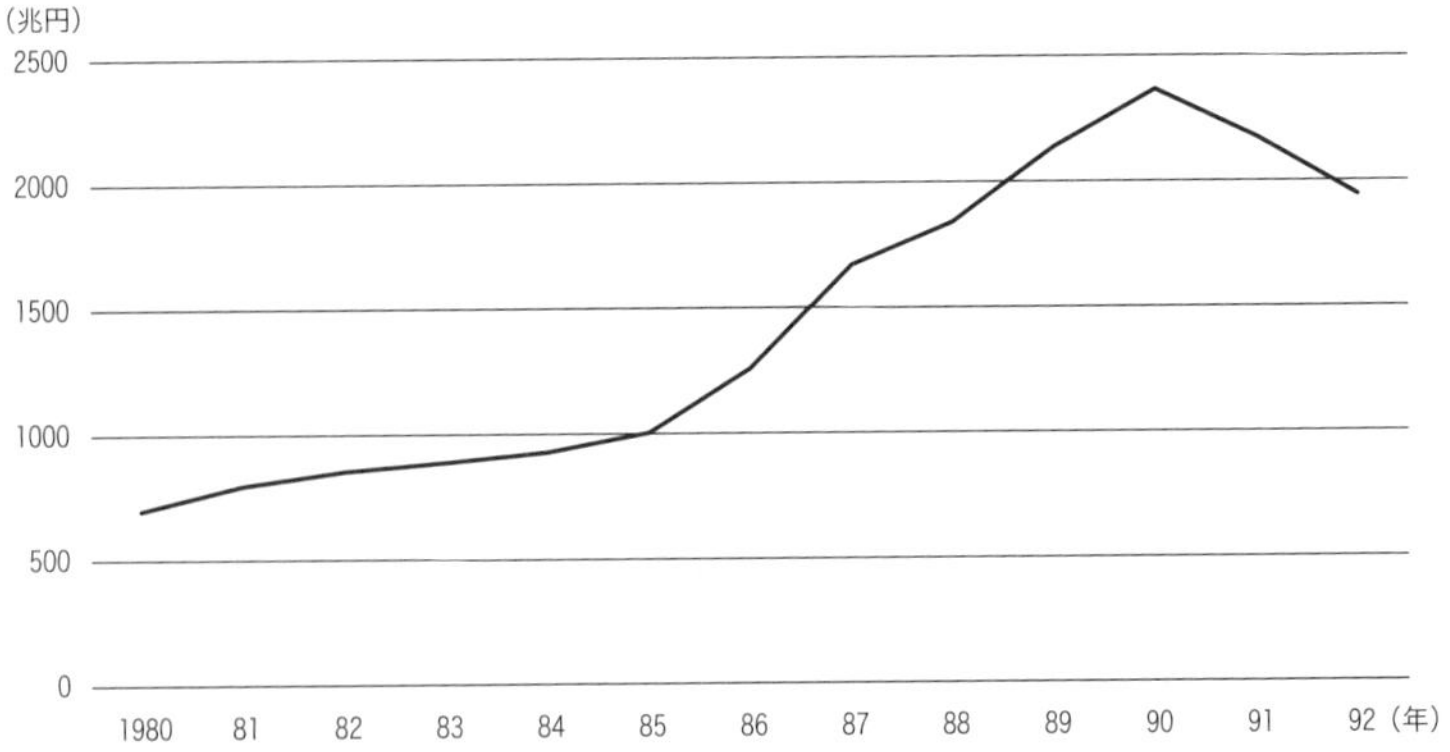

（出所）　国民経済計算

全部合わせると国土全体の三分の一にもなったといって笑い話にされてしまった。

その結果、構想そのものが散漫になり、いずれも実現できなくなってしまったうえに、東京都心に始まった地価高騰の動きを全国各地に拡散させる大きな要因にもなってしまった。

このようなエピソードのうえに、統計の数字によって地価の動向をたどってみると、図表２に示すように、全国の土地の時価総額は八一年に七九八兆円だったものが九〇年には二四五六兆円となっており、その間の値上がり率は実に三〇七％であったことが示されている（国民経済計算）。

なにが株価を高騰させたのか

地価の高騰は株価にも波及していった。

地価は当時（現在もである）企業会計上はその土地を取得したときの価格（「取得原価」）で計上していた

ので、土地が高騰する前に取得していた土地資産については、実勢に比べ大幅に安い評価で帳簿に計上されている。すなわち、土地資産が大きな含み益を持っていることになる。

証券会社はそこに着目し、高騰前の土地を多く保有している企業の株価は割安になっているとの議論を営業の材料として活用した。いわゆるＰＢＲ（株価純資産倍率）修正の議論であり、現状の簿価による一株当たりの純資産額は実際にはもっと高価であるので、それを踏まえてＰＢＲを修正したうえで投資家は株価を評価すべきであると説いたのである。

この議論は、新聞の一般紙にも具体的な企業名を挙げて報じられた。この議論に従えば、多くの株に割安感からの見直し買いが入るのは当然であった。

八〇年には、企業が保有する有価証券についていわゆる「簿価分離」の方式が導入された。保有有価証券の評価には、基本的に「時価法（決算期末の時価で評価）」「原価法（取得した時の価格）」「低価法（時価、原価の低い方の価格）」の三方式があり、どの方式によるかで企業の決算時の資産評価額や期中に売買が行われた場合の損益に大きな影響を及ぼす。

八〇年の新方式は、七九年の国債暴落を受け、市場の立て直しのために導入された。簿価分離が認められる前は原価法であったから、すでに国債を保有している投資家がさらに国債を買い増した場合には、保有していた国債と買い増した国債の平均価格が原価として計上される。せっかく価格が下がったから買い増したとしても、原価の上ではその効果が薄められ、価格が回復して売却した場合も売買益が減少してしまう。

図表3　日経平均株価年次推移

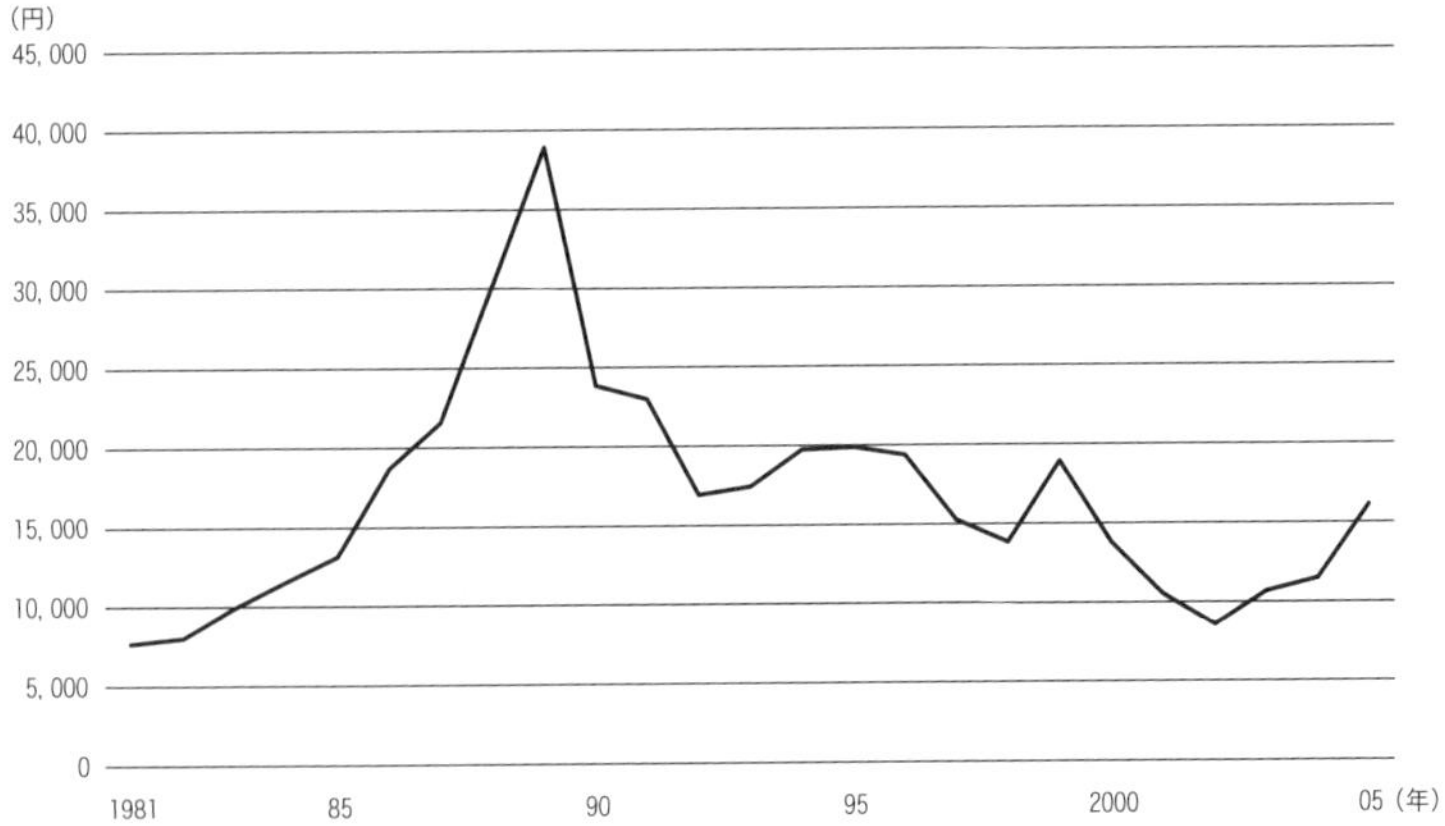

そこでこの新方式では、信託会社を通じて買い入れた場合に限るが、直接保有していた国債の簿価とは分離できることはもとより、買入れ契約ごとの価格で会計処理ができることとされた。

しかもこの方式は、有価証券全体が適用対象として定められたので株式にも適用され、そのため、信託を介した株式投資に多大の影響を及ぼすことになった。委託者（投資家）が売買を行う対象株式については、受託者（信託会社）に指示を行う特定金銭信託（「特金」）や委託者の指示が行われない金銭信託（「ファンドトラスト」通称「ファントラ」）があり、これら信託を介した株式投資によって株式取引が活況を呈し、市況のブームが生じた。

すなわち、株価上昇の流れのなかで株式を売買して利益を得ようとする場合、取引する株式が以前から保有する株式であると、簿価通算方式のもとでは取得原価が低くなるので、その分実際の売却益以上の利益が出て税負担が大きくなってしまうのに対し、簿価分離方式となれば実際に得たとおりの利益に対する課税で済むことから、特金、ファントラによる利ザヤ稼ぎが著名な上場企業によってまで広く行われたのであった。

ここまで述べてきたいろいろな事情を主たる要因として値上がりすることになった株価を、日経平均で追ってみると、図表3に示すように八一年一二月二八日に七六八二円であったものがピークの八九年一二月二九日には三万八九一六円となり、この間の値上がり率は五〇七％という驚くべきものとなった。

2 政策的要因

金融自由化の誤算①――適債条件緩和

一九八〇年代には金融の自由化が進んだ。これは「国債」と「国際」の二つのコクサイへの対応であったと説明される。

国債については六五年度の発行開始から一五年が経ち、発行額も一〇兆円を大幅に上回るようになってきたため、発行に当たっては応募者すなわち投資家たちの声を聞かざるを得なくなっていた。他方国際については、財政収支、国際収支の双子の赤字を抱える米国から市場開放の要求が強く寄せられたことへの対応が求められた。このようにして措置されることとなった金融自由化であったが、そのなかには後にバブルの生成につながってしまったものもあった。

一つは、七八年に初めて認められ、八〇年代を通じて要件（適債条件）が緩和された無担保社債の発行である。

筆者は七〇年代の初めニューヨークに駐在し、七五年に行われた政府保証日本開発銀行債の発行事務に現地で携わったので、米国投資銀行の活動や社債市場の活況を間近に見てきた。それだけに〇〇鉄道財団抵当社債などしか認められないわが国社債の発行市場、流通市場の遅れを極めて遺憾に思っていた。なぜ一般の企業がもっと柔軟に社債を発行して、直接市場から資金調達ができないのか、の思いである。

したがって無担保社債の解禁や適債基準の緩和を正直喜ばしく思ったのであるが、この自由化には副作用が伴った。もっぱら自行の金融債の発行によって調達した資金を原資として長期資金の貸し出しを業としていた日本興業銀行（興銀）、日本長期信用銀行（長銀）、日本債券信用銀行（日債銀）の長信銀三行が、自らの貸出先顧客を失ってしまうという打撃を受けてしまったのである。

付け加えて言えば、同じく長信銀三行の貸出先顧客であった大企業が株式市場の活況を利用して時価による増資を行い、長期資金の自力調達を行うようになったことも、長信銀三行の融資活動の不振に追い打ちを掛ける結果となっていた。

そもそも株式の時価発行増資はすでに六〇年代に、先に触れた筆者の郷里の楽器メーカーの社長が大蔵省との長い論議の果てにようやくその扉を開いた方式であった。ただ、その後この方式は大蔵省との激しい論議が後遺症となり、異端視されたためか、多くの企業がすぐにならうような状況は生まれなかった。それがこの時期、自由化の機運の高まりと株価の高騰のなかで多くの上場企業がはばかることなく時価増資に傾いたのであった。

無担保社債の発行による資金調達に加え、株式の時価発行増資によって無利子の長期資金を企業が手に入れられるという金融市場の構造変化によって、長信銀三行はさらに深刻な顧客獲得の困難に直面することになったようだ。

九一年七月筆者はヨーロッパに出張した折、スイスのチューリヒに立ち寄り、当地の興銀の駐在員と夕食をともにしながら、話を聞く機会を持った。それまでに出会った興銀マンと言えば、滔々《とうとう》と大所高所からの政策論をしていたのに、そのとき会った駐在員は、自分が勤務する銀行の幹部のなかに、以前ではあり得ない危険な分野の融資に進もうとする人々とその意見に与《くみ》しない人々との対立が生じている、といった行内事情を愚痴っぽく話した。以前の興銀マンと比較してあまりの変貌ぶりに驚かされたものであった。

帰国した翌月の半ばから新聞で、大阪の料亭の女主人による巨額の詐欺事件が大きく報道される事態となった。しばらくの間続報を読むと、興銀と女主人との間には金融のいろいろな取引があり、「かつての興銀を知る者にとっては信じられない融資だ」などと他の大手銀行幹部から酷評される有様になった。

さらに続報によれば、この事件に絡む興銀の幹部のなかには、筆者がニューヨークに駐在していた当時知り合いとなった人物や、帰国後世界的に活躍するあるオペラ歌手を応援していた縁で知り合った人物の名前までが挙がり、当時の彼らの社内的地位から見てこの事案には興銀の組織としての関与があったことも明らかとなっていった。

この事件は、企業の産業活動に必要とされる長期資金の直接金融による調達に途を開いた自由化措置が、長信銀の融資先の方向転換を余儀なくさせ、それがこのような事態にまで至ってしまったのであろうかと考えさせられたのであった。

金融自由化の誤算②——窓口指導廃止

二つ目の自由化は、日本銀行による取引先金融機関に対する窓口指導の廃止である。中央銀行による金融政策は、伝統的には言うまでもなく公定歩合操作、公開市場操作、準備率操作の三つであるが、わが国ではこれらに加えて日本銀行が取引先の個々の金融機関に対して貸出増加額の規制を行ってきた。

具体的には、金融機関から四半期ごとに貸出計画を提出させ、それに対して個別に貸出増加額を査定し、通知するものである。

これを窓口指導あるいは窓口規制と呼んでいたが、伝統的金融政策を補完すると同時に、金融システムの安定性を確保することを目的とするプルーデンス政策としても重要な役割を果たしていた。金融の自由化が進み、預金金利の自由化や東京オフショア市場の開設などにより窓口指導の意義が薄れてきたと認識されるようになり、九一年七月この制度は廃止された。

ただこの制度の廃止は、自由化の進展のなかで制度の意義が稀薄化したためということ以上に、窓口指導は最も直接的な規制であったことから、その廃止自体が自由化そのものの大きな進展であったと言うべきであろう。いずれにせよこの規制は、金融機関の貸出業務に金融政策としてだけでなく、プルーデンス政策の見地から抑制を利かす機能を担っていたことから、その撤廃は大きな禍根を残すことになった(*)。

さらに指摘しなければならないのは、自由化の流れや風潮が強まったため、行政や中央銀行が規制のために本来出て行かなければならないときにすら、その行動を制約してしまったことである。この結果わが国では、危うく「自由が残って金融システム滅ぶ」が現実になってしまうところであったのである。

＊北拓破綻当時の頭取河谷禎昌氏は二〇一八年五月の新聞インタビューで、九〇年代前半当時北拓など多くの銀行が積極融資にのめり込んでいった要因として、「日銀窓口指導の廃止が大きかった」と述べている。

金融緩和──二つの背景

地価、株価の高騰を生んだ要因にはさらに根本的に、金融の緩和があったことを指摘しなければならない。そして政府、日本銀行により金融緩和政策が採られた背景には、米国政府からの強い働きかけがあった。

八五年一〇月の主要先進五カ国財務相会談（G5）において変動相場制のもとでの初の為替レートの調整が合意されたが、それで直ちに米国の国際収支のバランスが回復するものではなかった。このいわゆる「プラザ合意」のために、先進五カ国が集まったものの、米国の狙いはわが国と西ドイツ、特にわが国の輸出の突出を抑えることにあった。したがって日本に対しては、為替レートの調整とともに、内需の振興が求められたのであった。

この状況が進むなかで筆者ら国会議員に強くアピールしたのは、八六年四月に出された中曽根康弘総理の私的諮問機関である「国際協調のための経済構造調整研究会」のいわゆる「前川リポート」と八七年四月に出版された下村治氏の『日本は悪くない』（ネスコ刊）と題された著作であった。

前者はわが国経済の輸出依存構造を見直し、逆に輸入拡大型への転換を説いたものであり、後者は日米間の経済摩擦の原因はもっぱら米国の大減税(*)にあるのだから、その是正こそが優先課題だと指摘し、わが国が円高によって輸出を縮小させ、さらにそれを内需振興で補おうとするのは誤りだと説くものであった。

筆者もレーガン政権における初期の減税政策については成功することはあるまいと思っていただけに、むしろ下村氏の見解に共感を覚えたが、されぱと言って下村説で米国に政策の転換を迫ることは現実的ではないと思った。

米国側がわが国や西ドイツに協調利下げを求めたのには、もう一つ背景があることも伝えられた。それはFRBのボルカー議長の持つ懸念で、為替レートを調整してドル安を実現するのはよいが、それがドルの信認を動揺させ、ドルの暴落（フリーフォール）を招くようなことがあっては困るというものであった。そのためにFRBは、自国の金融緩和を行う都度、日本銀行に協調利下げを求めたのであった。

日本銀行はこの要請に応えて八六年一月を皮切りに、三月、四月、一〇月と一年間に四度、合わせて二％の公定歩合の引き下げを実施した。さらに翌八七年二月にも〇・五％の追加引き下げを行ったので、公定歩合のレベルは八三年一〇月に五％であったものが、戦後最低の二・五％に低下したのであった。

日本側で協調利下げに応じたことには、もう一つ日銀理事の緒方四十郎氏の回顧談としての証

＊レーガン政権（一九八一〜八九年）は、民間活力による米経済の再生を目指し、減税、財政支出削減、規制緩和などによるレーガノミックスを打ち出した。特に減税については、A・B・ラッファー南カルフォルニア大学教授が減税による税収増を主張し（いわゆるラッファー曲線による）、レーガノミックスを支えたとされる。

言がある。それは日本国際交流センターの懇親会の席上筆者に対して述べられた。緒方氏は、「プラザ合意の後、日銀を代表して大蔵省主計局長の吉野良彦氏に対し、財政出動による協力を申し入れたが、吉野氏によって財政には今やその余力はないと拒絶された結果、対米協力も金融緩和のみによることとなり、そのためバブルを生んでしまった。柳澤さんなどには将来があるので、このことはよく憶えておいてほしい」と述べたものであった。

この日本銀行による金融緩和一刀流の措置は、背景となった直接の事情が米国のドルのフリーフォールへの恐れと日本の財政出動拒否とのいずれにあったにせよ、狙いどおりの効果を上げ、この政策が継続した三年半の期間のマネーサプライ（ほぼ貸し出しの増減を反映）は実に二ケタの伸びとなった。

筆者が地元で昼食のために街なかの食堂に立ち寄り、銀行員と覚しき客の話を聞くともなく聞いていると、彼らの競争銀行が派手に営業活動を行っていることが話題となり、「われわれだけこんなに従来どおりの営業姿勢でよいのだろうか」と不安気に同僚と語り合っているのが耳に入ってきた。

話しぶりから彼らは明らかに地元の老舗銀行、静岡銀行の行員であった。そして競争相手は同じ地域の第二地方銀行で、彼らは事業意欲や投資意欲のある人を見付け、次々とその人々の望む資金を貸し出しているというのであった。そのような状況の広がりと積み重ねが、マクロ的にもマネーサプライや貸し出しの大きな伸びの数字となっていったのであろう。

静岡銀行には当時、平野繁太郎という九〇歳を超えてなお矍鑠《かくしゃく》として週に一度は銀行に通う元頭取がいて、現役の役職員に対し、「異常値には気を付けろ」と檄を飛ばしていたようであった。それもあって静岡銀行は、このときのバブルの影響をまったく受けなかったとして全国の金融業界にその名を馳せたものであった。

3　心理的要因——「経済大国」に浮かれる

「適切な買い物を探せ」

ここまでバブルの現象と要因について、地価高騰、株価高騰、金融自由化と金融緩和の観点から順次述べてきたが、筆者は最後にもう一つわが国の国民全体を覆った「気の緩み」、もっと言えば「浮かれ気分」を挙げざるを得ない。

「バブル」について触れた記述は、筆者の手元にあるものとしては、下村治氏が一九八七年四月に著された、前にも触れた『日本は悪くない』のなかの「アブク」が最初である。しかし言葉の問題ではなく、気分としていつの頃からアブクが生まれ始めていたかを振り返るとき、やはり思い出されるのは、七五年頃筆者がニューヨークに駐在した最後の年あたりの状況である。

七三年から七四年にかけて日本経済は、中東戦争をきっかけとして発動されたアラブ産油国による石油の減産と大幅値上げ（「石油ショック」）に見舞われた。

経済成長のための石油依存度（経済成長に対する石油消費弾性値）が高く、しかも石油供給の多くを中東からの輸入に依存していたわが国経済は大きな打撃を受け、七四年度には戦後初のマイナス成長に陥るとともに、消費者物価もいわゆる狂乱物価と呼ばれる二〇％もの上昇を記録するに至った。

戦後わが国経済の高度成長の理論的支柱として重きをなしてきた下村治氏までが、「日本経済の成長はここで終わり、今後はゼロ成長になる」と論じ、筆者などを大きく動揺させた。

しかし現実にはわが国経済は、このような厳しい予測に反し、不況とインフレの同時進行であるスタグフレーションを二年程度の短い期間で脱することができた。

その原動力となったのは、一つは成長の石油消費弾性値を下げる産業技術の進展と産業構造の転換、二つは国債の大量増発による財政支出の積極的拡大、三つは欧米への輸出の促進であった。そしてこの輸出の増加が問題化することを懸念してか、国際収支における対米黒字の拡大を避けるため、「適切な買い物を探せ」という、言わば指令を東京から受け取ることになったのであった。七五年の年初であった。

この指令のもとで第一に行ったのは、日本航空と全日本空輸による米国製航空機購入の金融を、従来の米国のワシントン輸出入銀行と民間銀行との協調融資からすべて日本の政府系金融機関と民間金融機関との融資に切り替えることであった。

ワシントン輸銀には大使館の財務担当者が断りに行くこととされ、協調融資を行ってきた民間銀行はすべてニューヨークにあったので、筆者がニューヨーク事務所の代表として挨拶に出向くことになった。筆者が訪ねた相手はすべてあらかじめワシントン輸銀から連絡を受けていたらしく何の滞《とどこお》りもなく了解してくれたが、心情的には明らかに日本の航空会社から頼りにされる立場を失うことを残念がる風情であった。

二つ目は、ニューヨーク総領事の公邸を購入することであった。従来は小さなペントハウスを借りていたが、新たに自邸内の広間で一〇〇名ほどのパーティを開くことのできる一戸建てのタウンハウスを所有しようということであった。

買入れ候補として推薦を受けた物件を総領事が自ら見て回り、あまり時間をかけずにセントラルパーク東六七丁目の邸宅を買い入れることに決まった。前の持ち主は成功した実業家ということであったが、ここ数年間は空家になっていた。公邸として使うためには若干補修をしなければならなかったが、それもあまり時間をかけず、七五年春には大平正芳蔵相が立ち寄られるのに間に合わせることができた。

筆者は、ペントハウス時代とタウンハウス時代の両方を知る巡り合わせになったが、新しい公邸に移ったときにはいかにも金ピカでペントハウスに比べ格段に立派なものに見えた。

三つ目は、筆者の個人的な思い出である。公邸を購入する前後には、国際収支の対米黒字を縮小するための調査団まで東京から派遣されて来ていた。そんな動きも気に掛けていたある日のパーティで筆者は、気の措《お》けない友人たちとこんな会話を交わした。

「日本は今、国際収支の対米黒字を減らすために、何か米国から買うものはないかと探しているのだが、米国にはなかなか良い物がないので、困っているんだ。本当は一つあるのだが……」

「それは何だ」

「それは領土だ」

この辺からは両者ともに笑いながらの会話となった。

「どこを考えているのか」

「日本から近い西海岸の州のどこか一部でもどうかと考えている」

「それはあり得ない！　考えるだけ無駄だ」

すると、黙って聞いていた別の友人が口を開いた。

「西海岸ではないが、ウェストバージニアなら、考えてもいいじゃないか」

ウェストバージニア州について、そのとき筆者はロックフェラー一族の誰か若い人が知事をやっている州くらいしか知識がなかった。後でちょっと調べてみると友人のユーモアがいかにも面白かった。ウェストバージニアは、かつて州を支えていた石炭産業の不振から今や全米一の貧困に喘《あえ》いでおり、連邦財政のお荷物になっているとのことであった。

それにしてもこの七五年半ばの社交の場での会話はその場の雰囲気に合わせての筆者の軽口で

あったが、当時の浮かれた気分を裏書きするものだったと言わざるを得ないであろう。

『ジャパン　アズ　ナンバーワン』の忠告

七五年一一月には、フランスのジスカールデスタン大統領の提唱による第一回サミット（先進国首脳会議）がランブイエで開かれた。参加国は米国、フランス、英国、西ドイツ、日本、イタリアの六カ国であり、石油ショックで揺さぶられた世界の経済秩序の再建を討議するのが目的とされた。

前にも記したとおり、日本経済は七三年の石油ショックの直後にはスタグフレーションに陥ったが、七五年三月には景気が底入れし、その後先進主要国の間では西ドイツとともに最も早く回復を実現していた。このことが、サミットの協議へ参加を求められることにつながったと筆者らは考えたものであった。

しかしサミット参加後国民の間には、日本を「経済大国」と認識する見方が広がり、また、自分たちが中流の生活水準を享受しているとの中流意識が多くの人々に浸透していった。七九年六月には、フランス、米国、英国、西ドイツに続いて日本がホスト国になって第五回サミットが東京で開催された。

そしてその前後に米国ハーバード大学の社会学教授エズラ・ヴォーゲル氏の『ジャパン　アズ　ナンバーワン』が公刊され、わが国においてベストセラーとなった（ＴＢＳブリタニカ刊）。

この書物は七五年の時点で、ヴォーゲル氏が米国では国民の政府への不信感や多発する犯罪など深刻な社会問題が生じているのに、日本が同じ問題をうまく解決しているとの認識に立って、日本に成功をもたらした国民性や官民の協調の仕組みについて米国にとって教訓となるよう詳細な分析結果を提示したものである。

日本で翻訳が出版されるに際してヴォーゲル氏は、「日本語版への序文」と題する一文を寄せ、彼の分析が日本の読者に歪んだ受け止め方をされることを懸念してか、「過度なプライドを持たないように」との忠告をしていたが、結果は同氏が案じたとおり日本人に過剰な自信、あるいは慢心を持たせる一因となってしまったようであった。

4　行政の対応とバブルの崩壊

金融当局の措置

前記のとおり、日本銀行の公定歩合は一九八六年一月の利下げ以降八七年二月に至るまで五回にわたって五%から二・五%まで急テンポで引き下げられた。これに応じてマネーサプライ（現在は「マネーストック」）の伸びは、この期間年率二ケタあるいは二ケタに近い伸びを示し、こ

図表4　3業種向け銀行貸出残高推移

（億円）

	1980年		1985年		1990年		1995年	
業種	金額	比率(%)	金額	比率(%)	金額	比率(%)	金額	比率(%)
不動産業	75, 652	5. 6	171, 739	7. 7	424, 269	11. 3	573, 242	11. 8
建設業	72, 542	5. 4	126, 748	5. 7	199, 776	5. 3	311, 234	6. 4
ノンバンク	40, 460	3. 0	150, 422	6. 8	346, 182	9. 2	409, 568	8. 5
3業種以外	1, 157, 513	86. 0	1, 778, 615	79. 8	2, 789, 823	74. 2	3, 549, 242	73. 3
合計	1, 346, 167	100. 0	2, 227, 524	100. 0	3, 760, 050	100. 0	4, 843, 286	100. 0

（出所）日本銀行全国銀行勘定

れがバブルの生成に大きな要因となったことは否めない。

そこで地価、株価などの資産価格の高騰ぶりを牽制するため八九年二月日本銀行は金融機関に対し「特別ヒアリング」を実施するとともに、公定歩合を同年五月に〇・七五％、一〇月には〇・五％それぞれ引き上げ、金融政策の方向を緩和から引き締めに転換した。

他方大蔵省も金融機関に対し、八五年七月から九一年一二月までの間、数次にわたり不動産関連融資について自粛を求める通達を発出したほか、八九年二月には日銀と同様「特別報告」を行うよう求めた。そして九〇年三月に至り、不動産向け貸し出しについて融資総量（金額）について規制を行うとともに、不動産・建設・ノンバンク向けの融資状況について報告を求めるとする通達を発出した。いわゆる総量規制と三業種規制である（図表4）。

筆者もこの総量規制の通達に眼を通したが、不動産融資の量の伸びを一般の融資量の伸びに比し突出しないよう、すなわち同じ程度の伸びに止めるようにとの趣旨であり、これがバブルを崩壊させる引き金となる特別な働きをするとは受け止めなかった。しかし現実には、この規制を契機として全国の地価は反転下降することとなった。
考えてみると、それは、この通達の効果というよりも、むしろ膨張し切ったバブルが破裂するために何かきっかけが必要とされた事態に、きっかけを与えたにすぎないという評価が正しいのではないかと思われる。

遅すぎた地価税

地価高騰に対する行政の対応として直接バブル現象を牽制する狙いをもった措置ではないが、「地価税」の制定も挙げておきたい。バブルがあれほどまでに巨大化してしまったことを念頭に、いわゆる総量規制も遅過ぎたとの批判をする向きがあったが、地価税の制定と実施はそれ以上に目的に対し遅過ぎの感が強かった。しかしこの税の創設には「土地基本法」の制定と施行、さらに税制調査会における審議と調整による答申という大掛かりな前提の構築が必要であったことを考えれば、止むを得なかったと言うべきであろう。

地価税については、筆者は自民党の税制調査会の審議に参加した。最初は、現行の固定資産税が地価高騰のなかで適切に機能しているかが、議論された。

地価が高騰しているのに資産の評価が的確に行われていないのは、固定資産税の税収が増加していないことから見て明らかである。理由は、市長にせよ、町長にせよ、評価額を上げた場合の選挙民の反発が怖いので、上げる勇気がないからである。そしてそうであるならば、監督官庁の自治省にも責任があるのではないか。これが一方の意見であった。

他方、固定資産税は、地方税の基幹税として企業の設備のほか、住民個人の居住資産にも広く課されている。地価が高騰しているからといって住民の居住資産の評価を上げることには合理性がない。昔からそこに住んでいる住民には何も変化はなく平穏に居住しているだけなのに、税金が上げられることには耐えられないのは当然である。

そもそも固定資産税は保有税であるが、保有税もその資産の保有の裏には一定の利得が推定されることから課税が成り立つわけで、利得が何も変わらないのに税が増えることには合理性がない。これがもう一方の意見であった。

このような両論が闘わされた結果、当時のような地価状況を考えると税制の面から何も動かないのは許されない。しかしされればと言って第二の意見にももっともな面があるので、固定資産税の改正によって対処することは適当でない。したがって固定資産税とは別に、新たに国税としての土地保有税を創設することになり、「地価税」の名称で国会に提案された。

地価税は、土地の資産としての有利性を縮減するとの趣旨にもとづくとされ、世論の歓迎のもとに成立し、九二年一月から実施された。地価税の効果としては、地価の下落に一定の効果はあったとの説も一部にはあったが、バブル崩壊後の地価の著しい下落を受け、土地資産の有利性もなくなったため、九八年一〇月以降地価税の課税は停止された。

証券当局の措置——矛盾の露呈

他方、株価も八九年中は騰勢が続いている状況にあった。しかし半面、株価の高騰を続ける株式市場には種々歪みも見られ、行政当局としてはその是正を求める措置を取らざるを得ないこととなっていく。

すなわち、大蔵省証券局は八九年一二月に至り、日本証券業協会に対して「証券会社の営業姿勢の適正化及び証券事故の未然防止について」と題する通達を発出した。市場はこれに反応し、その三日後の大納会で最高値を付けた後、下降に転じることになった。

その通達の内容は、①法令上の違法行為である損失補償による勧誘はもとより、明示的な違法行為ではない事後的な損失の補塡なども厳に慎むこと、②公募株の販売では、従業員持株会が対象である場合を除き、いわゆる親引け(*)を行わないなど公正を旨とすること、③特定金銭信託による取引については、原則として投資顧問会社を介在させた契約にすることなどの三点であった。

この通達もその内容が直裁でない割には株価の沈静化に大きな効果を上げたが、それにしてもこの通達の言葉遣いの歯切れの悪さは一体どうしたことであろうか。①では禁止ではなく「厳に慎む」であり、②でも「公正を旨とする」に止まり、③にも「原則として」が入るなどである。

やはりここには、証券行政のあり方についてかねてから指摘されてきた「コーチとアンパイアが同一人」と比喩される矛盾が露呈している、と言わざるを得ないと思われる。

証券取引等監視委員会の設置

株価におけるバブルの崩壊が進行するなかで損失補塡の問題は、証券局に次いで国税庁も関心を寄せ補塡をあるいは交際費、あるいは寄付などと解釈したうえで課税処分を行った。しかし世論もそれで納得とはならず、政府もようやく「コーチとアンパイアの兼務問題」、すなわち、証券行政あるいはその担当組織のあり方の問題について、臨時行政改革推進審議会（行革審）に諮問することとなった。

行革審は、国民世論の動向にも配慮し鋭意審議を進めた結果、「証券取引等監視委員会」の設置を検討するようにとの答申を行った。この答申を受けて大蔵省では「証券・金融検査監視体制検討準備室」を設け、監視委のあり方について検討を進めることとした。

準備室が検討を行うべき基本の問題は、監視委員会の独立性と、監視業務も証券行政全般のなかで一元的でなければならないこととを、いかに調和的に確保するかである。

もちろん、行革審がすでに監視委を国家行政組織法上の三条委員会とすることを避けて八条委員会とすべきとしたことも、基本問題に配慮した結果ではあったであろう。

＊株式の公募の際、発行会社と証券会社の間であらかじめ株式の売渡し先を約束しておくこと。これが多いと公募の趣旨に反することになる。

すなわち仮に行革審の答申が監視委を三条委員会としてしまえば、監視委の独立性は確保されるものの、証券行政との一体性一元性の確保は著しく困難となってしまう。しかし他方、監視委を八条委員会とした場合、独立性をいかに確保するか、また、その業務の執行について証券行政との一体性一元性を確保するためにはどのように制度を整備すべきであるか、これらの困難な問題に解決を見出すことが、準備室の使命となったわけである。

監視委員会の業務は、証券市場の公正性確保を目的とする言わば「市場行政」である。権限としては担当職員に対して市場を構成する証券業者と投資家に対する強制力を伴う立入検査権と質問検査権を与え、犯罪を認めた場合には刑事処分を求めて検察官に対し「告発」することができるとすれば足りるであろう。

他方、証券局が担当する一般的な証券行政の業務は、証券業者の保護育成を目的とする言わば「業者行政」の面が強い。このため業者の経営健全性を確保することが最も重要とされ、業者に対する監督の中核は、財務の健全性が確保されているかどうかの「検査」であった。

このように市場における証券犯罪の監視告発と証券業者に対する経営の健全性確保のための検査監督の二つの業務については、それぞれの性質からそれを担当する機関は明らかであると言えよう。

すなわち、監視告発は監視委の担当であり、検査監督は証券局の担当である。

問題は、証券業者の業務について犯罪として罰するには及ばない不正行為に対して科される行政処分を、監視委員会と証券局のいずれが担当するとすべきかであった。

この行政処分は、証券業者の保護育成を目的とする監督の業務において重要な手段であることからすれば、当然証券局によって担当されるべきとなろう。しかし他面、不正行為(*)に対して刑事処罰の対象とするか、行政処分(**)を科すに止めるかは、一つの行為を総合的に判断しなければならないこと、また、刑事罰か行政処分かの判断の根拠となる事実の調査は、判断の前に行われなければならないことからすれば、行政処分は監視委員会が担当するのが適当だということになろう。

このねじれた問題を解決するのに準備室は、不正行為の調査については証券局が監視委員会に「委任」することによって監視委がこれを担当してよいこととした。他方調査の結果、仮に行政処分を妥当とする判断が出た場合には、それを監視委が処理するとすれば業務範囲を逸脱することになるため、これを避け、監視委は証券局に対し行政処分を行うよう「勧告」することとし、制度を整えたのであった。

最後に組織面での監視委員会の独立性の確保の問題については、一つは主務大臣の権限を制約するために委員会制を採っていること、二つには主務大臣による人事権を介した業務への影響を排除するため、委員の任命に国会の承認を必要とすることによって解決が図られたことを指摘で

＊不正行為とは、有価証券虚偽記載、損失補塡、相場操縦、インサイダー取引、風説の流布、偽計取引などを言う。
＊＊行政処分は、業務改善、一定期間の業務停止、課徴金支払いの命令の形をとる。

きるであろう。

以上を内容とする証券取引等監視委員会の組織と業務の整備により、証券行政の安定が実現し、証券市場においても所期の機能が果たされていると言い得る状況となっている。

III

金融機関のリスクへの転化

1　国会の関心喚び始める

金融機関の自己認識

バブル崩壊の足取りを見ると、市場の性格上最も敏感な株式市場では、一九八九年一二月の大納会において三万八九一六円の最高値を付けた後九〇年の年明け以降一貫した下げ相場となり、九二年八月にはピーク比六〇％超安の一万五〇〇〇円を割り込むほどの激しい下落となった。他方地価についても、ピークを記録したのが株価の丸一年遅れの九一年一月で、以後株価と同様に下げ、九二年八月にはおおむねピーク比二〇％安程度の値下がりとなった。

このような状況のなかで九二年八月二六日自民党の財政部会の幹部が会合を開き、金融機関が組織する各団体の代表から「当面の金融情勢について」をテーマに意見聴取が行われた。株価と地価という当時の金融機関にとって極めて重要性の高い資産の価値が大きく変化するなかで（図表5）、日本の金融機関として初めて公の席で意見を述べる機会であった。

しかし、金融機関としての見解の表明においては、全銀協、地銀協、第二地銀協、生保協らの団体の代表はいずれも情勢を慎重に見守っているなどの一般論を述べるに止まり、会合の意義が

図表5　金融関係諸指標と破綻金融機関数の推移

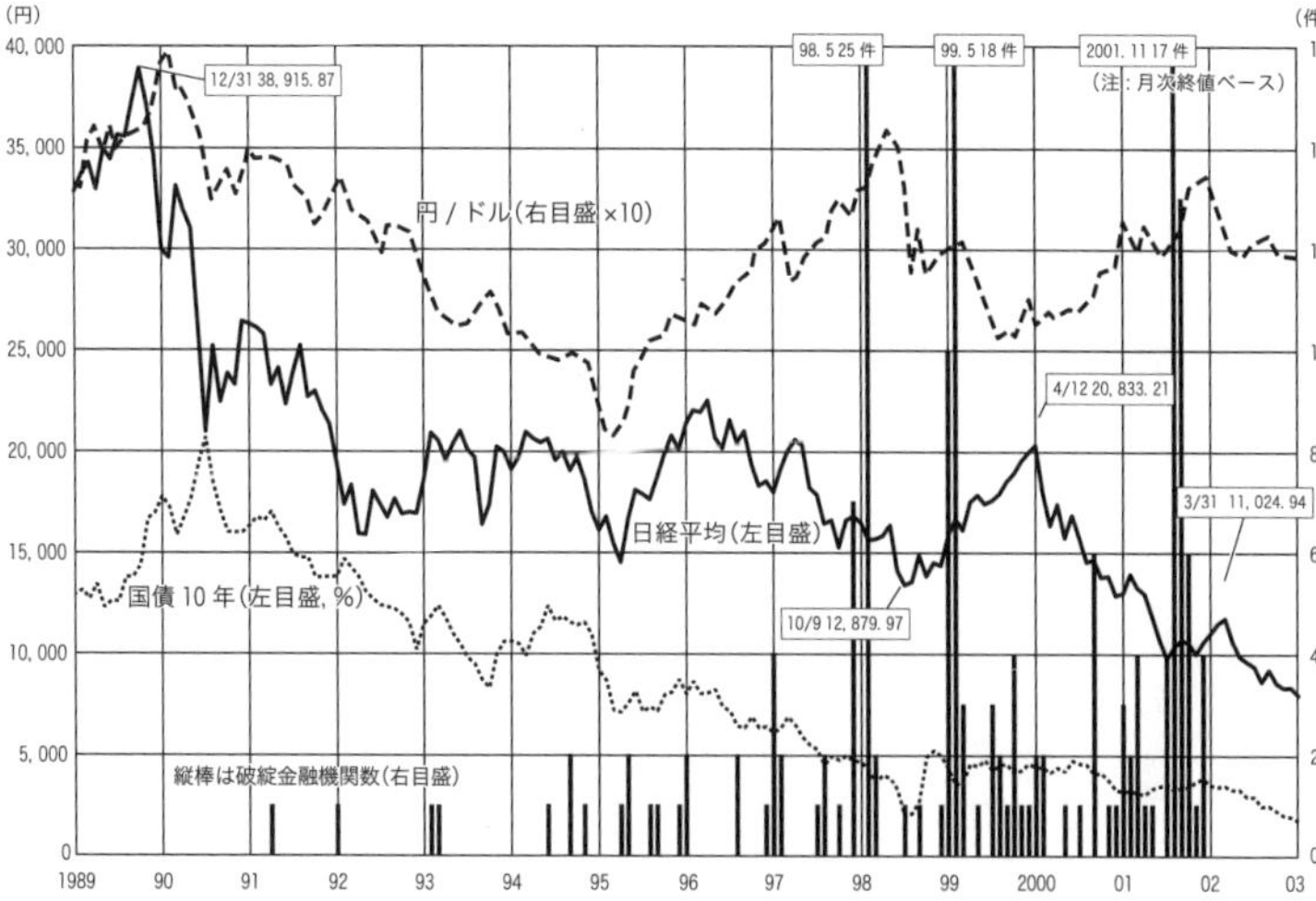

（出所）『預金保険研究』第4号、2005年9月、8ページ

深まることはなかった。

ただそのなかで一人だけ信託業界を代表する住友信託銀行の役員から、「現在の状況は金融業界にとって極めて厳しい情勢となっている。ただ今後株価が年間四〇〇〇円程度ずつ回復するならば、大事に至ることはないと見ている」と具体的な数字を挙げての意見が表明された。

この話の背景は、基本的には、当時金融機関の財務状況を支えるものとしては株式の含み益しか考えられないとする見方であろう。そして今一つには、当時の株価の動きが背景になった。

前記のとおり、この年の八月一一日には株価は一万五〇〇〇円割れとなり、さらに一八日には一万四〇〇〇円すら割り込みそうになったが、その後反騰し、この会合の前日には一万六五四〇円台とかなりの回復を示した。実際このような株式市況があったがために、信託業界代表の説明もそれなりの説得力を持ち得たのであった。

この会合には、異色の人物も登場した。わが国に進出している外国銀行グループの代表として出席した米シティバンク日本代表の八城政基氏である。八城氏は当時のわが国金融機関が直面しているリスクには直接言及することなく、日米の金融機関の経営手法の相違について語った。日本の伝統的な意思決定の手法は、重層的な組織の下で多数の関与者が存在するが、それでは責任の所在が曖昧になり、また、決定のスピードに遅れをもたらす。これに対し米国の組織は、フラットで一つの決定への関与者は少数である。この方式の方が責任は明確になり、意思決定のスピードが早い。

このように八城氏の話は、当時わが国の金融機関が直面していたリスクに直接言及するものではなかったが、含意としてはわが国の銀行が当時抱えていたリスクを念頭に置いた重要な指摘として筆者は受け止めた。

外国政府の情報活動

この会合から一週間ほど経ったある日、かねて親しかった英国大使館の参事官グレアム・フライ氏（その後いったん離日した後、二〇〇四年に駐日大使）から電話があり、「本国の首相官邸から出張者が来日しており、日本の金融情勢について話を聞きたいと言っているので、明日にでも会ってくれるか」との連絡であった。首相官邸ということでもあったので、都合をつけて面会することにした。

実際面会した人物は、ゴードン・S・バラス氏で、英国の「合同情報委員会（JIC）」の「評価部員」ということであった。英国のJICと言えば、有名な英国の諜報機関であるMI6もその構成メンバーである情報の元締め機関であった。この段階でわが国の金融機関の状況認識を探りに現地視察に来るのは、さすがに英政府の情報活動だなと感心しながら、とにかく筆者としても面会を受けておいてよかったとの思いであった。

バラス氏の質問の要点は「日本の金融機関が最近直面しているリスクをいかに評価しているか」であった。筆者はこの問答に対しては過日の財政部会幹部会の状況を基本に対応するのが良いと考え、その線で答えることにした。

「わが国の金融機関については、現在の景気情勢、地価の一部に見られる弱気の兆候、株価の動向などから、いくつかの臆説が流れている。そこで先般自民党の財政部会では幹部会を開き、金融機関の代表から当面の金融情勢について彼らの認識を聴取したところである。その席での彼らの見方を総括すると、現在においてさすがに楽観論はないが、他方深刻な悲観論もなかったということである。具体的には最近株価が一時一万四〇〇〇円さえ割り込みそうになったが、それ以後反騰し、現在一万六〇〇〇円半ばまで戻している。その状況を踏まえ、ある出席者から今後も一年間に四〇〇〇円程度上昇していけば、その市況がもたらす含み益によってリスクに対処することが可能であるとの発言があった」という会議の状況を伝えた。

バラス氏がこれで納得したか否かは、当時日本の金融機関の財務状況について世界に先駆けて厳しい見方を取り始めていたのが英国のメディアであっただけに、筆者の立場から見ても覚束ない思いは残った。ただ、バラス氏に対して日本の金融機関の情勢認識の実情は伝えられたのではないかとも思い、その夜はフライ参事官の招待に応じ、バラス氏を囲んで夕食をともにした。

2　金融破綻の先駆け

二信組問題浮上

経済情勢の悪化、株価・地価の下落などの状況のなかで破綻が懸念される個別の金融機関の名が取り沙汰されるようになってきたのは、一九九二年五月頃からであった。いずれも信用組合を名乗る協同組織の金融機関で、小規模ゆえに監督権限も国が直接に携わる仕組みにはなく、それぞれの機関が立地する都道府県に委任されていた。

筆者が最も早く耳にした経営危機は東京都の監督する東京協和と安全の二信用組合で、二つともにイ・アイ・イ・インターナショナル社長高橋治則氏が実質差配している金融機関であった。

高橋氏は、ハワイなどでリゾート開発を行う一方、国内でも東京都心の土地の買い上げを行っているとのことであった。

筆者は九〇年五月の連休にオーストラリアに友人二人と私的な旅行に出掛けた。グレートバリアリーフのヘイマン島のリゾート開発やブリスベン近郊における石炭の露天掘り、さらには日本ハムの経営する畜産業の状況を視察して回った。旅行中ゴールドコーストのホテルに一泊することになった。

ホテルに入ろうとしたとき、同行の友人から突然話があった。「隣が有名な高橋治則氏の経営するホテルです。特に今日は高橋氏がある党の幹事長を案内して泊まるそうです。隣にはカジノもありますから、カジノをのぞきながら、ホテルの中の様子も見て行きましょうか」。筆者がカジノを断ったので、ホテルの中をのぞく機会を持つこともなかった。

ただ高橋氏がこのようなリゾート開発のための資金を会員権の販売で集めているという話も、そのとき耳にした。しかし会員権の形でそれなりの資金を集めるにせよ、そのような事業を展開しながら、他方で、信用組合とはいえ、金融機関を経営するというのは、取り合わせとしていかにもリスクが大きいと言わざるを得ないと思ったものだ。

高橋氏のビジネスは、その後懸念どおりの道行きをたどったようであった。不動産の価格の下落が事業の舵取りを困難にし、結局は自分が他方で経営する金融機関の資金の助けを借りるという禁じ手に手を染めることになってしまったようであった。その後は二信組が破綻するに止まらず、髙橋氏も不正融資の廉《かど》で刑事訴追を受ける破目に陥ってしまった。

コスモ信組破綻

東京都が監督していた信用組合で次に破綻したのは、コスモ信用組合であった。理事長は泰道三八氏で、彼は八〇年の総選挙で当選した衆議院議員であったので、筆者たちとは同じ時期に国会議員になった言わば同期生の一人でもあった。彼は田中角栄元首相や福田赳夫元首相らの声色をやらせたら玄人はだしで、筆者らも随分笑わせてもらった。

そんなユーモア豊かな人柄だったが、信用組合の制度上の制約の改善を求める舌鋒は実に鋭かった。彼は当選直後からこの問題の改革に熱心で、筆者も一度自民党本部の大きな会議室で開かれた勉強会に出席したことがあったが、泰道氏の現行制度を批判する主張には説明に当たる当局の役人もたじたじの態であった。

しかし彼の奮闘にもかかわらず、立ちはだかる制度の壁は堅固で、さすがの泰道氏も一分も動かすことはできなかったようだ。そこで国会議員は一期だけで諦め、八三年一二月以降は信用組合の経営に専念する道を選んだようであった。

その後彼の信用組合は他のいくつかの信組を合併し、最も新しい信用組合は「コスモ信用組合」と名乗った。風の便りでこのことを聞いた筆者は、いかにも気の利いた泰道氏の信用組合らしい名前だなと感心した。当然のことながら彼はその後、コスモ信組が現行の信用組合の制度にそぐわないことを実態を以って示そうと業容の拡大に邁進したようであった。しかし彼が自分の抱負を実現しようと奮闘した舞台では、すでにこの時期厳しい逆風が吹いていたと言わざるを得ない。

まず八〇年代に入ると、先にも触れたことであるが、それまでの間接金融の全盛期から直接金融もそれなりの機能を果たすようになった。もとより信用組合の取引先が直接金融に移行するようなことがあったはずはなかったが、都市銀行が大きな影響を受けたことにより、その構造変化が地方銀行、第二地銀、信用金庫、信用組合へと次々に伝播し、産業への貸し出し競争が全体として厳しくなっていったと想像される。

また、彼が合併信組の経営に専念し始めて間もない八五年、プラザ合意によって為替レートの調整が行われ、円高・ドル安が急速に進んだため、それまで輸出の好調に支えられていた製造業が不振を余儀なくされることになった。その影響もあって産業資金の需要をつかむための競争は、いやがうえにも激しくなっていった。

さらにそのような産業資金需要の低迷にかかわらず、日本銀行はプラザ合意後の国際協調を理由に金融政策を緩和の方向に舵を切り、それをかなり長い期間継続した。このため資金を潤沢に抱えることとなった金融機関は、非産業資金、具体的には不動産、株式、ゴルフ場の会員権などの資産への投資資金の融資に資金を振り向けることになった。そしてその融資対象となった資産の価格が、バブルの崩壊のなかで大幅に下落したのである。

このような環境変化のなかで業容の拡大に邁進した場合にどのような轍を踏むこととなるかは、明らかと言わざるを得ない。遺憾ではあるが、友人泰道氏の才覚を以ってしても、その轍から逃れることはできなかったということであろう。

木津信、兵庫銀も

大阪に木津信用組合という金融機関があるのを知ったのは、九二年の夏が過ぎ、プロ野球のペナント争いがいよいよ佳境に入った頃、新聞が社会面で「木津信組、タイガース優勝の場合は支払預金金利に上乗せ約束」との記事を掲げたのを偶然眼にしたのがきっかけであった。「面白いことをやるものだ」と感心しながら、こんなアイデア商売ができるのも、預金金利が自由化されたためであることは明らかだが、これからはもっといろいろなアイデアが出てくるのではないかと呑気な感想をもった。

しかしこの感想は呑気すぎた。木津信組はこの当時からすでに大口の預金を取り入れるためにかなり採算を度外視した高い金利を払っていたようであった。このため東京でコスモ信組が取り付け騒ぎのなかで破綻すると、わずか一カ月ほどの時間をおいて木津信組も同じ事態に立ち至ってしまった。

関西で木津信組と同時期に破綻処理されたのは、第二地銀の兵庫銀行であった。

兵庫銀行には、二年余り前に大蔵省ＯＢが頭取に就いていた。この人事から見て筆者は、またどこか適当な銀行を見付けて救済合併によって救われるのではないかと勝手な予想をしていた。しかし関西金融界にはすでに救済に乗り出し得る金融機関はなく、兵庫銀行はいったん業務を停止し、不良債権等を整理したうえで、新たに設立される銀行に営業譲渡を行うとされた。

住専会社の起源

九五年八月筆者は政府内での職（外務政務次官）を退任し、自民党の総合農政調査会に新設された「系統金融プロジェクト・チーム」の座長に就任した。

チームの課題は、銀行が自ら出資設立し、住宅建設資金の貸し付けを行わせていた住宅金融専門会社が破綻したので、そこに融資を行ってきた農林中央金庫（農中）と全共連（全国共済農業協同組合連合会）および各県の信連（信用農業協同組合連合会）と県共連（共済農業協同組合連合会）のいわゆる「系統金融」がこれにどのように対処すべきかについて検討を行い、他の債権者等と協議決定をすることであった。

住宅金融専門会社いわゆる住専については、筆者自身事前にあまり知見があったわけではなく、大蔵省の先輩で日銀政策委員も務めた庭山慶一郎氏がこの分野で活躍されていることを仄聞していた程度であった。

座長を引き受けてみると、この問題については自民党、社会党、さきがけの与党三党のなかに金融・証券プロジェクトチームが発足しており、座長越智通雄氏のもとですでに論点整理を発表している状況にあった。

筆者の耳には、大蔵大臣宮澤喜一氏が「住専は越智君と柳澤君の二人で話し合えばすぐ決まる」と発言しているとの真偽不明の内輪話が聞こえてきて、慌てさせられた。そのうえ与党のプロジェクトチーム（PT）からは、三党の責任者名で系統の関係者やPTに対して検討を急ぐようにとの催促まで発せられていた。

このような状況を背景に筆者は、言わば押っ取り刀で座長としての考え方をまとめなければならなかった。まず住宅金融の事業としての推移をフォローした。

七一年六月三和銀行の音頭取りのもとで、前記の庭山氏を社長として三和のほかに、三井、協和、神戸、北拓、三井信託、東洋信託が参加、この七行を設立母体として発足した日本住宅金融株式会社（「日住金」）が住宅金融専門会社第一号としてスタートしていた。

その後この日住金には千葉・横浜の大手地銀および大和銀行が加わったが、いずれもクレジットカードのJCBの加盟行であった。

クレジット会社のもう一つのUCグループも七一年九月に第一勧業、富士、三菱、太陽、埼玉の各銀行によって「住宅ローンサービス」を設立したが、これにはMCの東海、VISAの住友も参加していた。都市銀行はこのようにクレジットカードの系列グループで住専を設立した形となっていた。

さらに七一年から七二年にかけては、三井信託を幹事行として信託七行が「住総」を、そして名古屋銀行が会長行であった第二地銀（当時は相互銀行）が「総合住金」を設立し、これらでいわゆる先発四社を形成した。

また七五年から七六年にかけ、長銀と野村證券による「第一住宅金融」、興銀・日債銀と大和・日興・山一の証券大手三社による「日本ハウジングローン」、地銀六四行と生保二一社による「地銀生保住宅ローン」の三社、加えて三年以上遅れて農協系統も自前の「協同住宅ローン」をそれぞれ設立したので、後発四社を含め計八社の住専が設立され、住宅建設ローンを供給することになっていた。

なぜ、これほど集中豪雨的にあらゆる金融機関が住宅ローン業務に進出することになったのか。背景としては、まず何よりも住宅建設資金の需要が強かったことを挙げなければならない。団塊の世代をはじめとする総人口の推移、人口の都市への集中や核家族化などの社会的変動によって住宅建設の需要は絶対量、伸びともに著しかった。

半面資金の供給側の制約は大きく、銀行をはじめとする既存の金融機関では元来二〇年、二五年といった長期の貸し付けを行う実績がないうえに、企業貸付に比し個人の貸し付けは小口で、返済も毎月の賦払いを受けるという煩雑な事務処理をこなすには能力的にも限界があったとされる。

そして住専のビジネスモデルが巧妙であった。具体的には例えば、分譲住宅地はほとんどの場合、そこに建設される住宅の選択肢とセットになっているうえに、その購入資金を融資する金融機関もまたセットで決まることになっていた。しかも金融機関として名前が前面に出ているのは、著名な銀行であるか地元の金融機関であり、馴染みのない住専の名前は、実際に宅地と住宅を購入する契約を結ぶ段階になって、「融資は私どもの子会社である○○が行います」と告げられるという具合である。

担保は購入した宅地および住宅に一番抵当が設定され、金利は支払いが元利合計で毎回均等になるいわゆるアドオン方式によって行われるので、借入人の関心はもっぱら一回当たりの支払額に集中し、金利そのものの水準などにはあまり注意が払われないようになっていた。

さらに、住専の採算については、例えば日住金の営業開始時には、資金の調達は設立母体の銀行から長期プライムレート八・五%より〇・二%低い八・三%で行われ、貸し付けは一一・四%であったから、利ザヤは三%を上回っていた。

これが事業の基本的な枠組みであり、一件当たりの貸付額も当時の銀行等が相手とする企業への貸し付けよりも小口であるとはいえ、個人にとっては一世一代の買い物である住宅の購入資金であるため、それなりにまとまった金額であった。その結果、住専各社の業績は、設立以来順調な推移を示していた。

半身の構えの住専行政

ところで、このような住専による住宅建設融資の全国的な展開に対しては、金融行政の側でも累次にわたる措置が取られていった。

元来住専は、貸金業として出資法の適用を受け、その設立に当たっては届け出を必要とすることになっていたが、当時貸金業の管轄権が都道府県知事に委任されていたので、各社は東京都や神奈川県などの委任先への届け出で設立の手続きを済ますことができた。

しかし住専の貸付規模が増大し、また貸付対象の住宅の所在地や借入人の住所が届出先の都道府県の地域外に拡大するようになると、本来出資法の運用を管轄する国としても責任上この事態を放置することは適当でないと考えるに至り、七三年五月にはまず先発四社を大蔵大臣の直轄に改め、次に後発四社についても設立後一年程度が経つと逐次直轄とする旨の指定を行い、銀行局長の出先としての各地域の財務局長の管轄としていった。

そしてこの指定が行われると、銀行局長の通達により住専各社は、四半期ごとに業務の実態報告等を財務局長宛てに行うよう義務付けられた。その後七五年七月には、住専は新たな銀行局長通達により銀行の付随業務を営む「関連会社」に位置付けられ、これにより必要に応じ銀行局長(具体的には財務局長)の指導を受けることとされた。

行政側からの措置のもう一つの分野は、住専の貸付資金の原資の充実を図るためのものである。これには、農業関係の資金需要が不振のため、資金過剰状態にある農中や都道府県の信連からの資金供給に道を開くことが最も必要とされ、かつ、原資充実のために効果的な措置と考えられた。

このため、七三年一〇月農中の住専向け貸し出しの位置付けを、銀行に対するのと同じく「金融機関貸出」と明確化することを決定した。また八〇年一〇月には、信連の住専への貸し出しも同様明確化するとともに、大蔵省銀行局長と農林水産省経済局長の連名の通達により住専貸し出しを員外利用規制の対象外とすることも決定した。

農中や信連の資金は、これらの位置付けの明確化が行われる以前からかなり住専各社による取り入れが進んでいたが、これらの措置によって、資金の出し手側にとってはそれぞれの構成員に対する説明責任を果たすうえでその根拠が強化されることとなった。

住専の資金調達先の多様化としては、住宅ローン債権証書の発行・譲渡および住宅ローン債権の信託・受益権の売却も認められた。いずれも、住専を信用力の備わった金融機関並みの機関と認めたうえでの措置であった。

転機となった全銀協会長発言

しかしながら、住専に対する行政と民間それぞれの立場からのこのような共存的な配慮を厚くする状況は、七二年五月の全国銀行協会連合会会長（三菱銀行頭取中村俊男氏）の発言あたりから大きく変化することになる。

日本経済全体の動向も七一年八月のニクソン・ショックおよび七三年一〇月の石油ショックを受けてそれまでの高度成長の軌道の変更を迫られることとなった。そうした状況のなかで大手の銀行も、設備投資資金を中心とした産業金融だけに依存するという展望を持ち得ない事態となっていく。

そこで大手銀行も今後は個人金融、殊に住宅ローンをすべて住専任せにしないで直接自ら取り扱うこととし、自らも社会的責任を果たしていくとの方針を、全銀協会長の立場から明らかにしたのであった。

住専にとっては、資金の多様化を図っているとはいえ、なお多くを母体行たる大手銀行に頼っていること、少しずつ独自の店舗を設けているとはいえ、依然融資の窓口は大手銀行であることの実態からすれば、この大手銀行の方針転換は自らの事業の存立上致命的な環境条件の変化となった。

八〇年代に入り住専各社は、やむなく集合住宅（いわゆる「マンション」）に関心を移し、そのための不動産取得や建設工事へと融資対象をシフトすることを余儀なくされた。

しかもすでに述べたとおり、八五年以降になると地価上昇はバブルと呼ばれるほどに異常な上昇と広がりを示すようになった。この事態を受けて、前述のとおり、大蔵省は八六年以降土地関連融資の適正化について指導を行う旨の通達を累次にわたって発出した。このうち九〇年の不動産関連融資のいわゆる総量規制と不動産、建設、ノンバンク向けの融資に係る三業種規制が、土地価格バブル崩壊の一つの大きな契機となったとされた。

しかし、このときの総量規制の対象は一般金融機関と農林系統金融機関とされ、住専自体は対象外とされたので、かえって不動産・建設業の資金需要が住専に集中することとなり、土地・不動産バブルの推移のなかで住専は余計に深傷《ふかで》を負う結果となってしまった。

住専処理ガイドライン

このような経緯をたどり、住専各社の業績は暗転し、九一年下期からは赤字に転落した。しかもその経営状況は、地価下落が継続するなかで簡単に好転するとは誰の目からも見られなかった。

そこで九一年から九二年にかけて第一次の、さらに九三年には第二次の、住専再建計画がまとめられた。第二次分については母体行と大蔵省が中心となって以下のような住専再建の基本的な枠組みを決め、各住専（農協系統が母体となっている一社を除く七社）はこれにもとづいて個別具体的な計画を作成した。

①金利減免（母体行〇％、一般行二・五％、農林系統四・五％にそれぞれ引き下げのうえ、一〇年固定）等により一〇年間で再建

②返済順序は、抵当証券、借入れ有価証券、母体行ニューマネー、次に農林系統金融機関

③母体行が責任をもって対応する旨表明

ところで九五年八月筆者が「系統金融プロジェクト・チーム」座長に任命されたり、あるいはそれ以前にすでに、「与党金融・証券プロジェクト・チーム」が発足を見たりしていたのは、問題がこの再建計画によっては解決できず、住専各社の破綻を前提とする整理が不可避となったことを意味していた。

そしてその場合、筆者たちのPTの立場は、住専に対する債権者としていかに債権を守るか、逆に言えば、いかに負担を拒むかであり、したがって問題に取り組む姿勢も勢い防御的なものとなっていった。

しかし九五年の年末が近づくとともに、政府与党内では「年内解決」がコンセンサスになっていく。一二月一日には、与党政策調整会議（連立各党の政策責任者により構成）の名において、政府に対し次のような「ガイドライン」が示された。

第一に、住専は七社一括して処理すること、ロスを処理した後の残余資産等の受皿となる機構を設立すること、真にやむを得ない資金繰りのためには日銀融資、政府保証等を活用すること、以上三点を住専処理の枠組みとする。

第二に、当事者間のロスの負担割合は、わが国金融の国際的位置付け、住専の設立以降今日の破綻に至った経緯、当事者の経営状況および対応力等の三点を考慮のうえ決定する。

筆者たち系統金融PTにとっては、ロス負担決定の際の準則がおおむね当方の主張を盛り込んだものとなったと解されることにとりあえず安堵した。ロス負担の準則としてPTにおいて検討を重ね、その結果筆者が関係者の理解を得るために特に次の点を力説していたからであった。

日本金融の国際的位置付けに関しては、①直前に生じた大和銀行ニューヨーク支店の不祥事により日本金融に対する信頼が揺いでおり、住専問題の処理は待ったなしであること、また、②国際金融市場における日本の金融機関のなかで農林中金の信頼度は抜群に高いものであるので、オールジャパンの見地からも農林中金への負担の過度のしわ寄せは避けるべきこと、の二つが重視されるべきである。

次に経緯の点については、①七三年五月に住専を短資会社と同じ金融機関に指定したことにより、住専との取引をインターバンク取引としたことの意味は無視できないこと、②九三年二月ないし五月の第二次再建計画において系統融資の残高維持の見返りに母体行の責任を明確にしたことの二点も重視されるべきである。

さらに対応力に関しては、①系統金融機関はいずれも協同組織であるが、この組織の場合、収益の内部留保には株式会社と異なり大きな制約があるため、対応力の点でも制約があること、また、②協同組織の場合、理事者の責任は株式会社と異なり無限責任であることから、これも対応力の大きな制約になることの二つも配慮されるべきである。

五千億円——拍子抜けのシナリオどおり

こんな具体的な説明を聞き届けてもらったこともあってか、PTの活動は、ガイドラインに見られるような準則に結実していった。しかし難関は、考え方よりも実際の負担金額であった。

一二月一五日、座長の筆者をはじめとするPTの幹部国会議員三人ほどで大蔵省の事務次官室を訪ねた。必ずしも予想したことではなかったが、この会合が最後の詰めの協議の場となった。

大蔵省側は篠沢恭助次官と小村武主計局長、西村吉正銀行局長の三人が顔を揃えた。冒頭、次官から「母体行と一般行には銀行局の方でギリギリの折衝をしてもらった。不良債権を受皿に引き取ってもらうには、第一次のロスで母体行と一般行の負担でも塞《ふさ》げない穴がまだ一兆二〇〇〇億円残る。これを農林系統の負担で何とかしてもらえないかというのが、実は今日相談したい最後に残った問題である」との話があり、次官は「そうだったね」と西村局長に確認を求めた。西村局長はうなずいて確認をした。

筆者は「農林系統としても、これまで各方面から検討し、ギリギリ団体とも詰めてきたが、到底そんな金額にはならない。ギリギリ五〇〇〇億円程度だ」と一気に数字まで口にした。もちろんこの数字については、農林系統の幹部役員とあらかじめ打ち合わせ済みであった。

次官は、この話を聞くと、「もう少し積み増しができないか」と通常予想される押し戻しを一切することなく、西村局長の方に向かって「銀行局もこれがギリギリということだね」と銀行局から提示されているに違いない母体行と一般行の負担額の最終確認を迫った。西村局長から確認の言葉があると、今度は小村主計局長に顔を向けて「こういう次第だから、後は主計局の方でこなしてくれ」と命令した。小村局長は「致し方ありません。そのように致します」と了承の返答をした。

このような事態の流れを見ていて筆者は、「何と言うことだ。すべてはシナリオどおりということか」とやや拍子抜けの感じをもった。もちろん農林系統に一兆円の負担を求められたら、たちまち系統は立ち行かなくなるとの試算もあった。しかし正直に言って筆者たちの言い値が一切動かせないというものでもなかった(*)。主計局の出動がなければ住専の解決はなかったであろう。しかし筆者には、自分の局だけで決着できなかったことで恥じ入る西村局長に対する同情を抑え難い気分が残った。

3　金融行政改革――財金分離と日銀法改正

紛糾した九六年度予算審議

住専問題の処理は、関係金融機関間の損失分担の行政部内における調整については、六八五〇億円の公的資金の投入で落着したが、この決定を盛り込んで編成された一九九六年度予算の審議は予想以上に政治的紛糾を招くことになった。政治的紛糾を呼ぶことになった背景としては、いくつかの事情を挙げることができよう。

一つは、戦後久しぶりに実現した「非自民」政権を崩壊させ、再び自民党を政権に復帰させた「自社さ」政権に対する「非自民」残党の根強い対立感情を指摘できよう。しかも内閣の首班は、国会の開会を前にして社会党の村山富市氏が突然辞意を表明したため、自民党総裁の橋本龍太郎氏が通産大臣から横すべりして就任していたのであった。

彼らは審議の進行を阻むため、「非自民」残党に所属する国会議員を動員して予算委員会室の出入口をブロックするいわゆるピケ戦術を、ほぼ三週間にもわたって展開した。

二つには、公的資金投入の目的は、言うまでもなく預金者の預金全体の保護にあるのだが、解決策の公表プロセスが適切さを欠いたためか、保護されるのは農林系統の預金だけのように受け取られてしまったことがあった。したがって、この解決策は自民党の票田である農家の利益に偏した不公平なもの、との強い批判を浴びる結果となった。

三つには、政策決定過程において大蔵省事務当局の裁量権があまりにも強大過ぎるとの印象を与えたことである。

九四年二月三日、非自民の細川政権の最終局面で提起された消費税の国民福祉税への切り替え構想についても、背後で画策したのは大蔵省の事務次官であったと取り沙汰されたばかりであった。その批判がなお忘れられていないなかで、今度は、民間金融機関の不手際から生じた欠損の穴埋めに大蔵省事務当局の裁量により国民の血税を投じることとなるなど許されるべきでないと、重ねて強い批判を受けることとなった。

＊実際の解決案における農林系統の負担額は五三〇〇億円であった。ただこのうちの三〇〇〇億円は負担の骨格的な配分額ではなく、事務当局間で行われたいわゆる端数整理の範囲のものであった。

世論の沈静化を狙った大蔵省改革

九六年度予算の審議の過程で示されたこのような厳しい世論の反発を受けて与党三党では、大蔵省改革特に大蔵省の担当する金融行政改革に取り組むことによって、世論の沈静化を図ろうと努めることになった。

九六年二月一六日与党三党の幹事長、政調会長ら政策責任者によって構成する「大蔵省改革問題委員会」（六者委員会）が発足し、二月二七日にはそのもとに自民党一〇名、社民党七名、さきがけ四名の計二一名から成るプロジェクトチームが設けられた。委員会の委員長には自民党幹事長加藤紘一氏、PTの座長には社民党政審会長伊藤茂氏が就任し、筆者もPTメンバーの一人となった。

プロジェクトチームの審議は、一カ月に三回ほどのペースで進み、六月の半ばには、六者委員会に対する中間報告（一三日）、さらに六者委員会から首相、蔵相と官房長官への同じ報告（一四日）が行われた。報告は「新しい金融行政・金融政策の構築に向けて」と題されていたとおり、今後実現すべき金融行政改革の基本的な方針をまとめたものであった。基本方針としては、次の六点が掲げられた。

①市場での競争力が弱い中小金融機関を行政が保護するいわゆる「護送船団方式」から訣別し、金融機関の活動を市場での競争に委ねるための規制の撤廃、公正な市場ルールの整備を行う

②金融機関、投資家、預金者など金融に関係するすべての者は、市場での金融取引に伴うリスクを認識し、自らの行動に責任を持つようにする。このメカニズムが適切に動くように金融機関のディスクロージャーの推進と預金者のためのセーフティネットの整備を行う

③金融行政は事前の行政指導型からルール重視の事後チェック型に転換する。事後の検査・監督を厳正に行うため、金融行政の企画立案機能との間に緊張関係を確保する。そのための具体的な機構のあり方は、本PTでさらに検討する

④日銀法について戦時中の国民総動員的な目的規定、政府からの独立性の欠如、国会に対する説明責任、政策委員会のあり方、日銀考査・特融の位置付け、国際金融面の役割と責任、政府との政策調整の仕組み、職員の身分・規律の諸事項を改正する

⑤金融商品の多様性、金融業態の区分および国際金融取引の諸分野へグローバル基準を導入する

⑥ノンバンクと農林系統金融に対する監督および政府系金融機関のあり方を見直す

以上の方針を示した後、同報告ではその結論において、今後の段取りとしては、まず政府に対してこの方針を踏まえて具体的な検討を行うよう要請するとした。ただし金融行政機構改革についてだけは、前記③にあるようにPTが九月末までに関係法令の改正案につき結論を得るとして、今後の日程について期限を切るとともに、PT自身が改革案をまとめる方針を明らかにした。

報告書の内容は以上のとおりであるが、この報告書は経緯的には、PTの座長に指名されてい

た社民党政審会長伊藤茂氏の手によってまとめられたものであり、その狙いは「強大な権力をほしいままにしてきた」大蔵省の力を削ぐことにあるとメディアなどへはたびたび表明していた。そしてそれ以外の事項については、社民党幹部でありながら当時勢いの強かった新自由主義的な考え方すら躊躇《ちゅうちょ》なく採用し、具体論は政府が諮問機関などの意見を聞いたうえで決めるべきとした。

七月に入っては、PTの会合は二回開催され、一回目は大蔵省から改めて機構の現状の説明を聞き、二回目には中央大学の加藤芳太郎元教授から英国のサッチャー政権が取り組んでいたエージェンシー化の話を聞いた。

唐突な座長試案

八月に入って一回目の会合が六日に開かれた。その場に伊藤座長から、「大蔵省改革の論点整理と提案」と題するペーパーが座長試案として提出された。

ペーパーは、金融行政機構の改革と金融行政以外の改革の二部で成っていた。

金融行政機構については、現在の銀行局、証券局を統合し、総定員を大幅に縮小したうえで新たに「金融局（仮称）」に変更することおよび金融の検査・監督機能は企画・立案などの行政機能からの独立性を高めるため、国家行政組織法上の三条委員会か八条委員会のいずれかとする「金融検査・監督委員会（仮称）」として「金融局」から分離することを提案。

金融行政以外については、予算編成権、政府系金融機関と財政投融資、職員の天下り、歳入歳出の分離、他省庁支配の項目が論点として並べられていた。

この試案の提示を受けたPTの議論は紛糾することになった。銀行局、証券局の統合により金融局を新設すべしとの提案は唐突であったし、検査・監督体制の委員会制への移行と金融行政一般からの分離独立は理論的実務的な検討を経たものと言えないなどの問題が指摘された。

自民党のPTメンバーのリーダーであった政調会長代理の与謝野馨氏は、「これは受け取れない」と全面拒否の姿勢であった。

筆者の意見は、主に検査監督体制に関してであった。座長の考え方は、六月一三日のペーパー当時から検査監督と企画立案などの行政との間に相互に強い独立性を必要とするというものではあったが、筆者は後に述べるように、ほぼ同時に進めている橋本行革においては、一般的には企画立案と執行の分離を主張しつつも、こと金融行政に関しては同じ主張を行う理由が理解できないという立場であった。

金融行政の流れのなかで問題があるのは、実態からすればむしろ検査と監督との間ではないかというのが、筆者の考え方であった。さらに座長による検査監督部門の委員会制への変更の必要性もまったく理解できないものであり、委員会制ではなく独任制の機関で問題ないとの考え方であった。

八月六日の会合では座長試案は回収となり、PTは全体として物別れ状態になった。翌八月七日に与党三党の六者委員会が開かれ、住専問題法案をめぐる国会情勢および国民世論の動向から金融行政改革法案の次期通常国会提出は必須であるとの共通認識が確認されたうえで、九月末までに改革の成案を得ることが必達の課題であることが合意された。そしてこの六者委員会の合意事項は、八月二〇日に開かれたＰＴにも報告された。

「自民党の最終意見を聞きたい」

九月に入って一〇日にはＰＴが再開され、それ以後も会合は何回か持たれたものの、何を議論しても六者委員会や三座長会議の意向を笠に着ることによって座長案が維持されることから、ＰＴの会合はともすれば厭戦《えんせん》気分に流れる不活発なものとなった。

そんな状況のなかで九月二〇日前後のある夜、与謝野氏と筆者は伊藤座長から夕食会に招かれた。伊藤座長からは会場への到着が遅れるとの連絡があったので、われわれは二人だけで先に食事を取り、伊藤氏を待った。やがて伊藤氏が現れて、「自民党の最終意見を聞きたい」とのことであった。与謝野氏とは食事中にも打ち合わせができていたので、筆者から次のとおり考え方を伝えた。

前から申し上げてきたとおり、われわれの意見は二点である。

第一点は、金融行政の流れを企画立案、検査および監督として見た場合、どこかにミシン目を入れるとしたら、検査と他との間だということである。これまでの金融行政を見た場合、検査の結果が、監督の段階で監督上の都合が優先し、曖昧にされたり、歪曲されたりしてきたことが事実少なからずあったようだ。監督と企画立案との間には、そうした行政の現場的問題は存在しない。また、企画立案がお手盛りで執行機関を肥大化させるようなことも、民間金融機関の検査監督では存在しなかった。

企画立案は多く立法府が関わることでもあり、さらに、行政府が企画立案を適切に行うためには検査監督から的確かつ十分な情報を提供されることがむしろ不可欠である。護送船団型の金融行政を問題にするというのであれば、それは行政の現場判断によって生じたものではなく、立法府を含めた言わばオールジャパンの意志を反映したものだったと見るべきである。

第二点は、検査監督の担当機関を三条委員会あるいは八条委員会にする必要性はまったくないということである。

金融機関の財務の健全性を確保しておくための検査はルーティーンの業務であり、証券取引市場で不規則的に起こる不正を監視する業務とは質的に異なるものである。検査と監督とは両者ともに独任制の機関が適当であり、企画立案とどうしても分離させておきたいと言うのであれば、最近英国で活用しているエージェンシーにすることも一案であろう。

伊藤氏はわれわれの話を聞いて、「よーし分かった。幹部に話してくる」と勢いよく言って、どこかへ消えた。しばらくしてわれわれが待っているところに帰ってきて一言、「あの提案は通らなかった」と言った。われわれの方から何かを付け加えて言う気力は失せてしまった。

九月二五日には報告書が取りまとめられ、六者委員会で了承となった。翌二六日には与党三党の責任者会議、さらに政府が加わった政府与党首脳連絡会議においてこの報告が最終的に了承となった。報告の内容は、基本的には八月六日の伊藤座長試案の延長上にあり、唯一つ検査監督体制の第三案として独任制の検察庁のような「特別の機関」が加えられていた。

九月二七日の衆議院解散を前にして大蔵省改革の検討はここでいったん休止となり、局面は一挙に総選挙に突入することになった。選挙戦では各党ともに行政改革を訴え、「行革フィーバー」とでも言うべき状況となった。

選挙の結果は、自民党が第一党にはなったものの過半数には達せず、社民党、さきがけが閣外協力の形ではあるが連立を継続してくれたため、辛うじて政権を維持することができた。第二次橋本内閣が成立し、自民党では加藤紘一幹事長と山崎拓政調会長が留任、総務会長に森喜朗氏が塩川正十郎氏に取って代わり、社民党では伊藤茂氏、さきがけでは園田博之氏がそれぞれ幹事長に昇格した。

この体制のもとで各党の党内および各党間での大蔵省改革の詰めの協議が行われ、通常国会に法案を提出するとの期限に合わせて一二月二四日与党三党の最終合意がまとまった。内容的には、金融行政のうち企画立案と検査監督とを分離し、後者を総理府に庁としてぶら下げ、そのトップである金融検査・監督庁長官は非大臣職として国会議員以外を充てるというものになった。

独法制度の金融への適用反対

ところで筆者は、金融行政をはじめとする大蔵省改革について与党内での検討が始まる九六年二月の前年、九五年の一一月末自民党の橋本総裁のもとで発足した行政改革推進本部の事務局長に就任していた。これも住専問題に取り組んだ農林系統プロジェクトチームの座長と同じく、外務政務次官を退任して政府内での仕事に縛られなくなるや早速、党の行革本部長水野清氏から事務局長に任命されたものである。

任命されはしたものの、何をしたらよいのかは難しい問題であった。細川内閣以降行政改革を巡る動きはかなり低調となり、村山内閣のもとでも行政改革委員会は発足したものの実質的には規制緩和小委員会だけの活動となったほか、遅れて地方分権推進委員会が設置されたが、これも審議結果をとりまとめるには至っていなかった。

そこで党行革推進本部では当面規制緩和に集中的に取り組むこととし、社民・さきがけの他与党二党にも呼び掛けて作業を進めた。

作業は、規制緩和を求める経済界などとその主張を支持する総務庁の言わば緩和の要求側、また当該規制を制定し、今後もその維持が必要であると主張する各省庁という言わば規制の現状維持側、さらにこの二者の意見を聞き取り、質疑を行うなどして最終的な裁定をくだす行革推進本部の執行部側という三者構成によって進められた。

この三者構成が作業を進めるうえで極めて効率的に機能したことに加え、会合自体をかなりの頻度で開催した結果、多くの規制項目の見直しを行うことができた。

このような規制見直しを続けるなか、年が改まって九六年一月に自民党の橋本総裁が村山首相と交代、第一次橋本内閣がスタートした。行革推進本部は相変わらず規制緩和の作業を続けたが、筆者自身は年内には必至の総選挙に備えて本部として行政改革全体の考え方をまとめておく必要を強く意識するようになり、その準備にも取り掛かった。

この取り組みの結果としてまとめたものが、平成八（九六）年六月一八日付け自由民主党行政改革推進本部の名義で公表された「橋本行革の基本方向について」である。

この文書のなかで筆者は、わが国の当時の行政改革論議において初めて「政策立案部門と制度執行部門との間の距離」を取り上げ、その後の独立行政法人（しばしば「独法」と略称された）論議の先駆けの役目を果たすこととなった。

筆者が行政改革の観点としてこの問題を取り上げたのは、当時、政策立案に当たる行政官がとかく執行部門の拡大を自らの業績として誇る風潮が強まり、そのため行政の肥大化と組織の膨張を招いている面が否定できないと考えたからであった。しかしその傾向はあくまで一般的なものであり、具体的な適用はそれぞれ個別に検討すべきと考えていた。

金融行政改革においては、企画立案と検査監督のいわゆる執行との間で分離独立を確保しなければならない理由は見出すことはできない。金融制度の立案が執行部門の肥大化を招いた例もないと言い切ってよい。したがって自社さの連立与党がまとめた金融検査・監督庁の独立設置には、執行部門の肥大化を防止する趣旨などはなく、企画立案だけは理由もなく大蔵省に残すという、言わば中途半端な大蔵省の縮小案あるいは大蔵省へのお仕置きの意味しかなかったというほかない。

その後この体制は、二〇〇一年森内閣による全面的な省庁再編に先立つ形で企画立案が大蔵省から切り離され、執行部門と統合されて金融監督庁から金融庁となったので、金融行政における企画立案と執行の分離はわずか二年半で幕となってしまった。

このような経過をたどってできあがった体制は、いわゆる徹底した財金分離となったが、この体制にも問題は残っている。金融危機発生時に財政資金の活用が必要となり、迅速な判断が求められる場合、十分な対応力があるかという問題である。制度としては金融と財政との協議が行われることになっているが、同一の省内の部局である場合と独立の省庁である場合とでは、やはり円滑さの点で問題なしとしないと考えるのである。

日銀法改正——独立性どこまで

自社さの与党三党による金融行政改革ＰＴにおいて当初取り上げられたもう一つの大きな問題は、日本銀行法の改正であった。伊藤茂座長の手でまとめられた最初の文書「新しい金融行政・金融政策の構築に向けて」においても、基本方針の第四項目として取り上げられていたことは、すでに述べたとおりである。しかし日銀法改正問題はPTにおいてはそれ以上に検討されることはなく、政府に対し有識者による専門的検討を行う場を設けるよう求めるのみであった。

表面的にはこのPT報告のとおりの推移をたどっていたが、PTの個々の委員の間では非公式に日銀法改正についても意見の交換が行われていた。筆者は日銀出身の塩崎恭久代議士と話し合いを続けていた。話題の中心は、中央銀行の独立性についてであった。

筆者自身は大蔵省および国会在職中を通じてこの問題に関わった経験はさして多くはなかったが、少ない体験のうち興味深かったのをいくつか思い出すとすれば次のとおりであった。

まず、八八年初めて訪ねた香港の通貨の話である。香港で当時銀行券として流通している紙幣は、香港上海銀行、スタンダード・チャータード銀行、中国銀行の三行が発行しているものであった。聞けば、この紙幣発行を管理しているのは香港金融管理局（ＨＫＭＡ）であり、三行は紙幣を発行するに当たっては、まず米ドルをＨＫＭＡに預託し、その見返りに管理局が定める為替レートによって算出される額の自行券を発券できる権限を与えられるという仕組みがとられているとのことであった。

筆者はこの仕組みを、かつて大学の講義では聞いたものの最近あまり耳にしなくなっている「貨幣高権（Währungshoheit）は国家の主権に属する」の原則を今日において辛うじて表現している実例として興味深く観察したものであった。

加えて九七年英国を訪ねたときのことである。直接の用向きはサッチャー政権の行政改革で発足したエージェンシーの運用状況の調査であったが、五月にスタートしたばかりのブレア政権の滑り出しも見ておきたいと思って出掛けた。

真っ先に大蔵省を訪ね、ゴードン・ブラウン蔵相付きのエドワード・ボールズ首席補佐官と会談した。敏腕家として世評の高い人物であった（後に影の内閣で蔵相に就任）。保守党の長期政権への「飽き」とメージャー首相の個人的不人気から総選挙で惨敗したものの、経済はメージャー政権の時代から引き続き堅調な個人消費を牽引役に拡大しており、インフレを目標（二・五%）どおりに抑えることにも成功していた。

ブラウン蔵相は、インフレ目標については前政権を引き継ぐ方針を明らかにし、五月六日公定歩合の引き上げを決定すると同時に、蔵相が持つ金利政策の決定権を今後はイングランド銀行に移譲することを発表した。筆者たちはそんなとき首席アドバイザーを訪問して、この大きな政策変更の背景を聞いたのであった。

「金利政策については、われわれ労働党は前に政権を担当したときにも失敗ばかりしていたので、それでもうこれからはイングランド銀行に任せることにしたんだ」と悪戯っぽい笑顔を見せながら話した。筆者は、こんな重大問題をこんな風に扱うのかと驚くと同時に、新政権の若々しくダイナミックな動きに感心したものであった。

後刻日本大使館の財務担当公使浦西友義氏に書類を見せてもらうと、そこにはもちろんこの措置はボールズ首席補佐官の冗談口とは違い「イングランド銀行の独立性強化のため」と記されていたのであった。

さて、日銀の独立性に関する塩崎代議士の意見は、「日銀法のなかに明快に無条件の独立性を書くべし」というものであった。これに対し筆者は、それは適当でないと反対論を主張した。

そもそも中央銀行の最も中核的な役割は発券機能であり、決済機能、金融調節などの他のすべての機能はこの発券機能から派生したものである。そしてその発券銀行たる地位は、貨幣高権を有する政府が発券業務をそこに委ねていることに由来するものである。したがって、その由来から言って、日銀が委託者である政府から完全に独立であるとする理論立てには無理があるのではないか。

またこれは最近経済先進国のなかで強くなってきた考え方であるが、景気対策を行う場合、財政政策によるよりは金融政策による方がよいとされることが多い。この点からも、日銀は政府と協調して金利や通貨量を動かしていくのが適当ではないか。これが筆者の指摘した論点であった。

こうした議論をしている間に、日銀法改正問題は政府の中央銀行研究会での専門家による議論に委ねられることになり、政党のプロジェクトチームでの検討は中止されることになった。

筆者らはその後成案となった日本銀行法の改正案を見ることになったが、焦点であった日銀の独立性については、「自主性」という言葉が採用されていた。もちろん、内閣の持つ日本銀行総裁の罷免権などの戦時特有のあらずもがなの規定は、除去されていた。

4　金融ビッグバン

借り着の内閣

一九九六年一月、村山富市総理は「元日の晴れわたった空を見上げていたら、『総理辞すべし』という天の声が聞えて来た」という芝居の台詞のような言葉で辞意を表明した。すでに触れたとおり後任の総理には、前年一〇月の総裁選挙で自民党総裁に選ばれていた橋本龍太郎通産大臣が就任した。

これから九六年度予算の審議が始まろうという矢先の総理交代であったため、閣僚も自分自身の通産大臣の後任を補ったほかは全員が留任となり、いわゆる居抜きの形での総理就任となった。橋本総理の立場からは、言わば借り着の内閣の感を拭えなかったかもしれない。

加えて経済情勢もGDP成長率（実質）で九五年の二・二％に対し、九六年は三・一％を見通せるようになって、「景気は緩やかに回復している」との見方が広がっていた。さらに金融業界においても目立った破綻や不祥事発覚といった事態も収まっていたため、金融の動揺も一段落したのではないかとの感じを与える状況となっていた。

そんな事情が重なってか、橋本総理は九六年一月に就任しながら、一〇月に総選挙を打って国民に自分に対する信任を問うまでの間は、前内閣が積み残した住専処理法を成立させ、また、東京協和、安全の二信組の破綻時に受皿として発足させた東京共同銀行を改組する形で「整理回収銀行」を設立したほかは、金融関係で目立った施策を講じることはなかった。

九六年一〇月の総選挙は、政治改革によって新しく導入された小選挙区比例代表並立制による初めての総選挙であったが、自民党は単独で過半数の議席を獲得することができた。

総選挙の前、連立内閣で与党の一角を占めていた社民およびさきがけの両党も閣外協力ではあるが、引き続き連立与党として協力関係を維持することとなった。このことは衆議院の議席数に関してはあまり大きな意味を持たないように見えるが、参議院においては、自民党は八九年七月以来過半数を割り続けており、社さ両党の協力を得ることによって初めて国会両院において安定勢力を占めることができたのである。

「金融ビッグバンをやろうと思う」

ところで一一月一日突然総理官邸から呼び出しを受け、筆者は一人、総理執務室に出掛けた。執務室には橋本総理と秘書官の坂篤郎氏（大蔵省からの出向者）がおり、筆者を加え、三人だけの会合となった。

橋本総理が口を開き、「今度わが国でも金融ビッグバンをやろうと思う。イギリスのサッチャー首相がやったのと同じものだ。金融機関には厳しいこともあろうが、党の方も協力して進めてくれ」ということであった。指示については了解した旨を述べ、早々に部屋を辞したのであるが、付いてきた秘書官と早速言葉を交わした。

「事前に聞いていた？」

「いや、初めてです」

「総理はビッグバンで何をやろうとしているのかねえ？」

「やはり東京を国際的な金融センターにしようということじゃあないでしょうか」

「分かった。今後何か動きがあったら教えてくれ」

官邸から筆者が呼ばれたのには事情もあった。一〇月の総選挙には党の行革本部長であった水野清氏は総選挙への立候補を取り止め、国会で橋本総理が改めて首班指名を受けると、行革を進めるための総理補佐官に就任することが予定されていた。したがって党の行革本部には、事務局長の筆者しか留守番役がいない状況にあったわけである。なおその後一一月七日に第二次橋本内閣が発足した後、党の行革本部長の後任には佐藤孝行氏が任命された。

筆者が党行革本部の留守番役として受けた総理の指示は、一一日、新任の三塚博大蔵大臣と松浦功法務大臣に対して正式に伝えられた。

指示の文書においては目標として、東京をニューヨーク、ロンドン並みの国際金融市場にすることが明記されるとともに、改革の進め方として、「フリー、フェア、グローバルの三原則」のもとに市場の改革と金融機関の不良債権処理を車の両輪として進めていくこととされた。指示を受けて大蔵省では、金融、証券、保険、企業会計、外国為替の五つの審議会が一斉に具体的な改革案づくりのために動き出した。

フロントランナーになりたい

審議会での審議が始まるとすぐ水野総理補佐官から電話が入り、「国際金融局から連絡があり、ビッグバンでは自分たちがフロントランナーになりたいがよいかと相談してきたが、何か問題があるだろうか」とのことであった。

筆者は即座に「銀行、証券、保険、企業会計の他の四部門さえ賛成なら、それでよいと思う」と返したが、一つ言葉を付け加えておくことにした。「ただ、あの局は自分の都合ばかり主張する癖があるので、それだけは注意してください」ということであった。

蛇足の言葉には経緯があった。行革本部で特殊法人改革を論議した際、国際金融局と筆者の意見が対立することになった。筆者の意見は、日本輸出入銀行と日本開発銀行を合併させるというものであった。輸銀の輸出入金融、開銀の国内開発金融は現在こそ主たる業務であるが、両者とも将来は先細りであろう。今後の両行の活躍分野として海外への投資金融を想定すると、輸銀の海外事情に関する知識と経験、開銀の投資金融に関する経験と見識を合体して活かすことが最も望ましいという見解であった。

これに対し国際金融局の主張は、次の理由により筆者の意見は不適当だとするものであった。輸銀の業務では最近外国政府に対するインパクトローン（使途自由の外貨貸付）が増加しているが、インパクトローンは緊急を要することが多く、輸開銀の合併は、この意思決定プロセスを複雑化することになるので避けるべきだというものであった。

議論の結果、当時の水野行革本部長は国際金融局の主張を採用する裁定を下したのであった。筆者は後年、中国がＡＩＩＢ（アジアインフラ投資銀行）を設立するとの計画を発表したとき、あの構想が実っていればとの悔しい思いを拭い切れなかったものであった。

外為自由化、銀行持株会社解禁

このような細かな経緯はあったが、ビッグバンの五つの分野のなかでは外国為替制度自由化が先頭を切ることが認められた。年が明けて九七年一月には早くも外国為替審議会から答申が提出され、五月には改正外為法が成立した。

外為法は正式には「外国貿易及び外国為替の管理に関する法律」という名称で、貿易と為替については隅々まで管理するという趣旨を表していた。改正ではこの名称も改められ、「管理」の言葉が除去され、「外国貿易及び外国為替に関する法律」となった。

内容的にも、外国為替公認銀行、指定証券会社、両替商の各制度は廃止され、外為業務への参入が自由化された。また、海外との資本取引や決済などについては、事前に許可や届け出等が必要とされていたが、この規制が廃止され、自由に海外への預金や海外向けの決済が行えるようになった。ただし、市場動向の把握や統計の作成のため、資本取引の事後報告制度が整備された。

ビッグバンのなかで次に取り上げられたのは、銀行持株会社解禁であった。この問題は、ある意味で外為制度改革以上に重要な課題であった。

銀行を子会社として支配する持株会社は、財閥支配排除と銀行による産業支配の回避の二つの考え方から、戦後わが国では一貫して否定されてきた。しかし欧米では、持株会社形態によるM&A（企業の合併・買収）やリストラ等で企業が思いどおり国際競争力を高めていたのが実情である。

このためわが国の産業界からもいわゆる純粋持株会社解禁の要求が強くなり、九六年六月、橋本総理がビッグバンを指示する前に、ようやく公正取引委員会は持株会社設立を原則自由とする決定を行っていた。

このような状況の推移を受け、銀行持株会社についても九七年一二月その他の金融改革に先んじて、また、ビッグバンの目玉としてその解禁を規定した法律が成立することになった。

九八年度に入ると、橋本総理の指示のもとに始まった金融、証券、保険、企業会計の四審議会の検討が進み、それぞれの報告が出揃ったため、関連する二三本の法律改正を一括りに束ね、「金融システム改革のための関係法律の整備等に関する法律」案として国会に提出され、六月成立させることができた。

この法律の定めるところは当然多岐にわたっているが、全体を通じて市場の活性化を促すものとなっており、その観点から目立つところを挙げると、銀行窓口における投信販売の導入、株式売買委託手数料の完全自由化、証券取引における取引所集中義務の撤廃および店頭登録の機能強化、保険契約者保護機構の創設などであった。

乏しかったインパクト

このように「日本版金融ビッグバン」は、広範かつ基本的な改革であったが、その作業は業界の利害調整に手間取る従前の例に比べ、格段着実に進められ、制度的には目標どおりの成果が実現できたと評価されよう。しかしながら、そのように大きな成果が上がったにもかかわらず、残念ながら現実の経済社会に対するインパクトは極めて乏しく、最も重要な東京の国際金融センター化の目標に至ってはまったく実現しないで終わってしまった。

それはこの時期、九七年から九八年にかけては、金融業界で不祥事や経営破綻が再燃し始め、各金融機関は大なり小なりそれらへの対応に体力を費消しなければならず、せっかくの改革も現実のビジネスの展開に活かす経営資源が残っていない状況に陥っていたからだと思われる。

政治の側も、総理指示を直接受けた筆者を含め、節目節目で行政部内の検討の進み具合について報告を受けてはいたが、自ら主体的に関与する態勢を打ち出すことはできなかった。この政治面のエネルギー不足も、ビッグバンが経済社会に大きなインパクトを与えられなかったことの大きな要因の一つになったことは否めないであろう。

半面、当時党側の関心が向かったところは、金融システム改革より橋本総理の主唱する「六つの改革」、すなわち「行政改革」「財政構造改革」「経済構造改革」「金融システム改革」「社会保障構造改革」「教育改革」のうちの行政改革であり、特に中央省庁再編と特殊法人改革であった。

中央省庁再編は従来の「1府21省庁」を結論では「1府12省庁」に改編するものであったから、縮小、合併の対象となりそうな省庁を中心に政治の側への陳情も激しく、これに応じて党の行革推進本部はかなり多くの時間を割いて論議を重ねることを強いられた。しかし総体的に見れば、中央省庁再編について主導権を握ったのは、内閣に設置された「行政改革会議」であった。

5　橋本行革の二つの問題点

大平方式か橋本方式か

行政改革会議の議論や結論について筆者が問題視したのは、特に次の二点であった。

一つは、内閣総理大臣の任務であり、裏から言えば閣僚の任務であった。筆者が官房長官秘書官として総理官邸で勤務したのは、大平正芳総理の時代であった。大平総理は、記者会見などで

「仕事は司、司に任せていく」とか「一内閣一仕事」などと表明しながら、総理大臣たる者はその時々の国家国民にとっての最重要事項を一つか二つ全力をもって取り組むべきとの姿勢を示された。その半面、各省庁の大臣は、自分の省庁の任務については水も漏らさぬ態勢で取り組むことが求められた。

これに対して橋本行革は、大平方式では現代において必要とされる総理大臣のリーダーシップと内閣の一体性の確保が十分ではないと考える。そのことを踏まえて、総理府、経済企画庁、沖縄開発庁が持っていた任務全体を取り込むとともに、同じく科学技術庁、国土庁の持っていた任務の一部である戦略的な業務や企画立案の事務を引き継ぐ機関として新たに「内閣府」を設置し、内閣総理大臣がリーダーシップを発揮するための「智恵袋」として位置付けることとした。

そして他方、閣僚については、一九人の国務大臣のうち一二人の省庁所管大臣は従来どおりとするが、他の七人は全員、広範な内閣府の事務を分担する特命担当大臣として総理の補佐役的役割を果たすべきものとされた。

その後明らかになった総理や特命担当大臣の姿は、筆者が懸念したとおりとなった。総理は「鶯《うぐいす》の谷渡り」よろしく、同時に開かれている複数の有識者会議を短時間ずつ渡り歩く結果となり、また、各会議には必ず担当大臣が総理と重複して出席しているという有り様になった。総理も特命担当大臣もあまりに多くのコマ切れ課題にどれも本腰を入れて取り組めないのではないかと推察されるのである。

しかも橋本総理は、「内閣府」の名称について、会議体たる内閣のサービス機関になってしまうことを懸念して、従前からあったものと同じ名称でも構わないとして是非総理大臣のサービス機関であることをはっきりさせた「総理府」としてほしいと望んだと伝えられる。しかし筆者は、名称の問題よりも、内閣のあり方の基本問題として、大平方式か橋本方式かを今後機会があればなお検討すべき問題として考えていくべきと思っている。

大蔵省の扱い

二つ目は、「中央省庁再編」における大蔵省の取り扱いである。

大蔵省は、戦前のもう一つの巨大官庁であった内務省が占領軍の命令によって解体されたにもかかわらず、戦後も戦前そのまま、あるいは、相対的には戦前以上の姿で生き残った役所であった。そのために、戦後一貫して「役所の中の役所」として霞が関の官庁のなかで指導的役割を果たしてきたと言われる。

しかし九〇年前後のバブルの生成と九二年以降のバブル崩壊の経済情勢のなかで、大蔵省の行政はしばしば国民の不信を招くことになった。ことに九五年末から九六年半ばにかけて大きな政治的紛糾を招いた住専問題の処理の後には、これを大蔵省の犯した大きな失政とされ、大蔵省をそのままの姿で維持することは困難とされたことは、すでに述べたとおりである。このため、前述の具体的な経過を経て九七年末には金融監督庁設置の方針が決定され、設置法の制定・発効の後九八年六月に同庁が発足したのであった。
ところが橋本行革の中央省庁再編では、この金融監督庁の発足と同時期に制定された中央省庁等改革基本法において金融監督庁はさらに「金融庁」に改編され、大蔵省に残されていた金融企画局まで金融庁に取り込まれることになった。
大蔵省金融企画局と総理府金融監督庁の体制は、政策の企画立案機能は大蔵省、検査・監督の執行機能は金融監督庁という分立体制であったと理解できたが、金融庁への統合によって金融行政のなかの機能分離ではなく、財政・金融の組織分離（財金分離）が重視され、大蔵省の解体が断行されたことになったわけである。(*)
さらに中央省庁等基本法において大蔵省の名称は、財務省に改めることと規定された。国の財務を司る役所の名称については、国によって区々であり、また原語と日本語訳も、必ずしも統一が取れているとは言い難いものではあった。英国、米国、日本についてまず日本語訳あるいは日本語では、英国は大蔵省、米国は財務省、日本は大蔵省であった。そして英語では、英国はザ・トレジャリー（the Treasury）、米国もザ・トレジャリー、日本だけはミニストリー・オブ・ファイナンス（Ministry of Finance）となっている。

＊内閣府は、本来総理の智恵袋、サービス機関としてその時々のテーマを扱う機関を集合したものとされたが、そのなかに恒久的な業務を扱う機関でありながら包摂されてしまったものには、警察庁、宮内庁とともに金融庁がある。

筆者は学生時代、財政学の教科書でトレジャリーは財産系の言葉であるのに対してファイナンスは金融など資金の流動性に着目した言葉であるから、日本語訳としてはザ・トレジャリーなら大蔵省、ミニストリー・オブ・ファイナンスなら財務省が適当だとする説を読んだ記憶がある。

もしこの説に従うなら、言葉だけの問題としても日本の場合は財務省が正しいわけであり、逆に大蔵省と名乗りたいのであれば、現在のような赤字国債に依存する財政ではなく、まず黒字を出すような健全財政を実現し、そのうえで英語名も the Treasury とするべきとなるであろう。

大蔵省という名称は、日本の歴史の上では律令における官制に見られる由緒あるものである。大蔵省の改名問題については、改名を主張する橋本総理に対し、同省の現役、OBたちはともに旧名に固執する議論が多いようであった。しかし橋本総理の改名論に対しては、大蔵省を引き続き名乗りたいのであればまずは財政健全化を実現すべしとのエールだと受け止めれば、あまり嘆く必要はないのではないかと筆者は考えることとしている。

事実橋本総理は、「六つの改革」の一つとして「財政構造改革」を取り上げ、九六年一二月には「財政健全化目標」を閣議決定している。健全化計画では、財政健全化の目標を国・地方を通じた財政赤字の年度ごとの規模をGDPの三%以下とするとともに、それを達成する時期を五年後の二〇〇三年度とし、これを達成するための手法は歳出の削減によるものとした。

しかしこの計画は、折からの経済不振から九八年には早くも計画の緩和を行い、二〇〇〇年度には小渕内閣のもとで計画自体を停止することに決定されてしまった。

Ⅳ

大手金融機関の破綻と国会の対応

1　破綻の自己処理と破綻防止への公的関与の始まり

三洋、山一証券の破綻

一九九七年は、金融の安定期と激動期のまさしく分水嶺の年であった。すなわち、九七年を通して橋本内閣の六つの改革が進められる一方で、年末に近づくと金融業界の内部で不祥事や経営破綻が再燃する動きが顕在化するようになったのである。

一一月三日には三洋証券が会社更生法の適用を東京地裁に申請し、二二日には山一証券が自主廃業を決定した。また銀行部門でも京都共栄と徳陽シティの二つの第二地銀が行き詰まる一方、一一月一七日には都市銀行の一角を占める北海道拓殖銀行が経営破綻した。

中堅証券会社である三洋証券は、創業家出身の若い社長土屋陽一氏のもとで八〇年代後半積極経営に乗り出し、八八年には東京証券取引所のそれを上回るほどの大規模なトレーディングルームを建設していた。

筆者ら金融関係の国会議員は完成間もないトレーディングルームを見学したが、長方形のフロアを片方の端の二階中央に設けられた見学場所から見下ろすと他方の壁の掲示板が霞むほどの壮大きさであった。そんな体験もしていたので、倒産の話を聞いたときには、あのトレーディングルームの建設がやはり過剰投資だったのかと反芻《はんすう》したものであった。

もちろん、ちょっと情報を追いかけると、子会社のノンバンクによる不動産関連融資の破綻からすでに九四年三月に経営再建九カ年計画のもとで野村證券などによる増資を受け入れ、経営も土屋家の手を離れていたようであった。

しかもこの計画では、生保九社からも劣後ローンを受け入れ資本増強を図っていたが、劣後ローンには返済期限まで一年を切ると資本算入できないというルールがあり、九七年には遂に返済期限の延長を拒絶され、営業継続に必要な自己資本額が不足に至ったとのことであった。

その経緯は分かったものの、東京の国際金融センター化を唱えながらあのような果敢な投資を行う若い経営者を活かし得ないわが国金融界の活力の乏しさを嘆きたくなる気持ちが、胸を過《よぎ》ったものだ。

山一証券については、同郷の後輩から紹介されて取締役行平次雄氏を本社に訪ねたことがあった。この後輩は上司の行平氏に多分断ったうえのことであろうが、筆者の選挙の際に支持者集めなどに時間を割いてくれていたので、そのお礼の挨拶に出向いたのであった。いかにも敏腕のビジネスマンの外貌であったが、笑みを湛《たた》えながらの話ぶりに筆者も随分寛《くつろ》いだ気分にさせてもらった。

後輩はたまたま投資信託の販売で社内において盛名を馳せていたので、同じ部門の上司、行平氏には格別可愛がられていたように察せられた。そんな経緯で親しくさせてもらっていた行平氏の名前が、山一破綻の後不良な資産の額面価格による他への付け替えという隠蔽工作（当時「飛ばし」と呼ばれた）との関連で、たびたびメディアで取り上げられたので、筆者は残念に思うとともに、ビジネスの厳しさにつまされたものであった。

その後山一証券は自らが債務超過ではないとの認識に至ったとして、大蔵省に対し資金繰り上の支援を求めたいとしたが、同省はこの申し入れを聞き入れなかった。矢面に立ったのは証券局長の長野厖士氏であった。思えば昭和四〇年（一九六五年）不況の際、同じ山一證券に対し日銀特融発動を決定したのは、蔵相田中角栄氏であった。しかし九七年のあの時期に山一に日銀特融を実行することは、政治的に到底許されることではなかったのであろう。これが筆者の想いであった。

北拓破綻の衝撃

北海道拓殖銀行については、四月初めに北海道銀行と合併すると聞いて関心を寄せた。北海道銀行の前頭取堀寛氏と現頭取藤田恒郎氏がともに筆者のよく知る人たちだったからだ。二人は大蔵省国際金融局にあって、上司、下僚の関係にあったが、当時上司であった前頭取はたびたび筆者らに下僚であった現頭取を話題にし、彼がいかに有能であり、円満な人柄を備えた人物であるかを語ったものであった。

そんな事情もあって筆者は、耳にした二行の合併に、規模は逆とはいえ、大きな期待をもったのだが、九月には延期が伝えられ、一一月には前述のとおり北拓の破綻が発表されてしまった。筆者にしてみれば世評の高い道銀頭取の力量をもってしても北拓の救済は難しかったのかと残念に思うこと頻《しき》りであった。しかし北拓の破綻は、こんな個人的感慨などを差し挿む余地のない、日本の金融システムを揺るがす衝撃であった。

北拓破綻前には、大手銀行は一行たりとも潰さないというのが三塚蔵相の発言に代表される大蔵省の確固とした方針であるとの見方が、広く流布されていた。それが、北拓という大手銀行の一角が資金繰りのために市場で必要な短期資金が調達できず倒産したとなれば、国民の間に一挙に不信や不安が広がるのは当然であった。

政府は直ちに国民の信頼と安心を回復するための仕組みを構築する作業に着手し、九八年に入ると「金融機能の安定化のための緊急措置に関する法律案」と「預金保険法の一部を改正する法律案」の二法案を国会に提出し、成立させた。

金融二法の機能

当時金融システムの安定を図る場合には、①金融機関の破綻を予防するため、資本不足が懸念される金融機関に対して自己資本の増強を行うこと、②金融機関が破綻してしまった場合には、㋑不良債権など劣化した資産を買い取り、それを管理・処分することのほか、㋺破綻先からいったん営業を譲り受け、譲り受けた部分の営業を継続できるいわゆる受皿を探すこと、そしてこれらに加え、③払い戻せない預金のうち保険金によって補塡される金額を差し引いた額の預金の払い戻しに必要な資金を供与すること、これら資本増強と破綻処理としての三つの措置を取り得る仕組みを整備し、そのための資金を用意することが求められた。

九八年二月の二法では、三つの措置のうちまず一つ目の資本増強については、金融機能安定化法により預金保険機構に新たに「金融危機管理勘定」を設け、そこに日本銀行などからの借り入れ（政府保証付き）による一〇兆円を限度とする資金をもって、資本増強を希望する金融機関に対しその金融機関が発行する優先株、劣後債、劣後ローンの引き受けを行うことによって拠出されることとされた（同勘定には引き受けによる事後的な損失の発生を補塡するため交付国債三兆円も交付）。

この措置の対象となる金融機関は、その資本不足がわが国の信用秩序の維持と国民経済の運営に重大な支障（株価下落、ジャパンプレミアム、貸し渋りなど）を生むこととなる大銀行と破綻金融機関の救済合併等の結果自己資本の比率が低下し、それが地域経済の安定に支障を生む中小金融機関等に限られるとされた。

そのうえ優先株等の引き受けに当たっては、新たに金融危機管理審査委員会が設置され、その全会一致による決議が必要とされるとともに、その後における閣議での承認も必要とされた。審査委員会は、大蔵大臣、日銀総裁など四名の政府内金融行政責任者に民間から三名の審議委員が加わり、七名をもって構成され、民間委員は国会承認人事とされた。民間委員としては、経団連会長、日弁連（次期）会長と慶應義塾大学教授佐々波楊子氏が就任。佐々波氏が委員長に指名されたので、委員会の通称は佐々波委員会となった。

次に破綻金融機関との関係における二つ目の業務については、預金保険機構に「特例業務勘定」を設け、そこへ日本銀行からの借り入れと債券（預金保険機構債）の発行により一〇兆円（政府保証付き）を調達するとともに、将来大幅な損失が生じる場合における損失補塡への備えとして七兆円を限度とする無利子国債の交付を受ける。特例業務勘定では、この資金をもって破綻金融機関から不良債権などの資産の買い取りやその処分などの業務を行うことおよび営業の譲り受けと受皿への譲り渡しを行うことができることとされた。

さらに三つ目の業務である預金の保護については、資金としては同じ預保機構が借り入れまたは債券発行により調達した一〇兆円によるのであるが、預保機構が破綻金融機関に対して行う行為としては一方的な贈与を行うこととなっている。これは、二つ目の業務である資産の買い取りや事業の譲り受けにおいては、預保機構が正当な評価をしたうえで適切な対価を支払うものであるのに対し、預金保護においては払い戻し不能分（預金保険でカバーされる分は除く）の不足を補塡するためには贈与によるほかないことを明らかにしている。

なおこれら三つの預保機構の業務については、預保機構は、預保法の改正により業務範囲を拡大した整理回収銀行との間で協定を結び、これに実務を行わせる仕組みを取った。もとよりその実務の実施に当たっては預保機構が指導、助言を行うこととなっており、一つ目の業務である資本注入に当たって必要とされる佐々波委員会や閣議による議決は、この指導助言の一環、もとより最重要な一環と解されるのである。

佐々波委員会による資本注入

佐々波委員会は二月二〇日に初会合を開催し、以後二月二六日には一般金融機関と破綻金融機関の受皿金融機関とに分け、それぞれごとに公的資金の投入基準を決定したうえで、三月五日から希望金融機関からの申請が行われるなどの日程で業務を遂行していった。

しかしそのような表舞台の裏側では、二月七日に関係二法が衆議院を通過した直後に自民党幹事長の加藤紘一氏から筆者に、「公的資金の投入の件だが、どこの銀行も他の銀行がどうするかばかり見ていて、手を挙げそうにないんだ。どうすればいい？」という電話があったのである。

当時はすでに各行とも不良債権の額の正確な金額を把握しつつあり、それが株価や債券の格付けに反映したり、銀行の資金繰り上必要となる短期資金を調達する銀行間のコール市場で資金が取りにくくなったり、さらに外貨資金を借り入れるユーロ市場でジャパンプレミアム（図表6）と呼ばれる割増金利を取られたりすることが起こっていた。また次の九九年三月末にはバーゼル銀行監督委員会が定めたいわゆる自己資本比率のＢＩＳ基準が適用されることも決まっていた。

このような状況を考えれば、銀行はほとんどどこも公的資金の受け入れの申請をしたいはずだ。

図表6　ジャパンプレミアムの推移

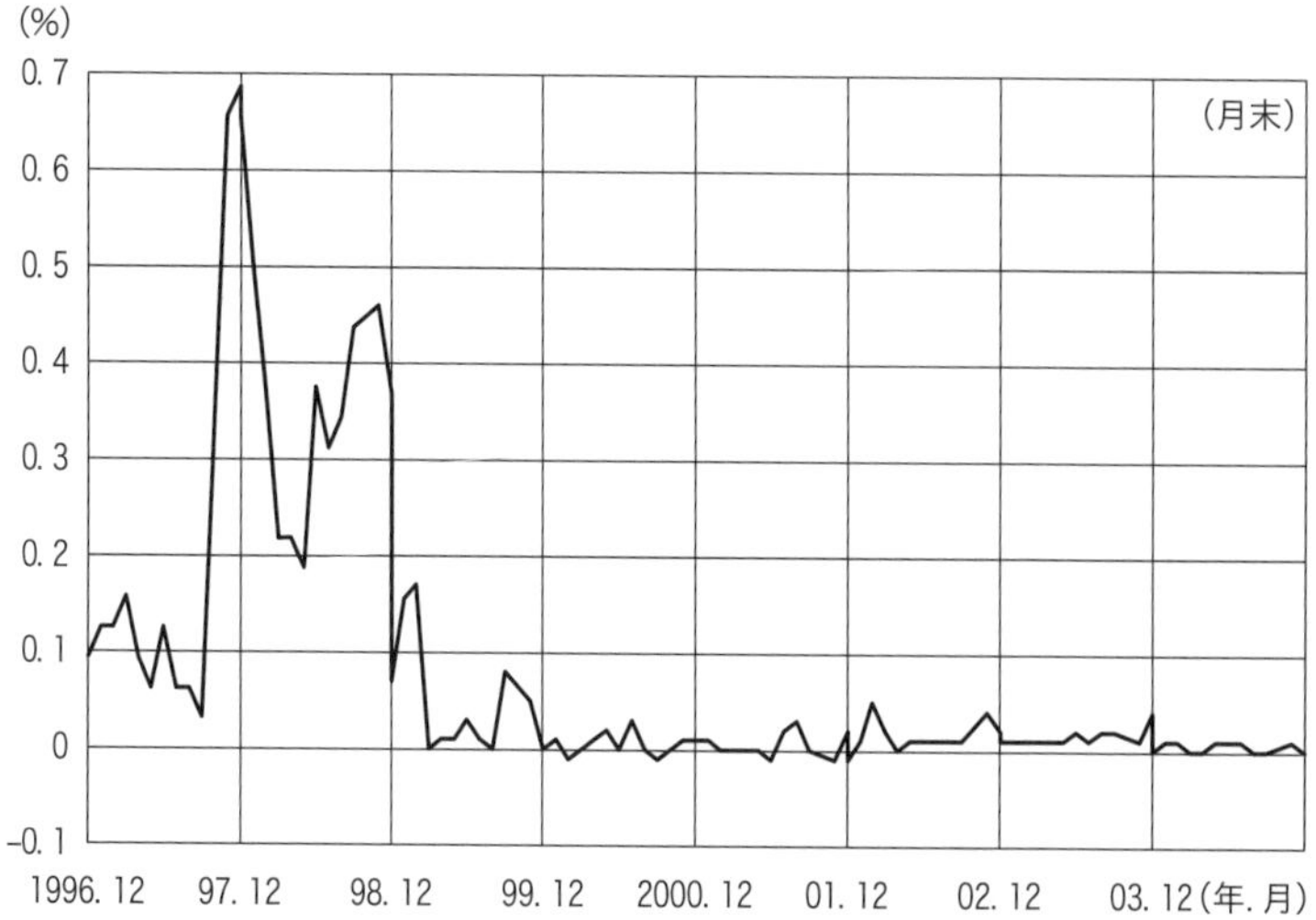

(注)　東京三菱銀行とバークレイズ銀行の間の3カ月LIBORの提示レートの乖離幅
(原出所)　日本銀行
(出所)　『預金保険研究』第8号、2007年4月、71ページ

しかし申請をすれば市場やマスコミなどであらぬ風評を立てられるのではないかとの懸念から、他行の出方をうかがっているということであった。

筆者は即座に加藤幹事長に「東京三菱にまず手を挙げるように頼むのがいいのではないですか」と話した。たまたまそのとき東京三菱の頭取岸暁氏が全銀協の会長を務めており、全銀行の代表としても好都合な立場にもいたが、それよりも東京三菱がバブル崩壊による傷が最も浅いというのが大方の世評であったからであった。

加藤幹事長による根回しはうまくいったらしく、受け入れ申請は岸頭取・会長の「主要行はみな受け入れるのがよい」との呼び掛けに応じる形で三月五日全主要一八行から行われ、加えて地銀の三行もこれにならうこととなった。

佐々波委員会はこれらの申請を受け、二度に分けて第一回の一〇日には第一勧銀、長銀、日債銀、中央信託の四行について優先株と劣後ローンで合計三九五六億円、第二回の一二日には東京三菱以下の都市銀行八行および興銀にいずれも劣後ローンと劣後債で各行一〇〇〇億円、信託五行および地銀三行に同じく劣後ローンと劣後債で合計五二〇〇億円を投入することを議決した。そしてこの委員会の議決は、その後閣議決定を経て実行に移された。

しかし佐々波委員会による公的資金の投入は、所期の効果を上げることはできなかった。そもそもこのときの公的資金の投入は、金融システムの安定化が目的であり、個別の金融機関に着目してそれぞれの自己資本の状況を把握し、それを目標とする自己資本比率にまで引き上げることを目的とするものではなかった。

このため、逆に、例えば長銀および日債銀の申請額に対しては、それが翌九八年度以降に予想される自己資本減少額の補填を含むものであったため、その分は減額されて投入額が決定されている。すなわち、このときの公的資本の投入は、金融システム全体の安定化が目的とされたため、前述のとおり都銀八行へは全行に対して同額の投入が行われている。

このような結果になった理由については、当時個々の銀行が公的資金の投入額を自行の財務状況の評価と見られることに極度の警戒感を持っていたことと、行政自体が危機への対応に十分習熟していなかったことがあったのではないかと考えられる。

2 「金融国会」

最重要課題は金融危機克服

一九九八年七月参議院議員の通常選挙が行われ、自民党は選挙前の大方の予想に反し、八議席を減らし、改選前の一一一が一〇三（過半数は一二七議席）に止まる厳しい敗北を喫した。橋本総裁は直ちに総裁を辞任し、内閣も総辞職した。

後継総裁・総理は小渕恵三氏となり、第一次小渕内閣が発足することとなった。筆者には加藤前幹事長から入閣の連絡があり、ポストは国土庁長官ということであった。このポストは筆者にとってはまったくの予想外であったので加藤氏に辞退を申し出たところ、「何が起こるか分からないので、とにかく受けておいてほしい」旨の話があり、就任することになった。

手続き的には、七月三〇日に臨時国会が召集され、その日に首班指名が行われた。同日組閣のうえ、初閣議も行われた。

小渕内閣の最重要課題は、言うまでもなくわが国が直面する金融危機の克服であった。この課題に対応して大蔵大臣には、当時活動していた「政府・与党金融再生トータルプラン協議会」の座長であった宮澤喜一氏が起用された。宮澤氏は総理大臣経験者であり、元総理の蔵相就任は高橋是清以来の異例の人事として話題にもなった。

新内閣では早速トータルプラン協議会の結論を踏まえた法案化の作業が進められ、八月一一日、二つの法案にまとめられたうえ、国会へ提出された。

一つは不動産関連の権利の調整法案であり、内容は金融機関の不良債権処理を促進するため不動産の権利等の調整プロセスに調停と仲裁の手続きを導入するものであった。そして今一つは、金融安定化法と預金保険法を改正する法案で、金融再生トータルプランの目玉であったいわゆるブリッジバンク（破綻銀行が受皿銀行に引き取られるまでの間の橋渡し役に当たる銀行）の設立等を規定するものであった。

またこの国会には自民党から議員立法として、債権管理回収業（サービサー）法案、根抵当権による担保債権の譲渡円滑化法案、競売手続円滑化法案、特定競売の現況調査及び評価特例法案の合わせて四法案が提出された。

政府法案の不動産関連権利調整法案と議員提案のこの四法案は、不良債権と密接な関係を持つ不動産等に関する権利の実務的な流動化処理について当時の法制度のなかで欠落していた部分を補うものとして、いずれも必要な法案であった。国会では「金融安定化に関する特別委員会」が設置され、これらの六法案がその特別委員会で審議されることになった。

特別委員会は、呼び出しがあっても原則として所管の大臣以外出席義務のない常任委員会とは異なり、総理大臣以下呼び出しのかかったすべての大臣が出席の義務を負う委員会で、国政上の重大な問題が審議される場合に設置される。

また特別委員会で審議される議案については、所管の大臣のほかに答弁責任大臣があらかじめ指名される場合があり、不動産関連権利調整法案については、所管から言えば総理府を所管する内閣官房長官が答弁に当たることになるが、特に答弁責任大臣として筆者が指名され、特別委員会での法案審議に臨むこととなった。

ただ、この法案は金融機関による債権放棄（債務者に対する債務免除）を許容するためのものと見られたため、実際には論議の対象になることは極めて少なかったことから、筆者が実際に答弁に立った機会はわずか二、三回程度であった。

「ブリッジバンク」法案の挫折

この国会において最も激しい議論の対象となったのは、言うまでもなくいわゆるブリッジバンク法案であった。そしてこれに加えて、その年の三月に行われた多額の公的資金の投入にかかわらず、受入行の一つであった日本長期信用銀行の経営不安が早くも六月には再び取り沙汰されるようになったことから、特別委の審議時間は多く長銀問題に費やされることとなった。

まず議論の中心である破綻金融機関の事業を承継するためのブリッジバンク法案は、金融再生トータルプラン協議会において米国の制度にヒントを得て立案されたものであると言われていた。

法案の由来はともかく、その枠組みについては、金融機関が破綻した場合、まず、当該破綻金融機関の業務と財産を専権的に管理する「金融管理人」が任命される。金融管理人は、破綻に至った経緯の調査、旧経営陣の責任追及、業務継続方針と営業譲渡を含む業務財産の管理計画の作成等を行うこととされる。

次に課題である業務承継の枠組みについては、預金保険機構のなかに「銀行持株会社」を設立し、この持株会社が出資設立する子会社として破綻金融機関の「承継銀行」が設けられるとする。そして金融危機管理審査委員会のもとに置かれた「審査判定委員会」が、破綻銀行の貸出債権その他の資産について承継銀行が保有することの適否の審査判定を行う。

このようにして承継銀行には保有に適当な資産のみが移管されることになるため、最終的に承継銀行を引き取る受皿銀行にとっても魅力的な存在になるはずである。さらに承継銀行との間では、破綻銀行の行員が個別に雇用契約を結ぶ制度も設けられ、実質雇用の維持が図られるなどキメ細かい配慮もなされる。

ブリッジバンク法には、今一つの枠組みとして破綻金融機関自体を銀行持株会社の子会社として承継銀行と同様に活用することもあるとされており、この場合にも適資産か否かの判定は審査判定委員会により行われるとしている。

しかしこのブリッジバンク法案に対しては、特別委員会の審議のなかでいくつかの批判が行われた。

一つは、九八年三月に行われた公的資金投入が、その後の長銀の経営不安や信用収縮（「貸し渋り」）の悪化に見られるとおり、所期の効果を上げ得なかったにもかかわらず、大蔵省―預金保険機構―金融危機管理審査委員会のラインがそのまま維持されていたことである。

二つは、金融機関の「破綻」の定義および行政によるその認定の手続きの曖昧さである。

三つは、承継銀行が受皿銀行を見出す期限を三度も延期することができ、最長五年間も言わば店晒《たなざら》しになる（この間に優良な貸出先は他行へ移ってしまう懸念があろう）ことの不適切さである。

四つは、破綻銀行がメガバンクの場合、その銀行が行っている国際的なインターバンク取引やデリバティブ取引を混乱させないためには、破綻銀行とは別人格となる承継銀行を使うことは不可能となるはずであるなどであった。

議員立法で与野党合意

このような議論のなかで九月初め野党三会派からも対案が提出され、この対案についても政府・与党による提出法案とともに審議が進められた。また特別委員会においては、法案の審議と並行して金融危機管理の全体的なスキームについて結論を得るべく与野党の実務者間で協議機関が設置され、検討が重ねられた。その結果九月末に至り与野党間で合意が成立することになった。

まず破綻処理については、野党案を基礎とし、それに与党案を加味する形でスキームがまとめられ、「金融再生委員会設置法」および「金融再生法」として可決、成立した。

この二法の規定する破綻処理方法は、金融再生委員会の監督のもと、国家経済および特定の地域あるいは分野の経済において重大な影響がある場合については「特別公的管理」、それほど影響が大きくない場合については「金融整理管財人」による管理あるいはいったん金融整理管財人の管理が行われた後における「ブリッジバンク」への移行という三つの方式が規定され、そのなかからの選択により処理されることとなった。

総理府に所属する金融再生委員会が主導する形になったことによって、大蔵省主導の形では護送船団方式となりがちという行政への不信は克服されることになった。また、ブリッジバンクの長期間にわたる管理および営業継続による不良取引先の吹き溜まり懸念も、存続期間の短縮化によって改善された。さらに国際的なインターバンク取引やデリバティブ取引の主体である大手行にブリッジバンクが適用された場合の混乱の心配も、一時国有化とも言うべき特別公的管理方式の導入により払拭された。

残る問題は、金融機関の「破綻」の定義および認定手続きである。

ブリッジバンク法案以前は、破綻とは「預金の払い戻しの停止あるいはその恐れのある状態」であるとされ、どちらかと言えば資金繰りを重視する定義であった。また手続き面ではブリッジバンク法案では認定権者が金融監督庁とされていることから、経営者側と見解が異なることにより、決着に時間がかかったり、悪くすると、訴訟が生じたりする紛糾が予想された。

このようなブリッジバンク法案の問題点に対して金融再生法では、「財産をもって債務を完済することができない場合」すなわち「債務超過」の場合を基本に置き、その結果として生じる従来の定義である「資金繰り破綻」も付加明示することとされた。そして破綻認定の手続きについては、破綻の恐れがある金融機関には自己申告を義務付け、これにもとづき金融再生委員会が認定することが明定された。

金融機関については、行政庁による「金融検査」が定期、不定期に実施されることから、債務超過を破綻認定の基礎とすることには手続的にも合理性があると認められるとされた。

金融再生法のスキーム

なお再生法のスキームにおいては、法制度面とともに資金面でも安定化法当時のものが改められ、九八年度補正予算第二号として手当てがされた。預金保険機構の「特例業務勘定」のもとにおいては、整理回収銀行が住宅金融債権管理機構と統合されることにより、新たに「整理回収機構（日本版ＲＴＣ）」として設立され、破綻金融機関を含むすべての金融機関から不良債権の買い取りを一元的に行うとともに、特別公的管理、金融整理管財人およびブリッジバンクのもとに行われる最終的な処理としての営業譲渡、合併および清算に伴い必要とされる譲渡先等への資金援助を行うものとされた（破綻金融機関が預け入れを受けていた預金の払い戻し不能分を補塡するための資金の贈与は従来どおり）。そしてこの勘定の資金枠一七兆円については、安定化法当時の特例業務勘定と同額のため予算補正は行われなかった。

預金保険機構のもとには、新たに「金融再生勘定」が設けられ、破綻金融機関の処理方法としての「特別公的管理」のもとに置かれる銀行との間の株式等の買い取り、損失補塡、資金援助に要する資金および金融整理管財人の管理銀行からの受皿として設立されるブリッジバンクに対して行う出資、損失補塡、資金援助に必要となる資金のために補正予算で一八兆円が計上された。

難航した資本増強策の立法

金融危機を恐慌に至ることなく終息させるには、ここまで述べてきた破綻金融機関を混乱なく処理することのほかに、不良債権の償却や引当のために資本不足に陥っている金融機関に公的資金を注入することによって資本増強を行い、破綻を防ぐことが必要であると考えられる。

いわゆる金融国会へ提出された政府案においては、破綻処理と資本増強の二つの機能をもつ法律案を一本化して提案していたが、この政府案は特別委員会において与野党合意が成立した結果として廃案となってしまった。与野党合意にもとづき議員立法によってまず成立したのが、野党の民主党の議員を中心に自民党の若手実務家議員も加わったグループ（「政策新人類」と呼ばれた）が主導した破綻処理のための「金融再生法」であった。

しかし政府案に含まれていたもう一つの資本増強の機能に関しては、民主党は極めて消極的であり、その立法に対しては断固反対の態度であった。民主党のこの姿勢の背後にあった理由について筆者なりに振り返ってみると、おおむね次のようにまとめることができるのではないかと考える。

一つは、九八年三月における旧金融安定化法による資本増強がほとんど成果を上げられず、失敗に終わったとされたことから、失敗の繰り返しになる可能性のある企てには加担したくなかったこと。二つは、公的資金による資本増強の要件はとかく曖昧になり、要件に適合するか否かの判断に当たっても行政の裁量の幅が広くなることから、公正を期し難いと考えたこと。三つは、再生法による破綻の認定と再生等の措置は客観的で裁量の余地がないことから、破綻と再生こそ金融危機への対応の王道であると考えたことが主なところであろう。

早期健全化法も成立へ

このような国会内における与野党の確執をよそに現実の金融危機発生への懸念はますます深まり、かつ、広まっていく。金融機関が不良債権の増加を恐れて企業への貸し出しに慎重になるいわゆる貸し渋りが広がり、それがまた経済の不振と不良債権の増加をもたらす悪循環を生むことになる。

金融機関は、日本銀行から求められる準備預金の不足分や日本銀行への自行の当座預金を通じて払い込む他の銀行に対する決済資金の不足分については、通常であれば、資金に余裕のある金融機関から電話一本で用立ててもらうこと（そのため「コールローン」と呼ばれる）ができるのだが、金融機関の間でさえお互いを信用できない状況に陥り、コール市場での取り引きが次第に減少していく。

　金融機関が外貨資金を調達する際には、前記のとおり、一般的な金利に金融機関が所在する国のリスク（「カントリーリスク」）に応じたプレミアムが上乗せされる場合があるが、当時のわが国の金融機関には一・〇％に達するようなジャパンプレミアムが課されるようになっていく。

　これらに加え、海外の金融情勢においても九七年七月以降のアジア通貨危機、九八年八月以降のロシア金融危機、同年九月の米国ＬＴＣＭの破綻など危機が続発し、これらに対する関係国の政府・中央銀行や国際機関の対応は、わが国の立法や法の運用に対しても影響を与えずにはおかない状況になっていった。

　このようななかで自民、公明、自由三与党の国会対策委員長は、資本増強のための法案すなわち早期健全化法案を金融再生法案とほぼ同時期に成立させることを狙いとして前者を参議院先議とし、審議時間の確保を図った。

　国の内外の金融情勢の緊迫化と国会の動きのなかで民主党も健全化法案への対応ぶりを改め、自民党等による原案に対し修正案を提出、その修正案が否決されたことを理由として原案に対する反対を貫く形で矛を収めることとなった。このようにやや複雑な経緯をたどりながらも、「早期健全化法」も一〇月一六日、再生法に遅れることわずか四日という時期に国会において成立させることができた。

そしてこの健全化法を運用するに必要な資金については、安定化法当時の「金融危機管理勘定」に代えて「金融機能早期健全化勘定」が設けられ、規模も従前の一三兆円から二五兆円に拡大され、これが補正予算に計上された。

この結果、従来からあった整理回収銀行の資産買い取りに必要とされる一七兆円、先に述べた金融再生法にもとづく出資、損失補塡、資金援助に必要とされる一八兆円に加え、今回新たに健全化法にもとづく資本注入に必要とされる二五兆円が追加されたため、金融危機に対応して計上された予算は全体で六〇兆円となったのである。

V　金融再生委員長として

1　金融再生委員会の発足

九八年一〇月二三日（金）

一九九八年一〇月二三日、筆者は金融再生担当大臣に任命された。その年の七月三〇日小渕恵三内閣の発足とともに国務大臣・国土庁長官に任命されていたのであるが、一〇月二三日に金融再生法および早期健全化法の二法が施行されることになるので、この二法の実施に当たる責任者として国土庁長官からいわゆる横滑りして就任したのである。思えば国土庁長官になるとき、加藤紘一氏が助言してくれたことが、そのまま筆者の身に起こったのであった。

金融再生法および早期健全化法は、ちょうど一週間ほど前の一〇月一二日と一六日にそれぞれ成立したばかりであった。そしてそのわずか四日後の二〇日に法律の施行に必要な政令や省令を閣議等で決定し、法律実施の準備を整えたのであった。この短期間に詰め込んだ日程が、金融危機がいかに差し迫っていたかを示していた。

二〇日の閣議の前日一九日、日本経済新聞の朝刊が金融担当大臣に筆者が任命される見通しであるとの観測記事を掲載した。その日の昼前、国土庁長官室にいた筆者に、官房長官野中広務氏から電話が入った。「一部の新聞にも出ている金融の大臣のことですが、宮澤（大蔵大臣）さんにも聞いたところ、やはりあなただろうということですので、受けてくれますね」との話であった。

どのような受け答えをしたか正確には記憶していないが、とにかく筆者はその電話のなかで受諾の意志を伝えた。閣議が行われる日には、閣議が終わった後、所管の役所の記者会見室で記者会見を行うことが定例となっており、二〇日の閣議後にもそれが行われた。

記者団からは当然質問が出た。「金融担当大臣の候補に挙がっているが、大臣の意志はどうか」「総理から命じられれば、私は逃げないつもり」というのが、質問に対する筆者の返事であった。

翌二一日と二二日には、早速大蔵省と金融監督庁の担当者たちから「金融再生担当大臣」の所掌事務に関するいわゆるレクチャーを受けることになった。まだ辞令を受ける前であったため、会合は平河町の都道府県会館の裏手に借りていた筆者の個人事務所で非公式に行われた。

金融再生担当大臣として運用に当たる金融再生法および早期健全化法の概要の説明は、ほとんど滞ることなく進んだ。説明とそこに含まれる問題点の検討に時間を費やしたのは、日本長期信用銀行への対応をどうするかであった。

長銀破綻認定のジレンマ

金融監督庁は、筆者が担当大臣に就任するまさにその日、二三日に長銀の破綻認定を行いたいとしてその理由を説明しにきた。一〇月一六日に閉会した前国会では、わが国の直面する金融危機をいかに克服し、金融システムを安定化させるかを巡って多くの議論が交わされたが、長銀についてもたびたび議論の対象となっていた。

特に長銀の財務状況に関する質問が幾度も繰り返され、その都度、金融監督庁長官日野正晴氏から「長銀は、現在検査中であり、検査の結果はまだ出ていない。できるだけ早期に結果を出すよう鋭意作業を進めている」という趣旨の答弁が繰り返された。

それだけに、就任即日に検査の結果が得られたとして、それにもとづく処理を一気に進めたいとする監督庁の日程案には異存がなかった。何よりも、余計な市場の思惑を避けたいという考え方は理解できた。

金融監督庁の説明の問題点は、破綻理由と強く関係してくる検査結果における長銀の財務状況の判断であった。金融監督庁の担当官は筆者に対して、「長銀の検査結果が判明しました。長銀については、この検査結果として『債務超過である』と査定します」と説明した。「長銀は納得しているか」と質すと、「長銀は納得していません。したがって長銀は、再生法による破綻の申し出の際、『資金繰りによる破綻』を申し出るとしています」と予想される状況を付け加えた。

説明者を入れ替え、大蔵省側の考え方を尋ねた。この時点では、大蔵省は「金融企画局」を傘下に置き、民間金融に関しても依然一定の権限を保持していた。大蔵省の意見を質すと、金融監督庁による長銀の検査結果の査定方針には「釈然としないものがある」との見解であった。大蔵省はすでに検査監督権限を失っていたので、声高に言い募《つの》ることはなかったが、率直かつ冷静な意見の表明であった。

　時間はすでに深夜零時をかなり回っていたので、二一日の会合は打ち切り、翌二二日午後から再び打ち合わせを続けることとした。二二日午前には、宮澤大蔵大臣と速水優日銀総裁から秋の日差しが明るい国土庁長官室に電話があった。宮澤大臣は「長銀のことだが、債務超過にはなっていないと思っているので、よろしくお願いする」と率直に内容の重い話をされた。筆者は「いろいろと勉強をさせていただきます」とだけ答えて、電話を切った。速水総裁からは「長銀はかなりデリバティブをやっているので、その点はお含みおき願いたい」という注文であったが、筆者の返事は宮澤大臣に対するのと変わらないものとした。

　こんな電話での応対をしながら、筆者は午後からの打ち合わせに向けて昨日の議論を反芻してみた。

　金融監督庁は、九八年六月二二日大蔵省から分離独立し、七月一三日以降大手銀行に対し一斉検査を行っており、長銀の検査もその一環として行われている。検査の対象は各行いずれも、九八年三月末決算であった。そしてこの時期の決算は、当時の大蔵省が九七年三月五日付で発表した「資産査定通達」にもとづいて作成されていなければならず、この決算に対する金融検査もこの通達で示されている基準に従って適切に決算処理がなされているかを中心に行われることになっていた。

九七年三月に改めて通達が出されたのは、九八年四月から「早期是正措置」が導入されることになっており、この措置を適切に運用するためであった。言い換えれば、四月一日以降「早期是正措置」の適切な運用を確保するためには三月三一日の決算が新通達に沿って作成されている必要があるとされていたわけである。

とはいえこの通達では、貸付金債権などについては必要な償却・引当について詳細な基準を定める一方、保有株式についてはその評価を時価とするとの原則的な基準の適用時期を半期だけ先延ばしし、九月の中間決算からとすると定めていた。

金融監督庁の検査結果でも貸付金債権などの評価には通達どおりの査定が行われており、筆者も納得したものであった。ただ保有株式の評価については、通達によることなく、三月末時点の時価で行うとし、その結果長銀は債務超過となるので、そのように判定したということであった。

三月末の財務状況について、通達に照らして形式的な判断をすれば、長銀は債務超過ではないと判定されることになる。しかしわれわれが判断している時点は、すでに一〇月二一日である。九月末の中間決算の時期も過ぎている。長銀の財務状況を振り返ってみて、検査対象とした三月決算当時から何の改善要因もないため、むしろ悪化の一途をたどっていよう。

この状況のもとで債務超過でないという形式的な判断をすることが行政として妥当であろうか。しかも保有株式の評価については、時価評価を採用するのは九月末の中間決算からとは言うものの、長銀が破綻すれば、通達の基準の適用時期のいかんにかかわらず、その時点で時価による評価となるのである。時価とせざるを得ないのである。

手詰まり解消の妙手

二三日の施行日の前日ではあるが、翌二二日の午後も議論は続いた。しかし筆者の心はすでに定まっていた。金融国会での議論と二本の議員立法によって金融行政の担い手についての議論が決着を見た経緯からすれば、これからは大蔵省の伝統からはできるだけ独立に、総理府のもとに新たに設立されていた金融監督庁をこれから盛りたて、その力を育てていくほかないということである。

したがって筆者の議論の要点は、保有株式の評価について、通達の指示する会計ルールが明確に九月末決算から時価での評価とすると定めているのに、三月末決算時の評価から時価を適用することが妥当だとする理由を見出してほしいというものであった。しかし監督庁から打ち合わせ会に出席している者の誰からも、すんなり納得できる説明は出て来なかった。

そんな手詰まり状態を解消させる手は意外なところから伸びて来た。午後九時頃になって金融監督庁の日野長官が突然現れて挨拶もそこそこに「検査結果ですが、私の方から先ほど通知してまいりました」との報告が行われた。筆者からは即座に「分かりました」と返事をしたものであった。二二日付であれば、筆者はまだ金融再生担当に任命されていないのだから、そもそも筆者の了承は必要でないわけだ。

したがってこれまでの議論は、事実上就任が決まっている担当大臣への儀礼的な意味での説明であり、法的に必須の手続きではなかったというわけである。筆者はその点をすぐに了解し、日野長官が筆者とは独立に進めてくれた事務処理に救われた思いがしたものであった。

翌二三日は、金融再生法および早期健全化法の二法が発効する日であった。またこの日は定例の閣議が行われる金曜日でもあった。国会閉会中の常例どおり閣議は一〇時から始まり、所要時間は短く、二〇分程度で終わった。隣接する応接室に、小渕総理、野中官房長官、筆者らが居残り、筆者は総理から「国土庁長官を免ずる」辞令と「金融再生担当を命ずる」辞令を手交された。

その後筆者は官房長官室に回り、野中長官と短時間の打ち合わせを行った。長官からは、二本の法律の運用では官邸との連絡を密にしてほしいこと、二法の運用によってそこらじゅうでバタバタと多くの倒産が起こるようなことは避けてほしいことの二点が指示された。筆者は、いずれも留意事項として受け止め、「承知しました」と答え、官邸を辞去した。

「金融再生担当大臣」専用の執務室はあらかじめ用意されてはいなかった。とりあえず、昔内閣審議室に出向していた当時通ったことのある、官邸との間の道を挟んで東側にある総理府庁舎の空き部屋を使うことになった。言われるとおり、置かれていた椅子に座ったところ、新聞社のカメラマンのフラッシュが一斉に焚かれた。

どこからか、部屋も机も椅子も金丸信氏が無任所の副総理当時使っていたものだとの声が聞こえてきた。なぜかあまり愉快な感じがしなかった。

粛々と進む破綻処理手続き

筆者がこのような金融再生担当大臣就任の行事をこなしている間にも、否、正確に言えばその前の朝八時半から、担当大臣のために急拠組織された臨時金融再生等担当室（室長には内政審議室長の竹島一彦氏が充てられていた）などにおいて粛々と長銀破綻処理の手続きが進められていた。

本来は再生委員会の議を経て行われる手続きであるが、委員会が発足するまでの間は、内閣総理大臣が委員会の権限を代行することになっており、その事務局として担当室が事務処理に当たっていた。

まず八時三〇分に長銀から破綻の申し出がされた。申し出の依拠する規定は再生法第三六条ではなく、第三七条であった。すなわち長銀としては、財務状況を債務超過と判定する検査結果を受け取ったものの、それを理由とする第三六条ではなく、長銀としての当初からの認識に従い資金繰りを理由とする第三七条にもとづく破綻の申し出を行ってきたのであった。

理由はともかく破綻の申し出があった以上、いろいろとそれに対応する手続きが必要であった。まず金融監督庁から長銀に対し業務改善命令が発出された。これは長銀が自らの資産の劣化を招くような行為を厳に禁じるための命令であった。

また、臨時金融再生等担当室から特別公的管理となる見込みに立ってその開始（長銀にとって不利益処分である）に係る弁明の機会の付与が長銀に通告された。さらに午前九時東京証券取引所の立ち会いの開始と同時に長銀株の売買停止の発表がなされた。他方一〇時三〇分には長銀から弁明書の提出があったが、格別の異議等の申し立てはなかった。

ここまでの手続きが進む間、一つの手続きが行われる都度、担当大臣としての筆者には逐一報告が行われた。一一時三〇分長銀の特別公的管理の開始について総理による決済が完了したことを確認したうえで、筆者は金融再生担当大臣として初めての記者会見に臨んだ。場所は筆者の部屋のある総理府庁舎の地下一階の広い講堂であった。戦後わが国で初めてトップクラスの銀行が倒れるということだったため、外国人記者を含め多くの記者が会見場に詰め掛けていた。

冒頭まず金融再生担当への就任の挨拶を行い、続いて長銀の特別公的管理の開始を報告するとともに、内閣総理大臣談話の公表を行った。談話は預金その他のすべての債務が保護されるので、関係者は冷静に行動されたいというものであった。加えて、長銀の株式はすべて預金保険機構によって買い取りが行われること（買い取り価格は後日「株価算定委員会」によって算定される）および長銀の資金繰りは預金保険機構の融資により確保されることを発表した。

記者団の反応は金融再生法の適用に関する限り、予想どおりというものだった。最初の質問も、早期健全化法の運用について先走ったことを尋ねるものであった。

途中で、長銀が申し出た破綻の理由と政府の認定した破綻理由が異なる点について説明を求める質問があった。保有株式の評価方法の違いまでには踏み込まず、経済情勢が一貫して悪化している状況のなかで政府としての評価を行った結果である、とだけ説明して納得を得た。

その後は、政府が管理（法律上の名称は「特別公的管理」という）することになった長銀の新しい役員の任命時期の見通しなどについて質疑応答が行われ、記者会見は終わった。

退任の挨拶を行うため国土庁に戻ると、日銀の速水総裁から電話が入った。国際スワップデリバティブ協会（ＩＳＤＡ）には日本銀行から連絡を取り、「特別公的管理は一時国有化するものであるので、デフォルト（債務不履行）には当たらない」ということで了解を取ったので心配は要らないという連絡であった。

二二日の日銀総裁の電話の際にも筆者は思ったものだ。「金融再生法上の特別公的管理はＩＳＤＡとの関係に配慮して制定されたものだから了承は当然だろう。ブリッジバンク方式ではいささか不安があるというのが国会論議ではなかったか」と思ったが、口には出さなかった。それにしてもＩＳＤＡの明示的な了解が取れたのは良かったとの思いから、日銀総裁に対して「ご面倒をおかけしました。ありがとうございました」と謝意を伝えた。

その日も筆者は、いつもの週末と同じように静岡県掛川市の自宅に戻った。戻る前に当面の事務処理について臨時の担当室から相談があった。担当する二本の法律は会期末ギリギリに成立したうえに、二本とも議員立法によるものであったので、政府側には法律を実施するための組織を作る時間がなかったということであった。当面、長銀の業務処理は金融監督庁と大蔵省とが協力して当たり、その他の事務の処理については臨時金融再生等担当室と大蔵省とで担当したいとの申し出があったので、筆者も了承して帰宅した。

意中の人材に拒まれる——新経営陣選任

長銀を特別公的管理下に置くと決定した以上、前経営陣はすべて退任するので、早急に新しい経営陣を選任する必要がある。臨時担当室が週末一杯を使って調整を行い、週明け早々に報告してくれた。

トップはやはり日銀出身で、個別の金融機関の経営に詳しい営業、考査の経験者が相応しい。その下に第一に、行内の人心を掌握することが重要であることから、長銀の人材を配置し、第二に、政府管理の長銀を円滑に出口まで誘導するという難しい問題を処理するため、興銀の人材が必要とされよう。また、長銀は国際的業務も多く手掛けてきたので、東京三菱から経験ある人材を加える必要があろう。

筆者もこの竹島室長らの考え方には全く異存がなかった。頭取の候補者としてまず名前が挙がっていたのは、南原晃氏であった。南原氏はすでに日銀を退いていたので、筆者から直接電話を入れて就任を依頼した。しかし答えは拒絶であった。南原氏が拒む理由は「自分は今回国会で決まった金融再生のあのスキームには反対である」というものであった。顔見知りでもあったので、説得も試みたが、何としても「受けられない」との態度は揺るがなかった。

こんな経緯があったため、筆者には頭取を受けてもらうためには今回のスキームに理解の深い人でないと難しいのではないかと思われた。そう考えると、日銀を代表して法案の生成過程を要所要所で見てきた日銀理事の安斎隆氏しかいないのではないかと思うに至った。今度こそ話が拗《こじ》れることのないようにするには、総裁から口説いてもらうしかないと考え、速水総裁に説得依頼の電話を入れた。

一〇月二八日、安斎氏には聞き入れてもらえるとの総裁からの連絡をもらい、翌二九日には早速安斎氏から承諾の挨拶をいただいた。大いに感謝し、ホッとしたものであった。ただ安斎氏には中国訪問の先約があるとのことで、就任は一週後の一一月四日となった。上席の副頭取の長銀出身者と次席の興銀出身者および東京三菱出身者の専務をはじめとする他の役員合計九名は臨時担当室がとりまとめてくれ、全員同日の就任となった。

これらの方々の任命権者は内閣総理大臣小渕恵三氏であったが、人事案について無事総理の決裁ももらうことができてホッとした。というのは、小渕総理は人事権については厳格な政治家で、「これは俺の人事だ」とか、「これは君のだよ」とかと確認することが多かった。

辞令の交付された日には、安斎頭取以下役員全員が筆者の部屋を訪ね、挨拶を交わした。筆者からは一点、「行内の有能な人材が離散しないよう努めてほしい」と要望した。

金融再生委員会を立ち上げる

金融再生委員会の組織も緊急を要する課題だった。金融再生委員には、金融再生法において経済、会計、金融および法律の各分野の専門家をもって充てると規定されていることから、それぞれの関係諸団体との間で推薦を受ける等の調整を行うのが基本であろう。その調整を臨時担当室に委ねた。

その結果、経済界からは片田哲也氏（コマツ会長・経団連資本市場委員長）、会計の専門家としては中地宏氏（日本公認会計士協会長）、金融界からは磯部朝彦氏（元日銀業務監理局長）および法曹界からは清水湛氏（広島高裁長官）の諸氏が挙げられてきた。

顔触れを見て各界とも協力してくれたなとありがたく思ったが、日銀の人選についてだけは何か特別のシグナルを送ろうとしたかと一瞬訝《いぶか》しく思った。しかしすぐ思い直した。日銀にはすでに現職理事から長銀頭取を出してもらっている。しかもこれからさらに人材の供出を頼まなければならないかもしれない。再生委員会としてはこの体制で満足すべきであろうと思い直した。

金融再生委員五名は筆者を含め一二月一五日総理官邸で小渕総理からそれぞれ辞令の交付を受け、霞が関ビルに開設された執務室に入り、その隣の会議室で第一回委員会を開き、活動を始めた。

ここで金融再生委員会（長）の行政組織上の位置付けについて、これまでに断片的に触れてきたことを含め、改めてとりまとめて記しておくこととする。

第一には、金融再生委員会が大蔵省の系統を離れ、総理府の系統に位置付けられたことである。その理由とされたのは、直接的には金融安定化法のもとでの佐々波委員会による資本注入が成果を上げられなかったことであり、より根本的には大蔵省による伝統的な行政手法が今日の事態を招いたとの不信感があったことであると考えられる。

第二に、同委員会が国家行政組織法上の三条委員会の形をとったことである。この理由とされたのは、金融機関の破綻の処理や資本増強は経常的に生じるものではなく、臨時的なものと考えられたことおよび具体的な案件の処理には通常国会議員が就く大臣に加え、経済、会計、法律、金融の各分野の有識者によって協議を行い、その識見を直接に発揮してもらうことが適当であると考えられたことを挙げることができよう。

第三に、事務局に金融監督庁を加えたことである。同委員会独自の業務の処理には臨時的な事務局が組織されたが、同委員会の業務に必要な基本的な資料・情報は、監督庁の日常的な活動から得られるものが多く、それ故に金融監督庁にも金融再生委の活動に協力を求めることとなったものと考えられる。

最後に、体制整備のうち残る課題である事務局の組織と人事について記しておく。事務局長については、再生委員の選任に先立つ一〇日、大蔵省退官者のなかから森昭治氏案の提示を受け、即座に了承して一五日に就任してもらった。また、事務局次長には、法務省から現職裁判官大谷禎男氏に就任を願った。事務局員は四〇名規模であった。組織としては、これだけの人数で総務課、金融危機管理課および業務室の二課一室体制とした。

人事面では、大蔵省から約半数、日銀を含む民間六名、法務、通産、自治各二名、その他総理府、農林、建設、各一名などの混成部隊となった。金融再生委員会の仕事は、新規の仕事であったため、言わば寄せ集めにならざるを得なかったが、護送船団方式不信の国会の意志を汲《く》むとすれば、筆者はその方がよいと考えていた。

筆者は、前任の国土庁で広報を担当してくれた建設省からの出向者石井喜三郎氏に金融再生委員会に異動してくれるよう依頼し、国土庁においてと同じように国会とメディアへの対応を頼んだ。また、秘書官として実際に金融資本市場での業務経験のある人材が必要だと考え、長く私的な勉強会の若い仲間として親交のあった外資系金融機関経験者の民間人倉田陽一郎氏に就任してもらった。

他の職員は森事務局長に人選を委ねたが、種々異なる経歴を持つ人々が異なる持ち味を発揮する組織は事務局の働きに良い効果をもたらしてくれるだろうと思われた。ことに日弁連と公認会計士協会に人選を頼んで事務局に加わってもらった若手の弁護士、公認会計士たちは、専門知識をもって大いに活躍してくれたようであった。

たびたびの資産査定基準変更への不満

金融再生委員会の体制が一応できあがって最初の仕事は、言うまでもなく委員会運営の基本方針を決定することであった。委員会では九九年一月一三日の第七回会合でこれを審議し、その結果を同月二〇日に公表した。ここでは「金融機関に対して、不良債権の実態を明確にして、適切な償却・引当等を行うことにより、不良債権処理を早期に完了することを求める」と明記し、不良債権問題の処理こそが再生委の最優先課題であることを謳い上げた。

不良債権の実態の明確化を重視したのは、それまで不良債権の公表あるいは開示は必要とされるたびに行われてきたが、そこで実際公表開示される金額に対してはその都度、外国の専門家や国内の研究者、マスコミから、過小に評価しているとの厳しい批判を浴び、信頼されるレベルには達し得ていないと見られていたからであった。

こんな状況については筆者も残念に思い、時に苛立たしく思ったものだ。というのも、わが国の金融機関の資産評価が批判されるように意図的に誤魔化しているとは思われなかったからだ。

筆者が金融再生の任に就く前のことであるが、他用で電話をした筆者に対して当時関西の泉州銀行の頭取の職にあった大蔵省在職時の先輩亀井敬之氏は、「いま検査部（旧銀行局検査部のこと）が来ているんだ。彼らときたら、ちょっと何かあると『これは分類だ（従来の第二、第三分類に区分すべきだの意）』と言うんだ。今、下の階でやり合っているから、また後で」と言って挨拶もそこそこに電話を切られたものだ。

また筆者が金融再生の責任者になった後のことであるが、大蔵省入省同期生による定例の月次昼食会の席で大阪銀行の頭取になっていた谷口米生氏から、「自分は日頃から行員に対して検査部との資産区分の議論こそ真剣勝負だと言っている。そこでの議論で君たちが負ければわが行は消滅するし、勝てば存続できると申し渡している」と伝えられた。亀井氏も谷口氏も、銀行検査における債権の分類にいかに真剣に臨んでいるかを訴えていたのだ。

加えて谷口氏からは「それが現場の状況なので、お願いしたいのは、資産評価の基準をあまり何度も変えないでほしい」と要望された。言われるまでもなく、今後の行政運営としては十分に心して取り組むべき課題だと言葉に発せずとも了解したものであった。しかし過去の基準変更については職員からの説明を受けて筆者自身も彼とかなり近い、資産評価の基準を変更し過ぎているとの印象を持っていたのが、就任早々の実情であった。

小刻みだった基準の拡大

話は前後するが、今回の金融危機が人々の注目を集めるなかで、初めて不良債権の額がまとまった形で公表されたのは、九二年九月大蔵省が国会答弁で大手二一行の各行からのヒアリングの結果として述べた七兆九九二七億円であった。しかしこのときのものは、不良債権の定義が各行ごとに必ずしも統一されていないので、各行の公表額を集計するのは適当でないかもしれないという留保付きの公表であった。

不良債権の開示基準が統一されたのは九三年三月末決算以降で、統一の主体は全国銀行協会であった。大蔵省としては、基準の統一を民間の自主性に任せ、各行の開示の正確性の確保も市場の規律に委ねるとの姿勢であったものと思われる。

このときの全銀協基準では、不良債権とは、破綻先債権および金利支払あるいは元本返済の延

98年10月23日、定例閣議のあと旧官邸応接室にて、小渕総理から国土庁長官の退任と金融再生担当への就任を申し渡される。

98年12月15日、株価算定委員長を含む、金融再生委員会全委員のお披露目記者会見。左から清水、中地、柳澤、片田、磯部の各委員および落合株価算定委員長。

99年1月26日、早期健全化法による資本注入を前に、主要行のトップに直接、理解と協力を訴える。左から、興銀西村、富士山本、住友西川、一勧杉田、中央信託遠藤、三井信託古沢、住友信託高橋氏らのトップの顔が認められる。

再生委員会会議室での第1回会合。委員会では常に、委員会としての決定に当ってのいかなる問題点に関しても委員全員から率直な意見を聞くことができた。

25年来の友人ワーズワース氏は、在任中にもいろいろな情報をもたらしてくれた。しかし、そのような情報以上に、危機に苦闘する柳澤の気もちを和ませてくれたのは、彼の温かい人柄であった。夕食を共にしたときのスナップ。左から妻紀子、ジャック、彼の妻スージィ。

国内のアドバイザーの代表は蝋山昌一先生(高岡短大学長)。02年7月12日、「日本金融の将来ビジョン」をもらったときのスナップ。先生は間もなく難病に斃れられてしまった。

99年5月28日、押し掛けアドバイザーとも言うべき米FDIC元総裁ビル・シードマン氏は、この日に限らず度々来訪してくれた。しかし結果は、「折角アドバイスをしても、柳澤はなかなか言うことを聞かぬ」と嘆いたとのこと。

99年4月12日米シティ銀行の前頭取ジョン・リード氏が来訪。彼はシティ銀行とサンディ・ワイル氏のトラベラーズとの合併を実現し、共同代表に就任したが間もなく退任、2003年9月にはニューヨーク証券取引所のトップを務めたりした。

99年5月、香港発刊のこの週刊誌を皮切りに、この時期、国の内外でいくつかの雑誌のグラビアに取り上げられた。上は『アジアウィーク』の表紙、右は月刊『文藝春秋』のグラビア1頁目。

99年9月には1週間の日程で訪米した。国際金融の中心である米国の要人にわが国金融の現況を直接伝え、理解を得るためだ。1人目はFRB議長のアラン・グリーンスパン氏。笑顔を一切見せない氏を相手に、会談は実務的な話題のみに終止した。

2人目は財務長官ローレンス・サマーズ氏。日本の金融行政の成り行きを一番よく知っている要人で、心が通い合うことがうれしかった。

同じワシントンでの3人目はIMF専務理事のミシェル・カムドシュ氏。彼も役目柄、日本の状況をよくフォローしてくれていたようで、上機嫌での会談となった。

ワシントンでの4人目の面会先はSEC委員長のアーサー・レビット氏。壁はもちろん床にも絵が置いてある芸術愛好家で、仕事以外の話が弾んだ。

99年9月9日午後はニューヨーク連銀にウィリアム・マクドノー総裁を訪ねる。総裁が一貫してわが国金融当局の理解者であったのはありがたいことであった。

99年5月6日、米国のプライベート・エクイティ・ファンド「リップル・ウッド」から長銀買収について最初の意向表明を受ける。同社の顧問格のポール・ボルカー氏が宮澤蔵相の紹介で会いに来た。右は八城政基氏。

時期、場所ともに不詳であるが、筆者の服装から99年初夏と推測、演壇の左側に3人が並ぶ場面で、珍しく速水総裁が笑いの種を提供したと見えるが、真相はどうだったか。

01年9月3日、再任後の9月には英国に出向いた。最初はイングランド銀行総裁エドワード・ジョージ氏を訪問した。米国の当局者とは違う、長い歴史を背負った中央銀行のトップらしい発言を聞かされた。

同日、日本の金融庁の先例となった英国金融サービス機構（FSA）の理事長ハワード・デービス氏を訪問。聞けば、組織の運営は日本の金融庁に比し、かなり民間色の強いものであった。

01年1月12日、IMFでカムドシュ氏を引き継いだケーラー専務理事が来訪。ケーラー氏とは彼がドイツ財務省の次官当時からの付き合い。右はIMFの日本代表理事杉崎重光氏。

滞が六カ月以上になる延滞先債権を言うとされていた。開示した金融機関は大手二一行であり、各行が公表した不良債権の合計額は一二兆七七五三億円となった。

このときの全銀協による初めての統一的な開示基準は、九五年九月期からは改められ、開示対象債権として金利を公定歩合より低く緩和した債権をも含めることとされた。この基準による不良債権額は九五年一一月に公表開示され、大手二一行で二三兆三六〇〇億円と二年半前の二倍近くに上った。このときの開示は全銀協ではなく、大蔵省の手で行われた。

そのこともあって、大手二一行分とともに、地方銀行、第二地方銀行、信用金庫、信用組合、労働金庫、商工中金、農林中金および各県信用農協連合会のすべてを含むわが国の全預金取扱金融機関の不良債権総額も公表された。金額は三七兆三九〇〇億円であり、貸出残高総額に対する割合は五・四％となった。

大蔵省としては、開示対象金融機関の範囲を最大限広げても、なおわが国の金融システムが揺らぐことはないことを明らかにし、内外の信頼回復につなげたいと考えたものであろう。

しかしそれにしては、大蔵省が取った開示金融機関の範囲の拡大はともかく、全銀協の手による開示対象債権の基準の拡大はあまりに小刻みであったことは否めず、九七年一一月大手銀行の一角を成す北海道拓殖銀行の経営が行き詰まったのをはじめ、地方の中小銀行の破綻も続発するなかで、大蔵省は全銀協に対して開示基準を米国のＳＥＣにならい、さらに拡充するようにとの要請を行った。

九八年三月の新統一開示基準決定

九八年三月、全銀協は、この要請に沿い、新たな統一開示基準を決定した。その内容は、①破綻先債権については当然ながら変更なしとするが、②延滞先債権については、従来の六カ月以上を三カ月以上に短縮し、③金利減免債権については、貸出条件緩和債権として捉え直し、そのうえでまず㋑金利引き下げは公定歩合以下への引き下げに限らないこととするほか、㋺元利の返済を猶予したり、㋩代物弁済を受けたりした債権を含むとした。

ただし全銀協は、この基準では正常債権に復帰する可能性の高い債権も含まれてしまうとし、この見解に立って開示債権の呼称を「不良債権」とはせず、新たに「リスク管理債権」とすることを同時に決定した。

ところで筆者の米国人の友人などは、当時からわれわれが不良債権と呼んでいるものをバッドローンなどとは言わずに、ノンパフォーミングローンと呼んでいた。全銀協から回答をもらうに当たってわが国の不良債権とSEC基準の内容を改めて検討してみると、単に言葉の違い以上にそもそもの考え方と実体に相当の違いがあることが明らかとなった。

まずわが国で不良債権と呼ぶものは、債権のなかですでに損失が発生している部分であり、会計処理としてもその減価している価値を引当によって補填しなければならないものを指すのである。否むしろ手続き的には逆であって、不良債権の抽出は引当を行うための準備作業とでも言うべきものなのである。

大蔵省による検査では、この部分については損失の度合いに応じて二分類から四分類までに分類されるので、そこでは「分類債権」と呼ばれてきたわけである。また税務当局においては、現実に損失と認められる部分にしか損金としての引当は認められないこともあって、右に述べたような不良債権の定義となっていたと言うことができよう。

これに対して米国流のノンパフォーミングローン（不稼働貸出、ＮＰＬ）は、その貸し出しが見合いの資本コストを賄うに足る収入を得られるかどうかに着目して抽出される、十分な収益を得る見込みのない債権であり、将来の損失リスクの管理の水準を投資家に対して参考情報として開示しているものなのである。

ところで全銀協が九八年三月に新しく決定した統一開示基準は、その具体的な内容については先に説明したとおりであるが、その基本的な考え方については右に述べた米国流のＮＰＬと同じく、将来の損失リスクを抽出して開示するものであった。すなわち全銀協は、政府の要請に応えて米国ＳＥＣ基準に則った開示基準を定めたのであった。その意味で、この開示基準を定めたことによって、わが国は初めてグローバルスタンダードの開示基準を持ったということができたのである。

金融安定化目的の損失開示

ところでわが国の不良債権の定義問題は、これで一本化あるいは落着を見たとは必ずしもならなかった。

実は、全銀協によって基準が決定された「リスク管理債権」の集計結果の発表を待たずに、九八年一月、大蔵省は全預金取扱金融機関の自己評価による分類債権（九七年九月末現在）の集計について、総額は七六兆七〇八〇億円であることおよびその貸出保証総額に対する割合は一二％であることを発表したのであった。

確かにこの公表は、定義問題の表面だけからはやや状況を混乱させせかねない行動であったことは否めない。しかし全銀協によるリスク管理債権の導入も、実は日本の金融機関に対する外国投資家の信頼が低下し、彼らからの資金調達に不安が生じてきたことへの対処として実施されたものであった。

これに対し九八年一月の段階では、金融安定化法案が正に国会で審議中であったことを考えれば、いずれ公的資金を申請する金融機関の不良債権の現況をめぐって厳しい議論が行われることが予想され、それに備えることが必要だったわけである。

しかもその議論においては、少なくとも当初の投入については現実の損失額が問題となることは確実と思われることから、不良債権を分類債権の額としたのは、これまた目的に適ったものであったと言えるであろう。

金融再生法および再生委規則での規定

九八年一月には伝統的な分類債権により全金融機関の開示債権額等が公表され、三月には全銀協からSEC基準に則した開示基準が発表されていくなかで、八月金融国会が開催され、一〇月には金融再生法と早期健全化法が成立した。

特に金融再生法は、前述のとおり、与野党相乗りの議員立法であり、提案議員たちは不良債権の実態を明確にすることが最も重要と考えていたことから、再生法自体に不良債権の開示基準の重要性を謳った規定を定め、その細目は再生委規則（省令）に委任するとの規定を置いた。

この委任規定にもとづき定められた省令の大要は、次のとおりであった。

「金融機関の債権について、債務者の財政状態や経営成績等を基礎として

一　破産更生債権及びこれらに準ずる債権（破産、更生の各手続開始の申し立てにより経営破綻に陥っている債務者に対する債権とこれらに準ずる債権）

二　危険債権（債務者の財政状態や経営成績が悪化し、契約どおりの元本回収や利息受取りができない危険性の高い債権）

三　要管理債権（元金や利息の支払が三月以上延滞している債権と債務者の経営再建や支援、支払の促進を目的とする貸出条件緩和債権）

四　正常債権（債務者の財政状態や経営成績に問題のない債権）の四つに区分することをいう」

この省令は基本的には従来の分類債権の考え方に沿っており、第三号の要管理債権部分だけが全銀協のリスク管理債権から引用されているものとなっている。

このような構成となった理由は、金融再生法の後に成立した早期健全化法により実施されることが想定される公的資金による資本増強においては、金融安定化法により行われた資本増強と同じく「現実の損失」を示す分類債権を基本に所要額を算定するのが適切と考えられたからであった。

いずれにせよ、金融再生法の施行後においては、各金融機関は事業年度ごとに（銀行および商工中金は中間期にも）この基準により資産区分を行い、その結果を金融再生委員会（金融機関によっては、担当の各県知事あるいは労働大臣）に対して報告し、また、公表すべきものとされた。

この省令により、不良債権の開示問題は、九二年九月以降いくつかの曲折を経はしたが、九八年一二月基本的には落着を見たのであった。

2　破綻長銀の処理

話を、長銀の破綻処理に戻す。金融再生法は、その総則部分のほぼ冒頭において前節で述べたとおり、わが国の金融機関に対してその保有する資産の査定を厳正に行い、いわゆる不良債権の全容を明らかにするよう義務付けている。

当時のわが国の金融の状況を全体的に見た場合、最も緊要な問題は言うまでもなく不良債権の実態をあるがままに開示することであったため、議員立法としては当然まずこの問題に対する規定を置いたと思われ、それは十分理解できることである。

しかし金融再生法は、表題が示すとおり本来は、金融機関の破綻が生じた場合、いかにその処理を進めるかを規定するものであり、筆者は、具体的な破綻事案が生じる都度、この処理のために金融再生法の執行に当たったわけである。

金融再生法適用第一号

金融再生法適用の最初の例は、前述のとおり、日本長期信用銀行であった。法律の施行日の当日長銀から破綻の申し出を受け、金融再生委員会（実際には再生委は未発足であったため、事実上筆者が金融再生担当大臣の立場で再生委の代行に当たった）はこの申し出を受けて最初の「特別公的管理」の開始を決定するとともに、直ちにその旨を公告する手続きを取った。官報に公告が載ると同時に、再生法の規定により、長銀の株式はすべて国に接収された。

再生法のこの方式はスウェーデンをならったものであり、経営者だけの責任を追及する米国方式とは異なり、株主の責任をも追及する方式であるとされる。

退任した経営者の後任選びの経過は先に述べたとおりであるが、国に接収された株式の対価については、再生委と同時に設立されていた株価算定委員会（委員長は東京大教授落合誠一氏）が後日長銀の純資産額を基礎として決定するとされていたが、一九九九年三月三〇日に同委員会の精査にもとづき決定された株式の価格はゼロ円であった。

国に接収され、国有化された日本長期信用銀行に関する破綻処理の作業は、まずその銀行の保有資産について、どの資産を引き続き保有させ、どの資産は整理回収銀行（後に九九年四月、整理回収機構に改編）に買い取ってもらうかの仕分けを行うことである。

この仕分けは、資産の「判定」と呼ばれる（再生法二八条）。ちなみに前節で述べた一般の金融機関において不良債権の開示のために行われる資産の区分は「査定」と呼ぶとされており（同八条）、両者が異なることを用語の上でも明らかにしている。

資産判定の原則

ところで資産の判定における対象資産は、当然のことながら資産査定と異なり、貸出債権に限らず、株式などの有価証券はもとより、動産、不動産など破綻金融機関の保有するすべての資産である。そしてこれらの全資産についての再生委の判定基準は、透明性を確保するためあらかじめそれを定め、かつ公表（査定基準は「省令」で定めるとされているが、判定基準は「告示」で示す扱い）しなければならないとされていた。

この判定基準をいかに定めるかこそ、破綻処理の成否を決する重要事項である。これを甘く定めれば、当該金融機関を営業譲渡や株式譲渡等によって処分する際に低い評価となろうし、逆に厳しすぎれば、整理回収銀行に売却される貸出資産に係る債務者の評価は、他の金融機関の同じ債務者にも波及することとなり、影響は広く及ぶことになるからである。

再生委が未発足のため、筆者が金融再生担当大臣として定め公表した判定の基準は、大要次のとおりであった。

破綻金融機関の全資産のうち、まず貸出金については、貸出先の債務者をその債務の履行状況および財務内容の健全度の二つにより、正常先債務者、要注意先債務者、破綻懸念先債務者、実質破綻先債務者、破綻先債務者に区分し、正常先債務者に対する貸出金は特別公的管理銀行が継続保有することを適当とし、破綻懸念先債務者以下の債務者に対する貸出金は適当でないとする。

これらの中間にある要注意先債務者は、債務の履行状況と財務内容のいずれかに問題があり、今後の管理に注意を要する債務者を指すが、この債務者については、まず履行状況が正常であり、かつ財務内容も当面赤字にはなっているものの、繰越利益になっている者は継続保有を適当とする。

履行状況に延滞など問題があるか、あるいは財務内容が繰越損失になっている債務者には、二年間の猶予を与え、その間に債務の履行が正常化し、かつ、財務内容も繰越損失が解消することが提出資料等から実現可能と判断できれば、その債務者は継続保有を適当とするが、その他の債務者、すなわち、履行状況の正常化と繰越損失の解消のいずれかの可能性がないと判断される者および財務状況がすでに債務超過に陥っている者は、いずれも継続保有を適当でないと判定することとする。

次に株式、債券等については、資産価値の毀損の危険などその安全に留意しつつ、業務遂行上の必要不可欠性により判定することとする。

その他の外国為替手形、動産・不動産などについても、資産の性質による価値の安定性と業務遂行上の必要不可欠性の両面から判定することとし、二つの要件をいずれも充たすものは継続保有を適当とし、それ以外は継続保有を不適当とする。

以上が破綻金融機関のすべての資産についての判定の原則であるが、告示ではこれらの判定基準の前に置かれた「基本的考え方」のなかで、破綻金融機関が債務者の「特殊事情」にもとづいて債務の履行の確保を見込み、それが資料等により合理的と認める場合は、これらの事情をも考慮して判定するとの例外規定を置いている。

これは、不良債権の開示のための査定の場合には査定の効果が言わば事務的整理に止まるのに対して、資産の継続保有の可否判定では、適当でないとされればその資産は整理回収銀行に売り払われ、同行によって市場で処分されてしまう結果まで伴うこととなるため、判定では個別の事情もできる限りくみ取ることとしたものである。

大仕事だった資産判定

このような基準にもとづき再生委員会による判定が行われることとなるが、告示の総則部分には、再生委の判定の前に、特別公的管理銀行による自己査定と金融監督庁による検査が前提手続きとして予定されており、再生委の判定はそれらを踏まえて行われるべきものと規定されている。したがって再生委は、特別公的管理銀行である長銀の自己査定とこれに対する金融監督庁の検査の提示を受けた後、判定作業に取り掛かることになったが、その時点では金融再生委員の任命も済んでいたので、体制の整った委員会の初仕事としてこれに着手した。

とは言うものの作業の分量は生易しいものではなかった。長銀の資産の規模は二四・六兆円、うち貸出金だけで一五・九兆円、件数にして七〇〇〇件余りであった。各委員の部屋に資料の一部を運び入れただけで部屋の壁に寄せて置いた補助机がたちまちいっぱいになってしまったとの報告を受ける状況であった。

委員会では取り引きの時期の順に並べられた債務者ごとの判定に着手したが、これでは非効率過ぎることが直ちに判明したので、この作業手順について話し合いが行われ、その結果、事務局にあらかじめ貸出先を業種別に分類する作業を行ってもらい、そのうえで案件ごとの内容の説明を聴取することにより判定を行う方式を取ることにした。同じ業種の貸出先を横に並べ相互に比較することにより作業が効率的になり、進捗度が大幅に改善したことを記憶している。

判定作業は、これまでに述べてきたとおり、再生委の判定を最終として、その前段階においても特別公的管理銀行の新執行部による自己査定とこれに対する金融監督庁による金融検査の二つの段階があるため、言わば三重のチェックが行われていることになり、公正性を確保するためには十分な手続きであったと言うことができよう。

最終段階の再生委の協議においても、いろいろと事態を明らかにするための質疑はあったが、全案件について判定そのものには異論は出ず、全会一致での審議が進められていった。

「特殊事情」の申し立てが行われた案件は、結局一件だけであった。判定基準に照らせば整理回収銀行に売却されるはずの案件について、ある大手銀行から自らの責任で必ず再建を実現するとの約束のもとに、不適処理を避けてほしい旨の申し立てがあり、これを「特殊事情」と認定したのであった。

このような判定作業の結果、長銀の総資産二四・六兆円のうち、不適資産は二〇・五％に止まったものの、貸出金一五・九兆円だけに限ってみると、不適資産は二九・七％にも上った。

経営合理化計画と業務運営基準の策定

一時国有化された破綻銀行に関する次の仕事は、業務の維持管理を適切に実施するために、経営合理化計画と業務運営基準を再生委の承認のもとに策定することとされる（再生法四六条）。長銀からは、特別公的管理の早期終了を目的に人員（ピーク比四割減）、人件費（同五割減）、総経費（同四割減）の削減などの組織内の事項に加え、関係会社などの周辺機能の整理と処分、海外業務からの全面撤退など銀行外部の組織と業務の経営合理化策が提案され、再生委の承認が得られた。

業務についてはさらに、資産判定において継続保有が認められた貸出先への適切な与信、顧客の理解と市場の信任にもとづく健全な資金調達、全体として保守的に運営するとするマーケット業務などについての運営基準も作成された。

経営合理化計画と業務運営基準については、いずれも破綻金融機関としてはやむを得ないものと再生委も承認した。しかし筆者としては、このような合理化の枠組みのなかにあっても優秀な人材の確保だけは特に重視してほしいと思い、承認に当たってそれを言い添えた。とは言うものの、現実には優秀な人材ほど人材の市場で先に買い手がついてしまうのが実情であることもたびたび耳にしたものであった。

譲渡先選定のアドバイザーを公募

破綻金融機関の処理の最終段階は、資産面では継続保有が適当と判定されたもののみとなり、組織および業務面でも合理化を済ませた長銀の譲渡先（関係者の間では「受皿」と呼ぶことが多かった）を探し、最も適した先への譲渡を実現することである。

この段階についての検討は、再生委が資産判定の作業を始めるとすぐに並行して始められたが、最適の譲渡先を探すために、また、適切な内容の譲渡契約を結ぶために、外部に専門的なアドバイザーを求める必要が強く感じられた。当初は当然再生委のアドバイザーとして考えたのであったが、すぐにそのための予算の備えがないことに気付き、破綻金融機関である長銀のアドバイザーとして契約してもらうことにした。

早速アドバイザーを公募したところ、野村證券、ゴールドマン・サックス証券、モルガン・スタンレー証券の三社の応募があった。彼らはいずれも書類選考をパスし、正月明けに長銀の取締役、監査役に対してプレゼンテーションを実施した結果、二月一日ゴールドマン・サックス証券（以下「GS」という）が選定された。

なお、顧問料については、交渉に当たっていた長銀から、GSからの提示があったとの報告が行われ、再生委の審議にも付したところ、こうしたことに豊富な経験を持つ委員から「そんなところでしょう」との発言があり、再生委全体としても提示どおりの額で了承した。

譲渡先候補は四グループ

具体的な譲渡先についても、年明け間もなくから、再生委事務局の幹部たちの間で非公式ながら情報や意見が交わされ、関心を持つ投資家の動きも断片的に耳に入り始めた。

譲渡先候補として事務局の意識にまだ残っていたのは、破綻の申し出前に小渕総理と宮澤蔵相が救済合併を働きかけた住友信託であったが、住友信託側にまったく動きが見られず、時間の経過とともに本格的選定作業前に候補先リストから消えていった。

金融問題に詳しい国会議員のなかには筆者に対して個人的に日本開発銀行との合併を提案する者もいたが、この提案は対外的にわが国金融があまりに内向きかつ官民一体の印象を与えることにならないかとの懸念から、筆者自身が積極的にはなり得なかった。

そして結局、長銀との間で機密保持契約を四月中旬に締結し、そのうえで長銀との間でGSの助言も受けながら、買収条件および買収後のビジネスプランについて積極的に質疑を行い、最終的に買収意向の提示を行って来たのは、五月下旬段階で①米国の「リップルウッド」を名乗るファンドを中心に国の内外の著名企業が参加したグループ（以下「R」）、②合併が予定されている国内の中央信託および三井信託のグループ（以下「CM」）、③国内のオリックス社と米国のJPモルガン社が連合したグループ（以下「OJ」）、④仏のパリバ社を中心とするグループ（以下「P」）の四グループに絞られていった。この段階で当初意欲を示すかに見えた国内の損害保険最大手の東京海上火災が残らなかったのは、非常に残念であった。

譲渡先選定に対する筆者の基本的考え方は、内外無差別、わが国金融ビジネスにもたらされる革新性、国民負担の最小性の三点であった。

第一の点からは、候補先は国内グループ一、内外連合一、海外グループ二で、顔触れとしてはまずまずであった。第二の点からは、投資のリターン稼ぎのRやOJよりも永続的な金融機関としてわが国の金融界のなかで戦略的目的を持つと申し立てるCMとPが望ましかった。

また第三の点は、ある一つの金額の単純な比較だけから判断できるものではなく、承継した貸出資産のリスク（金融機関の譲渡後において債務者企業の信用劣化、倒産等により譲渡先に発生する損失のリスク、「二次ロス」とも言う）、資金調達リスク、収益リスクおよび保有株リスクにそれぞれどのような手当てを要求しているかを総合的に判断しなければならず、交渉が進むに応じて判断されるべきものであろうと考えた。

候補を絞り込む

ところで当然のことながら、候補先四者の交渉に臨む姿勢はいずれも真剣であり、九九年七月までは四者ともに長銀・GSとの協議を本格化させていると報告された。しかし七月半ば長銀とGSからそれまでの協議にもとづき各候補先に対し買収条件の再提案を求めたところ、七月末の提出期限までに具体的な再提案を行ったのは、RとCMの二者だけとなった。

再提案のなかった二者のうちPは当時本国での複雑な買収合戦に深く巻き込まれる事態となっており、Pの東京サイドでは本国での動きの推移を見守る必要から長銀獲得どころではなくなっていたのが、背景の事情であったようだ。

再提案のあった二者のうちRは、譲渡先選定作業の最初から他を圧して積極的であった。後にRの戦略的助言者に就任する米国の元FRB議長P・ボルカー氏が宮澤蔵相の紹介で筆者を訪ねて来たのは早く九八年一一月二四日であり、正式にRの顧問として、R社社長T・コリンズ氏、シティバンク日本代表の八城政基氏を伴って再来訪したのは九九年五月六日という手早さであった。

具体的な条件の交渉についても素早く、長銀およびアドバイザーのGSとの間で広範な分野について協議を行っていることが随時報告された。

他方CMは、経営の行き詰まった三井信託を中央信託が救済合併する予定のもとに一体として候補先となっていたが、この機に長銀とも合併して一気に大銀行になろうとする構想を持っている模様であった。彼らも現実的な計画のもとに再生法の許容する範囲での提案を粘り強く提出して協議を続けていた。

また九月の初めには、東京海上が今一度交渉の場に急浮上し、詳細情報の開示などを求めてきたが、最終的にはやはり断念となったことが報告された。

債務超過破綻時のバランスシート

では、譲渡交渉の対象となっていた長銀の財務状況はどうだったのであろうか。債務超過の状態になって破綻した金融機関のバランスシート（貸借対照表）は次のような状態にある。

まず金融機関の場合、資産の側で貸し出しや保有している株式の価値が大きく減少してしまう。言うまでもなく、土地や株の価値を膨らませていたバブル（泡）が破裂したからである。資産の減価があった場合、まず出動するのは引当金である。

しかし資産の減価による損失が大きく、引当金を使っても手当てし切れず、まだ損失が大きく残っている。その場合には、資本（純資産）勘定に計上されている利益剰余金、資本剰余金、資本金を削って損失を消すことが求められる。資本勘定にある資本等をすべて使っても資産側の損失を消すことができない状態が、債務超過を意味する。

なおここで資産側に損失が残っているのであれば、負債側の預金や金融債などの債務を減らしてもらうことによって損失を減少させることができないかの問題に行き当たることになる。それを預金について行うのが、いわゆる「ペイオフ」(*)である。

しかし今回の金融危機においては、九五年六月に当時の大蔵省が預金者保護の目的から逸早くペイオフの凍結を宣言し（九七年一〇月および二〇〇〇年五月にも二度）、それを行わないで破綻処理を行うことを決定していたため、ペイオフにより解決を探る途は閉ざされていたのである。

また、長銀の破綻認定時の内閣総理大臣談話により預金以外の債権についても保護されることが明らかとされていたので、資産面での減価を債務の不履行により実現する途も預金同様閉ざされていた。

金融再生法が再生のためにできること

金融再生法は、このような財務状況に陥りながら、その改善策について、言わば万策の尽きた金融機関に対して公的な手を差し延べて再生を図ろうとするものである。再生法がそのために言わば法定の方策として定めているものは、次の三つである。

第一に、資産の買い取りである。前述の資産判定において金融機関による継続保有が不適とされ、大きく減価した貸出資産や株式等を減価した価格で整理回収機構（以下「RCC」という）に買い取ってもらうことである。

第二に、預金者を保護するため、金融機関のバランスシートを回復させる最終手段としてRCCから金融機関に対して資金の贈与などの特例資金援助を行うことである。

第三は、金融機関が特別公的管理や金融整理管財人による管理に入った後、業務を継続してい

＊ペイオフの定義としては、金融機関の破綻において預金に関し、預金保険の限度内での支払いが行われ、預金の払い戻しが停止され、資産の減価の手当てに用立てられることをいうとされている。

た間に業務の実施により生じた損失を譲渡先に譲渡される際に補塡することである。これらの措置により、株式価値が実質マイナスであったものが実質的にもゼロになるまで調整されたことになるわけである。

実際に長銀に対する再生法の適用においては、第一の不適資産の買い取りについては、不適資産の簿価五兆三六二億円（うち、担保等で保全されている分を差し引くと四兆二五一一億円）分の買い取りの申し出を行ったところ、RCCは当然申し出に応じたが、買取価格は七一六八億円であったので、長銀の売却損は三兆五三四三億円ということになった。

第二の特例資金援助も行わざるを得ず、RCCは長銀に対し、三兆二三五〇億円の贈与を実施している。また、第三の特別公的管理の期間中の業務実施による損失も三五四九億円となったので、RCCは長銀の申し出に応えて、譲渡の際にその補塡も行っている。これらの措置によって長銀の株式価値は、譲渡の時点において完全にゼロとなったわけである。

長銀については、このような状況のもとで、また、このようなバランスシートの調整を前提に、譲渡先候補との間で譲渡の条件および譲渡後のビジネスプランを主題として交渉に入ったのである。譲渡条件の交渉とは、法定の方策のうえに言わば再生のためにさらに必要となる手当てを政府と譲渡先の協議によって決めようということである。交渉は実際には、長銀がGSの助言を受けながら、R（リップルウッド）およびCM（中央信託および三井信託）を相手に並行して行い、再生委が交渉内容をチェックするという手順で進められた。

3　長銀譲渡の交渉経緯

Rとの交渉経過①――買収方法

まずRとの交渉の大要を示すと、次のとおりであった。

第一に、長銀買収の方法については、Rが預金保険機構（預保）の保有する長銀の既存株を買収することによるとし、買収価格は普通株および優先株の全株式で一円、株式取得後はすべてを減資するというものであった。

この方針は、五月半ばの当初提案以来七月末の再提案でも変わることはなかったが、八月末に再提案について詰めの交渉が行われるなかで、Rは買収した全長銀株を減資する考えを改め、逆にすべてを保有し続けるとの方針に転換した。

これは、買収後新生長銀の業績いかんによっては、五年目以後に希望している再上場の際に市場の投資家から多額のキャピタルゲインを得ることができることに思い至ったためと思われる。

なお、この継続保有への方針転換に当たり、株式の買収価格を一円から一〇億円に変更した。

このような交渉の推移に対し再生委は、

①預保が保有する長銀既存株式のうち一九九八年三月金融安定化法にもとづき政府が資本注入した対価である優先株式については、Ｒへの売却を見合わせることとして政府が引き続き保有し、将来、普通株への転換後にこれを売却することにより、政府も市場の投資家から相当規模のキャピタルゲインを得られるようにする

②株価の下落を防止するため、株式市場の状況等によっては、政府はＲが保有する長銀株の売却先を預保に指定することができるとする

などの点を主張し、Ｒもこれを受け入れることとなった。

Ｒとの交渉経過②――二次ロス対策

第二に、長銀の主要な資産である貸出資産に対する引当金などによるリスクヘッジの問題である。

Ｒの当初案では、資産判定が済んでいるにもかかわらず、要注意先への貸し出しであるとか、低信用大口先への貸し出しであるとかに対する懸念が大きいとして、兆円単位の引当金か、三年間有効の当初簿価での売り戻しの権利か、貸出金への政府の保証か、またはこれらを組み合わせた複数の案を示していた。

そして七月末の再提案では、金融庁の検査マニュアルに則った引当金を受け入れるとしつつも、他方ではなお、劣化した要管理先以下の貸出資産を時価でＲＣＣに売り戻す三年間有効のプット

オプションの供与を求めた。

筆者は、この交渉状況の報告を聞きながら、いわゆる二次ロス（資産の譲渡後に生じる損失で譲渡前に積んでおいた引当金を上回るほどの大きな損失）に対する要求が厳しいことを認識しつつも、その補塡をオプションとして相手に与えることには、オプションが当時わが国ではまだ十分馴染みのない仕組みであること、また、馴染みの薄さを克服して採用してもその権利の価格をいくらとすべきかという困難な経済問題に直面することから、ハードルが高すぎるとの印象を拭い難く持ち続けていた。

米国からは、二次ロスへの対応策としてもう一つ別の参考意見が伝えられた。米国の貯蓄貸付組合（S&L）の破綻処理で使われたロスシェアリングという方式である。

S&L問題解決において指導的役割を演じた連邦預金保険公社（FDIC）元総裁ビル・シードマン氏には、わが国の金融危機の処理に是非とも自分たちの経験を役立てたいとする意欲が強く、九〇年代後半からたびたび来日し、関係者たちとの面談を重ねていたようであった。筆者自身も九九年五月に初めて面談の機会を持ったが、それを皮切りにしばしばシードマン氏の訪問を受けた。

そんな訪問時のあるとき、直接筆者に対しても「二次ロスの処理にはロスシェアリングを使ったわれわれをならうべきだ」と熱心に推奨した。筆者の言葉に出しての返答は「その方式を採る場合、金融機関の譲渡後に政府の追加支出が必要となるが、これを行うことについては、現行法では権限が与えられていない」というものであった。

同時に筆者は心中では「シードマン氏の扱った問題は、多数の小規模な金融機関が持つ多数の中小の貸出金に発生した二次ロスであるが、当方が現在直面しているのは、多分件数はあまり多くない大口のロスと思われるので、同日には論じられないのではないか」と思っていたことを覚えている。

筆者としても、この問題が交渉の焦点になりつつあるとの報告を聞くなかで、とつおいつ考えを巡らすうちに瑕疵《かし》担保のことを思い出した。静岡県掛川の自宅に帰った際に学生時代の民法や商法の教科書をのぞいたりしたが、必ずしもすぐには釈然としない。そこで東京に戻って、法律の専門家として再生委に加わってもらっている清水湛委員を委員長室に招き、尋ねたところ、「瑕疵担保は債権の売買にも適用されます」との力強いお墨付きをもらうことができた。

直ちに事務局に対し、二次ロス解決のために、再生法に具体的規定がなくても、民商法の法理として適用可能性のある瑕疵担保を検討してほしいとの指示を出した。

検討を行った主な問題とその結論は、おおむね次のとおりであった。

問題の一つは、長銀の買収が株式の買収の形で行われるのに、二次ロスを資産の買収における瑕疵として処理してよいかである。この点については、株式の価値の実体は資産にあるので問題はなかろうと結論された。

二つは、瑕疵があった場合は損害賠償によって解決すべきであるのに、買収契約の解除による解決には無理があるのではないかである。この問題についての結論は、譲渡先候補であるRが二次ロスへの対応策としてプットオプションを要望していることを考慮すると、より適切な解決策となろうとなった。

三つ目に、瑕疵担保は回収の懈怠《けたい》や債権放棄などのモラルハザードを助長することになるのではないかである。この問題については、そもそも買主により助長されたり、誘引されたりして生じる事由はいずれも買主の責めに帰すべきものとなり、売主の責任の対象外であるので心配ないとの結論となった。

このような検討を経て八月二五日、二次ロスの解決策として瑕疵担保責任の枠組みを政府側からRに対して逆提案を行い、その場ではRからは瑕疵の挙証責任を負わされるのは困るとの指摘がなされた。

そのうえで同月末の詰めの交渉では、Rから「買収後三年間に再生委による適資産の判定の事由が実現せず、資産が当初簿価より二割以上減価した場合は、資産の買い取り契約を解除できる。対象は債務者単位で一億円以上の資産とする」との提案があり、政府側は一時、対象資産を一〇億円以上の資産とすることを提案したが、Rの同意が得られず、Rの提案どおりの一億円以上で合意することとなった。

Rとの交渉経過③——長期保有株式の扱い

第三は、長銀保有株式の扱いであった。長銀保有株式には一部には投資目的の株式もあるが、基本的には銀行の本来業務の顧客基盤を確保するため保有するいわゆる政策株式であり、Rとしても少なくとも当初案を出す段階ではその重要性は十分理解していた。他方、保有株式には、市況の回復を反映して七月の交渉時に三月末決算時に比しすでに二八〇〇億円程度の含み益が生じており、Rとしてはかねて強く求めていた経営上のクッション（収益のバッファー）としてその取得が交渉成立の不可欠の条件であると主張するようになった。

この二つの経営上の要請を同時に実現するため、Rは含み益のある政策株式を長銀買収後に預保へ売却して含み益を実現し、その後預保にその株式を長銀信託に預託させ、そのうえで預託者が株式を処分するには長銀の同意を要するとするとともに、五年間長銀は預保に売却したときの価格で株式を買い戻す権利を持つことを要求した。

その際、含み益のない政策株式については、長銀の買収前に預保に売却し、損失は後の買収時に法定の措置により補填されるようにしたうえで、含み益を持つ政策株と同じように預保から長銀信託に預託してもらうことにする。なお、政策株式以外の投資株は、政策株と同様、含み益の有無に応じ売却時を買収の前後に分けて利益と損失の帰属を変えるが、いずれも信託への預託は行わないとされた。

長銀保有株式に関するこのような扱いの主張に対し、政府はRが含み益を取得するということは「マイナスののれん代」を計上することになると指摘したが、Rは、長銀が破綻し、現在公的管理に服している状況のもとでは、長銀ののれん代がマイナスの評価となるのは合理的であると応じた。

そこで政府は、①長銀信託に預託される政策株式については五年間は政府当局の承認なく売却しないこと、②新生長銀が承継する貸出資産に係る債務者に対しては適切に融資を継続すること、の二つを金融安定化の鍵と見ていたので、それが適正に処理される担保として、これら二事項の遵守をマイナスののれん代を認めることの条件とすることを提案し、Rもこれに同意した。

この合意に加え、新生長銀がいったん預保から長銀信託に預託した株式を買い戻す場合の価格について、Rの案では新生長銀が預保に売却したときの価格としていたものを、預保が損失を被らない公正な価格に改めることで、合意することとした。

Rとの交渉経過④——増資および自己資本比率

Rによる長銀買収の第四の問題は、増資および自己資本比率であった。Rは長銀買収のため当初から内々に一三億ドルを用意していると伝えてきていた。実際にも新規の増資規模としては、交渉の初めから一二〇〇億円程度を目処としていると表明し、自己資本比率はバーゼル銀行監督委員会が定める基準で四％（ただし、税効果分を除く）を目標にするとしていた。

他方、公的資金による資本注入は必要なしというのが当初の意向であった。しかしそれは、継続保有する貸出資産への引当金が要求どおり巨額であればという前提に立ったうえでの案であったようであった。引当金が金融庁のマニュアルに則って算定されることで決着すると、Rの意向は公的資金による資本注入を求めることに転換した。

出資額の要求は五〇〇〇億円であったうえに、出資の形は無議決権の優先株、数は一株五〇万円で一〇〇万株というものであった。この要求は七月末の期限に出された再提案であったが、同時に提出されたR自身の出資は普通株で一株五万円を二四〇万株という案であった。

政府は、Rの提案する双方の出資の形と数量はわが国の商法に照らすとそのまま是認するわけにはいかない、と指摘した。Rが公的資金からの出資を無議決権の優先株の形で望むのであれば、商法上、議決権のない株式の発行は発行済み株式総数の三分の一が上限であるから、株式数は一二〇万株、また、優先株の発行価格も普通株の四倍が上限であるから二〇万円となり、その結果出資額は二四〇〇億円とならざるを得ない、というのが政府の具体的説明であった。

この説明を受け、Rは政府提案の出資額を尊重したいとし、GSの助言もあって、発行価格を二者ともに同じ四〇〇円とした結果、株式数はRが三億株、政府が六億株とすることで合意した。なお、これに加え、Rが将来自己保有株式数を株式併合により二分の一にしたいことおよび優先株の普通株への転換後の政府持ち分をRの特別決議に支障がないよう三三%以内に止めたいこと、の二つを要求したことに配慮し、九九年三月に投入した優先株一億株のうち七四五三万株を預保が引き続き所有することとし、残り二五四七万株は償却することも決定した(*)。これらの増資が行われ、加えて保有政策株式の含み益が実現すれば、自己資本比率はＢＩＳ基準で一三％程度になるということであった。

Rとの交渉経過⑤——ビジネスプラン

第五は、ビジネスプランである。Rは当初から長銀買収の目的を投資リターンの享受であることを明らかにしていたと報告されていた。投資の主体は、プライベートエクイティファンドあるいはプライベートエクイティと呼ばれていた。

筆者自身はその呼ばれ方から非公開株投資であることは察しがついたが、ビジネスの実体がどんなものかの知識がなかったので、事務局に調べてもらった。その結果、米国で八五年頃から広く行われるようになった投資ファンドであり、創業企業あるいは破綻後再生を目指す企業の非公開株式に投資し、創業企業の成長あるいは破綻企業の再生を実現して企業価値を高めた後、株式の公開により利益を上げることがビジネスの実態であると教えられた(**)。

＊既存優先株の償却株数をXとした場合、次の数式が成立することがRの要求を満たすために必要となる。

$$\frac{(1\text{億}-X)+6\text{億}}{(24\text{億}+3\text{億})\div 2+(1\text{億}+6\text{億}-X)} < \frac{1}{3}$$

既存優先株１億株、新規優先株６億株、償却する優先株X
既存普通株24億株、新規普通株３億株

＊＊巻末の付録「ロイ・スミスＮＹＵ教授との対話」にも追加的説明がある。

Rの代表であるT・コリンズ氏からは非公式に、ラザード・フレアーズ社に勤務していた間にこのビジネスを経験し、そのノウハウを身に付けたという説明を受けた。

いずれにせよ、Rは当初シティ・グループ、メロン銀行、GEキャピタル、ペインウェバー証券、ABNアムロ、ノバスコシア銀行、サンタンデール銀行をR以外の投資家として名を挙げ、前述のとおり一二〇〇億円程度の投資資金を用意していると明らかにしていた。しかもこれらに止まらず、さらにその後買収交渉が完了するまでに、ドイツ銀行、J・ロスチャイルド、トヨタ自動車と次々にビッグネームを投資家グループに加えていった。

また、役員予定者の顔触れにおいてもまず経営戦略顧問に元FRB議長のP・ボルカー氏、経営トップにシティバンク日本会長の八城政基氏を決定し、彼らが特別公的管理下の長銀や筆者たち政府筋を相手に積極的に働きかけてきていたことは前に述べたとおりである。

彼らのうち八城氏は、九二年八月自民党財政部会幹部会に招かれ、わが国の銀行経営を厳しく批判したうえに経営の緩みが金融危機を招く恐れすらあると警告していた。譲渡の交渉中T・コリンズ氏に会ったとき、「八城氏とはどうして知り合ったか」を直接尋ねたこともあったが、「飛行機でたまたま隣り合わせになって知り合った」とはぐらかされてしまった。しかし党での発言の内容等を顧みて八城氏は、コリンズ氏側から見て打って付けの人物ではあろうと当時思ったものであった。

役員にはさらに槇原稔氏(三菱商事会長)の名前が連なり、筆者らに信頼感を与えた。筆者はそのうえに経団連を訪ね、会長の今井敬氏に会って「今後正式に長銀の譲渡先がRに決まるようであれば、監視監督の立場で役員に入っていただきたい」旨依頼しておいた。そして譲渡決定後には実際に取締役に加わってもらった。外国人役員としては、投資家のT・コリンズ、C・フラワーズの両氏のほか、チェース・マンハッタン銀行元会長D・ロックフェラー氏とM・ボスキン元米大統領経済諮問委員会委員長らが取締役に就任した。

投資家の企業名といい、役員に就く著名人といい、豪華な顔触れを揃えたのは、わが国の経済社会では信用や安心を尊重する気風が強いことを見抜いた結果であろうと、筆者には思われた。

このような体制のもとでの具体的なビジネスプランについては、①現状の貸し出し、調達等のバンキング業務を中核とし、そのために現状の顧客基盤を尊重する、②国際水準のサービス提供を目標とし、証券化、資産運用、デリバティブ、不良資産サービシング等に特色を持つビジネスを展開する、③中小企業や個人顧客に対する業務にも注力する、としていた。特に②の分野については、それぞれの分野に強みを持つ出資企業と業務提携を行い、これにより競争力の強化を図るとしていた。

筆者は当時、長銀を外国系の譲渡先に譲渡するとすれば、保守的なわが国金融界に対し革新をもたらすことを期待したいと繰り返し述べてきていた。その意味では、これまで述べてきたR提案の体制とビジネスプランは、その期待に応え得る可能性を示すものと受け止めたのであった。

ＣＭとの交渉経過①――買収方法

次に、もう一つの譲渡先候補であるＣＭとの譲渡の条件についての交渉および譲渡後のビジネスプラン（七月初めの書面以外主に口頭による）についてのＣＭ側の説明の大要を記すこととする。

第一に、買収の方式はＲと同じく株式の一括買い取りであるが、中央信託と三井信託の合併（二〇〇〇年四月一日予定）の後設立する銀行の子会社とするというのが、当初から九月半ばの最終提案時まで変わることのない提案であった。

しかし買収価格については、当初は収益見通しにもとづき算出される時価、再提案でも収益（見通し）還元時価としていたものを、最終提案では長銀既存株式のすべてを一円で取得したいと大きく変更した。

ＣＭとの交渉経過②――貸出資産と引当金

第二は、貸出資産と引当金についての提案である。

ＣＭは、当初から八月末修正提案に至るまで、継続保有適資産のなかでも大口（残高一〇〇億円以上）かつＣＭの貸し出しと重複していたり、業況が冴えなかったりするなどの問題のある貸出先への貸出資産については承継を避けたいとし、残りの承継する大口貸出資産とすべての小口

（同一〇〇億円未満）貸出資産への引当金として一兆五〇〇〇億円を求めるとした。

なお、引当金のほかには二次ロス補塡は求めないとした。しかし二次ロス補塡について、最終提案を固める段階では、一転して瑕疵担保方式と信託方式の二つを提案した。

瑕疵担保方式を採用する場合は、適資産はすべて承継するが、貸出資産が承継後三年間に一割以上減価したときは、当該資産の購入を解約できるとしたうえで、引当金も定額で約一兆五〇〇〇億円を求めるとした。

他方、信託方式を採用する場合は、適資産であっても不振企業向け貸出資産（約二・五兆円と見込む）は承継せず、RCCに売却したうえ、買収後RCCから五年間長銀信託が信託を受け、その間、新生長銀が融資を継続することとし、これにより信託期間中に経営状況が改善したときは、新生長銀が市場価格により買い戻すことができるというものであった。なお、信託方式による場合、信託されない貸出資産に対する引当金として七〇〇〇億円を求めるとしていた。

CMとの交渉経過③——長期保有株式の扱い

第三は、長銀保有株式の取り扱いである。CMは当初から、長銀保有株式には営業基盤として重要な言わば政策保有株式とそれ以外の言わば投資目的の株式とがあることを認識していた。そして株式の保有には、政策株式といえども、株価の変動リスクを伴うことを認識していたため、リスクを回避しつつ営業基盤を確実に維持していく枠組みとして、株式の売却先を預保とし、預保からは取得した株式を信託に供してもらい、信託期間内の適切な時期に長銀の売却した価格で買い戻すことができることが必要であるとしていた。

ＣＭはこの枠組みを求め、具体的には株式の売却時期は当初は曖昧ながら最終案では明確に買収前とし、信託先は当初はＣＭ自身としていたものを最終案では長銀信託とするとした。そして信託期間は、初めから最終案まで一貫して一〇年であった。

ＣＭとの交渉経過④——増資および自己資本比率

第四は、増資および自己資本比率である。

ＣＭは、当初提案では具体的な金額は示さず、ＣＭ自身の出資と公的資金による出資により自己資本比率を一〇％以上とすることおよび公的資金の形は社債型優先株とするが、配当利回りは金融安定化法による資本注入より相当低いものとすることのみを提示した。その後八月の再提案では、どのような裏面交渉あるいは資産圧縮構想を進めているかを知らせないまま、公的資金は不要となる公算が大きいとの報告を寄せた。

しかし九月の最終提案においては、ＣＭ自身が八〇〇億円程度、公的資金が二〇〇〇億円程度出資してほしいとする考えを示した。そしてこれにより自己資本比率は八％以上としたいとした。

ＣＭとの交渉経過⑤——人的体制とビジネスプラン

第五は、長銀を買収した新しい銀行の人的体制とビジネスプランである。

CMによる長銀買収においては、いわゆる有名銘柄の投資家や著名人の経営陣への参加のような計画を聞くことはなかった。むしろ風聞では、九七年一一月に破綻した北拓の本州内資産を引き継ぎ、銀行の規模拡大のメリットに目覚めた中央信託銀行の社長（九九年六月には会長に昇任）遠藤荘三氏が、この際一挙にCMを大銀行にまで押し上げようとしているだけだとの話であった。

とはいえ、客観的には、CMは国内の金融機関であるので安心感があること、CMは彼ら自身が二〇〇〇年四月合併予定であることを考えると合併銀行の体質強化に役立つと考えられること、三行が一行にまとまることはわが国のオーバーバンキング問題の緩和にプラスになることなどのメリットがあると考えられた。

CMは長銀買収後のビジネスプランについては、CM自身と長銀との合併は行わないとしつつも、両者の業務の再編を行うことによりシナジー効果を追求したいとしていた。すなわち、長銀をCMの子会社とした後、CMの大企業向け取引を順次長銀に移管して長銀の投資銀行化を進め、他方CM自身は信託業務と個人・中小企業向けリテール業務に一段と注力していきたいとした。

CM提案の難点

以上に加えて、CMの買収提案の難点も挙げておかざるを得ない。

一つは、長銀の貸出資産について再生委の判定による適資産でも相当程度のものについて承継を拒むとしたことがあった。この点については先に述べたとおり、最終提案では適資産すべてを承継する案も示したが、その場合でも、二次ロスの瑕疵担保特約における瑕疵を当初簿価の一割以上の減価としており、これによっても多くの貸出先が長銀の手を離れるという難点は変わらず残ったままであった。

ＣＭに質せば、再上場さえ実現すれば目的のすべてが達成されるリターン狙いの投資と異なり、戦略的目的の投資では貸出先とは運命共同体の関係になるからだと答えるであろう。貸出先の重要度についてのこの立場の違いは、理解できることではある。

しかし当時は日本経済の再生が何にもまして重要であったことを考えると、多数の貸出資産の承継を拒むことや承継の後に低率の減価を理由に承継を解除することのもたらす悪影響は、到底軽視できなかった。

ＣＭの難点の二つ目は、格付け機関によって行われるＣＭの格付けが低いことであった。ＣＭ自体にまだ不良債権が残っているうえに長銀の不良債権が重なること（一部に「弱者連合」の呼び名さえあった）には、格付け機関の評価は厳しいであろう。自己資本も同様で、ＣＭも長銀もすでに多額の公的資金の注入を受けているうえに新生長銀への公的資金注入を受けることへの評価は、当然厳しくなろう。さらにＣＭに対しては、マネジメントの質という面についても格付け機関の見方は厳しいと見られた。

このような種々の評価を総合して新生長銀の格付けを想定すると「BBBマイナス」となり、市場での資金調達のコストはかなり上昇することとなる。CMは買収条件として当初から公的資金による資金繰り支援を求めていたが、そこにはこのような事情も背景にあったものと考えられた。

判定——提案を比較分析する

以上、ここまでRとCMの提案について述べてきたが、RとCMのいずれを優先交渉先にすべきかの最終的な結論を得る前の確認手続きとして、財政負担の観点から両者の提案の差異を比較するための一覧表を作成した（図表7）。その一覧表の示す事項は、次のとおりであった。

一覧表においては、①既存長銀株式の買取価格をいくらと提案しているか。②貸し出しを中心とする資産について、㋩承継する部分の引当金、㋥承継する部分の瑕疵担保による契約解除に伴う損失、㋭いったんRCCに売却した後信託を受け、それを買い戻しすることによる損失、㋬非承継部分のRCCへの売却に伴う損失をそれぞれいくらと提案しているか。③長銀保有株式について㋺いったん預保に売却することに伴う利益、㋩預保から買い戻すことによる利益または損失をそれぞれいくらと提案しているか。これらの事項についての提案内容の金額を示してある。また、これらの事項とは支出の性質が異なるが、④増資、⑤資金繰り支援についても、提案内容の金額を同じ一覧表に加えておくこととする。

図表7　RとCMの譲渡条件比較

項目		R	CM	
①既存長銀株買取価格		10億円	1円	
②貸出資産	イ．承継範囲	適資産すべて	適資産すべて	適資産も一部
	ロ．二次ロス対策	瑕疵担保	瑕疵担保	信託
	ハ．当初引当金	4,750億円[1]	10,250億円[5]	5,700億円[6]
	ニ．瑕疵担保による解約に伴う損失	b[2]	c[2]	—
	ホ．売却後信託を受けた資産の買い戻しに伴う損失	—	—	d[3]
	ヘ．非承継資産売却損	—	—	8,100億円[7]
③長銀保有株式	イ．取り扱い	買収後売却と信託後買い戻し	買収前に売却買収後買い戻し	買収前に売却買収後買い戻し
	ロ．売却による含み益の実現	2,500億円	—	—
	ハ．買い戻しに伴う損益	不明[4]	不明[4]	不明[4]
計		7,250億円＋b	10,250億円＋c	13,800億円＋d
④増資		2,400億円	2,000億円	
⑤資金繰り支援			20,000億円	

（注1）長銀試算ベース。3月末要引当額9,500億円から既引当額4,750億円を差し引いた要追加引当額
2）bおよびcとも試算不能
3）試算不能
4）買い戻し時の価格により損益、試算不能
5）CMの当初引当要求額から既引当額4,750億円を差し引いた要追加引当額
6）長銀試算ベース。3月末要引当額7,000億円から承継に係る既引当額1,300億円を差し引いた要追加引当額
7）長銀試算ベース。CMは非承継資産を25,000億円と見積もり
（出所）筆者作成

このようにして作成された一覧表に従って、まずCMによる二案を検討する。適資産のすべてを承継する第一案と、適資産であっても一部は承継しないとする第二案である。

この二案の財政負担を見ると、第一案の引当金は一兆二五〇億円、瑕疵担保による契約解除に伴う損失はcである。第二案は、引当金五七〇〇億円と非承継資産のRCCへの売却損八一〇〇億円の合計が一兆三八〇〇億円、さらにRCCから信託を受けた非承継資産を買い戻した場合の損失をdとしている。

この両案の比較については、計の欄に示されているように、第一案は一兆二五〇億円＋c、第二案は一兆

三八〇〇億円＋dである。cおよびdについては、この比較の時点では定量的には試算不能、定性的にも比較不能である。したがって明示された金額のみが比較の対象となり、その観点から、CMの提案としては第一案をもって代表させるべきものとなる。

次に、Rの提案（以下、R案）とCMの第一案（以下、CM案）を比較検討する。R案とCM案は、まず既存長銀株の買取価格についてRは一〇億円、CMは一円、また長銀保有株についてRは買収後に預保に売却してRとして含み益二五〇〇億円を実現するとしているのに対し、CMは買収前に売却するため含み益は長銀本体に帰属することとなる。なお両者ともに、営業開始後には営業基盤維持の観点から預保から買い戻すとしている。さらに、二次ロス対策については、両者とも瑕疵担保による契約解除の手法を使うとしているが、瑕疵認定の基準に違いがある（この点については後述）。

両者の案を財政負担の観点から比較するために、ここまで述べてきたことをまとめて示す（ただし、既存長銀株の買取価格については記述の都合から省略）と、結果は図表7の計欄に示すとおりとなる。すなわち、Rは七二五〇億円＋b、CMは一兆二五〇億円＋cとなる。これらのうちbとcについては、この比較の時点においては定量的には試算不能であるが、定性的比較としては瑕疵の認定基準としてRが三年間で二割減としたのに対して、CMが一割減としているのを勘案するとb＜cと考えるべきであろう。

さらに増資額がRの二四〇〇億円に対し、CMは二〇〇〇億円である。この点前述の資金繰り上の条件に加え、CMの資金繰り上の支援の必要性に少なからず影響するはずである。その金額が即財政負担ということではもとよりないが、金利を考慮すると逆に財政負担にはまったくならないとするのも誤りであろう。

以上により、財政負担の観点からは、RをCMより選択すべきと判定されるのである。

前述のような交渉経過のうえに、さらに以上のような提案内容の比較検討の後、九月二八日再生委は、R改めニュー・LTCB・パートナーズ・エルピー（略称「パートナーズ社」）を正式名称とする投資コンソーシアムを長銀株式の売却先選定に関し最優先交渉先と決定することを議決し、この旨を預金保険機構、日本長期信用銀行およびパートナーズ社に伝達した。比較検討および決定の過程で異論が出ることもなく、全体の議論も滞ることなく議決した。

4 その他の破綻処理

破綻日債銀の処理――三つの感想

長銀に次いで破綻したのは、日本債券信用銀行（「日債銀」）であった。日債銀に対しては、長銀の破綻認定から五〇日後の一九九八年一二月一三日、政府の職権により債務超過による特別公的管理の開始決定が行われた。株式の接収、株式の対価の決定、預金・金融債等の債務の全額保護、善意かつ健全な借り手への融資の継続の約束などの手続きも、長銀の場合と同じように内閣総理大臣の談話としてその方針が明らかにされ、方針どおり手続きが実行に移されていった。

日債銀の場合には、近くに長銀の先例があったから、全体として諸手続きが円滑に進んだと記憶しているが、二、三、強く印象に残った事柄もあった。

一つは、新しい経営陣のトップとして日本銀行に人材の供出を依頼したところ、長銀の安斎氏より五歳も若い発券局長の藤井卓也氏が指名されてきたことであった。特別公的管理下に入った銀行の頭取に就任すれば、最大の使命は適切な受皿を探すことである。藤井氏も日債銀の頭取になったその日から、この問題に頭を悩ませていたようだ。

しかし幸い藤井氏は、何につけても率直な人柄であった。筆者と顔を合わせる機会にはほとんど必ずと言っていいほど、筆者が受皿としてどんな所を考えているかを話題にしてきた。「大臣、長銀をファンドに売りましたよね。日債銀の受皿がファンドでは駄目だという理由はありますか」。筆者「それは格別ないでしょう。とにかく筋のよいところを探してください」

こんな会話から相当の時間が経ち、二人ともそれぞれの任から離れた後、藤井氏はよく筆者に次のような話をした。「あのとき大臣が受皿はファンドでもいいと言ってくれたので、随分気持ちが楽になりました」。長銀と日債銀とでは、資産のサイズが後者は前者のほぼ二分の一ではあるが、そうかと言って筆者がファンドでは駄目だと答えたとしたら、藤井氏を相当苦しめたことであろう。

二つ目は、資産判定結果を巡る筆者自身の感想であった。日債銀の貸出関連資産は八兆一〇〇〇億円余りであったが、そのうち実に四七・二％が不適資産であった。したがって、破綻理由についても長銀の場合のように、債務超過であるか、資金繰り困難であるかを争うこともなく、言わば文句なしの債務超過による破綻であった。

にもかかわらず破綻の認定は、長銀と日債銀とでは時期が前後逆になった。行政が把握する事実と市場の評価が一致しなかったためだ。市場には需給などの経済の力以外に噂や偽りの情報など雑多な力が働くことを、思い知らされた。

三つ目は、日債銀の譲渡先に絡む問題である。日債銀譲渡の最優先交渉先の決定は、筆者が九九年一〇月に金融再生委員長を退任した後二〇〇〇年二月のことであった。しかしこのとき、最優先交渉先のメンバーであったソフトバンクの孫正義氏は、日債銀が特別公的管理のもとに置かれた後、日を置かずに事務局との接触を始め、買収に大きな関心を示しているとの報告を受けた。

当時、孫氏のグループ企業は、全体として資金繰りが楽ではないと時々新聞や雑誌などで取り沙汰されていた。そこで筆者と事務局長との間では、孫氏の来訪の直後からこんな会話を交わしていた。「孫氏の狙いは何だろうか。日債銀をグループ会社の財布代わりにしようとでも考えているのだろうか」「いや、そんなことならお断りすべきです。機関銀行は認められません。次に会ったときには必ず孫氏に伝えます」

事実間もなく再生委事務局長森氏からは、機関銀行化が認められない旨を相手に伝えたところ、「孫氏はあまりいい顔をしなかった」と報告された。しかしそうだからと言って孫氏は日債銀買収を諦めることはなく、ソフトバンクは新銀行の筆頭株主となった。

半面、新銀行には新生銀行にはなかった「特別監査委員会」が設置された。事業会社による銀行業への参入という新たな形態の銀行業が始まるに当たって銀行の健全性が損なわれることのないよう、事業親会社等の事業リスクは厳格に遮断され、機関銀行化を回避すべきとされたのである。言うまでもなく日債銀の譲渡は筆者の金融担当大臣退任後の事柄であるが、筆者としては特別監察委の設置を大いに評価したものであった。

中小金融機関の破綻処理スキーム

金融再生法は、金融機関の破綻処理を規定した法律であるが、原則的な方法として規定しているのはむしろ「金融整理管財人」による業務と財産の管理を命じる処分の方であり、「特別公的管理の開始決定」は例外的な方法として補完的に規定されている。ところが、この点でも市場では逆転現象が起き、先に発生したのは「特別公的管理」の対象となる大銀行の破綻の方であったわけである。

しかし一九九九年度に入ると、早くも四月から旧相互銀行から昇格した地方銀行である第二地銀の破綻が次々と発生した。四月からは三カ月連続して、国民銀行、幸福銀行、東京相和銀行の各行が倒れ、八月と一〇月には、なみはや銀行、新潟中央銀行の二行が破綻した。

このような中小金融機関の破綻処理のスキームを、先に長銀と日債銀の処理で述べたところとの異同を中心に記すと、おおむね次のようになる。

(1)破綻認定　原則としてそれぞれの銀行の申し出により、再生委が認定するということでは同じであるが、処分の内容が特別公的管理の開始決定に対し、「金融整理管財人による業務及び財産の管理の命令」となる

(2)株式の接収・代価の決定　金融整理管財人による管理の場合は、株式の接収等は行われない

(3)新しい経営者の選任　特別公的管理の場合には株主たる預保が再生委の指名にもとづき選任するのに対し、金融整理管財人による管理の場合の金融整理管財人は、預保の意見を聞いたうえで再生委が選任することとされている

(4)経営者の職務　処分を受けるに至った経緯、業務・財産の状況を調査し、業務の維持・継続および整理・合理化の方針を定め、旧経営陣の民事・刑事上の責任を明らかにすることなどは特別公的管理の場合と同様である

(5)資産判定　特別公的管理の場合には重要な作業とされるが、金融整理管財人の管理の場合には、最終的な処理がブリッジバンク（承継銀行）への譲渡となるときにのみ必要とされ、原則としては必要とはされていない。すなわち、譲渡先が決定すれば、その先との交渉により判定結果が出ることになる

(6)つなぎ融資　金融整理管財人による管理の場合にも、業務の継続に必要とされる資金の借り入れは認められるが、借入先が特別公的管理の場合の預保ではなく、日銀特融によることになっている

(7)資金援助　預保の資金援助を活用することにより預金等の負債を全額保護できることは、金融整理管財人による管理においても特別公的管理の場合と同じである

(8)管理の終了　金融整理管財人による管理は、処分後原則一年以内における被管理銀行の営業譲渡、新たな出資企業との合併あるいはその子会社となること、あるいは、解散により終了する。これに対し特別公的管理は、再生法の有効期間内に営業譲渡あるいは株式の処分により終了することとなり、相違点には規模の大小のみが反映していると言えよう

国民銀行——モラルハザードを危惧

一連の第二地銀の破綻のなかで最初の事案となった国民銀行については、事前の知識は筆者には何もなかった。しかし事務局の説明を聞くと、創業以来の事業展開の経緯のなかで著名な経済人の五島昇氏や小佐野賢治氏の名前が出てくる銀行だと知った。

そして手続きを進める間に会長の小佐野正邦氏が「新しい法律（「金融再生法」のこと）はまことにありがたい法律だ。預金者にまで補償するとなったら大変だと考えていたのに、それは国が面倒を見てくれるようだ」と言っているとの話が伝わってきた。この話を聞いて筆者は「やは

りモラルハザードが起きているな」と思ったものであった。会長は、八六年に逝去した賢治氏の弟の由であった。

幸福銀行――初の早期是正措置発動

二つ目の破綻は、大阪の幸福銀行であった。銀行の名前を聞いたときには、「自分は知るはずもないところだろう」と思ったが、社長の名前を聞いて「どこかで聞き覚えがある」となった。説明する職員から「有名な山持ちの方です」との補足説明があった。

そう言われれば、筆者は九〇年から九三年にかけて自民党の農林部会長を務めていたので、その間に、当然わが国の代表的林業家としての頴川徳助氏と顔を合わせる機会があったと思われる。難しい文字を使った苗字も記憶にあった。そのうえ筆者の政治団体には寄付ももらっていることを新聞報道され、筆者もその事実を確認した。それは九八年に行われた寄付であり、筆者の政治団体の公式の報告書で公開されているということであった。

幸福銀行については、九八年九月末の決算に対し九九年年初から金融監督庁による検査が行われ、四月一三日同庁から検査結果が通知されるとともに、一カ月以内に資本増強策を提出するよう求めたと報告された。これに対し同行は五月一〇日財務内容の改善のために減資を行うとともに、公的資金による資本増強を求めたい旨の意向を表明した。

こうした状況のなかで五月一四日監督庁は、銀行に対しては初めての例となる早期是正措置を発動し、一週間以内に経営改善策を提出するよう求めた。これを受けて幸福銀行は同月二一日銀行業の廃業を申し出たため、再生委は金融整理管財人による業務および財産の管理を命ずる処分を行った。

幸福銀行の公的資金注入の申請意向に対しては、監督庁、再生委ともに、早期健全化法に照らし、当時の財務状況ではすでに銀行の存続が極めて困難であり、また、仮に公的資金による株式の引き受けがなされても、取得株式の処分が著しく困難となろうなど基本的な要件を満たしていないことから、実現不可能と考えられたのであった。

東京相和銀行——知らなかった業務の特色

六月には東京相和銀行の破綻があった。同行には七九年頃大蔵省勤務時代に筆者の元上司が役員をしていたので、退官の挨拶のため赤坂にあった本店を訪問したことがあった。しかし同行との接触はこれのみに止まった。したがって東京相和の業務の特色も知らないままであった。

今回手続きを進めるに当たって事務局から同行の業務の概要について説明を受ける間に、同行が業務運営の基本方針としていた地域密着路線に関するエピソードとして、赤坂や銀座のいわゆる水商売の経営者や従業員のために夜遅くまで窓口を開けていたことを聞いて、ある意味で感心したことを記憶している。

なみはや銀行——一〇カ月で命運が尽きた特定合併

七月には破綻の案件はなかったが、八月には大阪のなみはや銀行に対し金融整理管財人による管理の処分を行った。

なみはや銀行は、わずか一〇カ月前の九八年一〇月に旧福徳銀行と旧なにわ銀行が合併して設立発足した新銀行であった。この合併は両当事者の合意のみによって成立したものではなく、先に大蔵省の斡旋があり、それにもとづいて両当事者が合意して成立した、いわゆる「特定合併」と呼ばれるものであった。

両行はいずれも経営が順調だとは言い難かったが、地域の経済の実情からはいずれも破綻は避けるべきだと考えられていた。

このような立場にある金融機関に対して合併を斡旋するのであるが、同意へのインセンティブとしては、合併後彼らが保有する不良債権を時価で預金保険機構（預保）に買い取ってもらうことができることとなっている。

資本の補強については、例えば公的資金の注入など格別制度的な措置は設けられていないが、不良債権の預保への売却が進めば、第三者割当増資などの自力での調達も容易になると考えられよう。特定合併においては今一つ、リストラなど経営改善計画を政府に提出し、事前に承認を得ておくことが求められている。これは、預保による不良債権の買い取りという公的な支援を受ける以上、当然の義務ということであろう。

なみはや銀行は合併新設後順調に滑り出し、一二月には総額一三一億円の第三者割当増資も実現することができた。しかし九九年五月になると検察庁の旧福徳銀行への捜査が始まり、並行して金融監督庁による検査も始められた。六月、旧福徳銀行頭取が逮捕されるとともに、同月二八日には金融監督庁から早期是正措置が発動される。

七月、なみはや銀行は早期是正措置命令に対し、自己資本増強などの経営改善計画を提出した。ここにも九九年中に一二〇億円余の増資を行うとの計画が示され、前回増資が生命保険会社などの大手の取引先であったのに対し、今回は中小の取引先からの小口の出資を数多く集めるとし、出資先の確約も得ていたので、それなりの信頼性を備えた計画だと見られた。

ところが、なみはや銀行の財務の実態は、このような経営陣の努力と取引先の協力だけでは結果的に立て直すのに十分ではなかった。八月四日、銀行に通知された検査結果（九九年三月末基準）は一一一七億円の債務超過であった。六日、なみはや銀行は金融再生委に破綻を申し出、再生委は同日金融整理管財人による業務および財産の管理を命じる処分を行ったのであった。

なみはや銀行の破綻については、大蔵省の肝いりで合併し、その指導に従って増資もしたのに、わずか一〇カ月で命運が尽きてしまったことから、当然のことながらいろいろな論議を呼ぶことになった。

一つは、なみはや銀行を生んだ「特定合併」というスキームの妥当性である。

当時関西の金融界では経営不安を噂される弱小金融機関が数多く存在しており、オーソドックスな手法である救済合併を活用する余地は極めて少なかったと考えられる。その後制定された再生法スキームのように、いったん破綻させた後一年程度の期間をかけてじっくり不良債権の選別売却と受皿探しを行い、かつ、受皿には公的資金による資本注入もされるという制度が存在していればともかく、そういう制度が存在しない当時としては、止むを得ないスキームであったと言わざるを得ない。

二つ目は、合併を斡旋する前に大蔵省の金融検査が行われ、「経営状況は良くはないが、債務超過ではない」とのお墨付きを得ていたにもかかわらず、わずか一年足らずで今度は総理府の金融監督庁の検査によって「巨額の債務超過」とされたことについてである。

論者のなかには、「債務超過と知りつつ見過ごした疑いも拭い切れない」と「官製粉飾」呼ばわりをする者まで現われた。これについて筆者は二点述べておきたい。

一点は、不良債権の整理回収銀行による買い取りがせっかく定められているのに、被買い取り債権の指定作業がまったく合併当事行に委ねられてしまっていたことである。このことと今回の金融監督庁検査の結果には多大の関係があり、買い取り対象の指定をより厳格に処理していれば、これほど多額の不良債権が見逃されることは避けられたのではないか、やはり制度の不備は否めないのではないかと思われる。

二点目は、大蔵省検査と監督庁検査との相違である。大蔵省による当時の検査では、不良債権を明らかにするいわゆる「分類」に力点が置かれ、それに応じて必要とされる引当金の金額については、検査対象行とその会計監査人との協議に委ねられていた。監督庁になってからは、引当金の金額も検査マニュアルに定められ、それにもとづいて算定されることになり、概して言えば監督庁になってからの方が大蔵省当時よりかなり多くの引当金を積むことが求められる。

今回のなみはや銀行のケースは、制度の改革が進行している過程で前の制度と後の制度の継ぎ目にはまってしまったとしか言いようのない事案であった。

新潟中央銀行——意外な結末

第二地方銀行の九九年度における一連の破綻の最後は、東京、大阪以外に所在する新潟中央銀行であった。同行は、バブル崩壊の影響が徐々に顕在化しつつあった九〇年代の前半から後半にかけてのゴルフ場やリゾートの開発への積極融資ぶりが、関係地域の金融界などで話題になっていたようであった。

大蔵省関東財務局では九九年五月、九八年九月末の決算につき検査を行った結果、自己資本比率が二％程度の過少レベルであったため、金融監督庁は六月、早期是正措置を発動し、同行に対し資本増強の努力を求めた。同行では六月二五日、九月中における二〇〇億円の第三者割当増資の計画を発表するとともに、すでに計画を上回る二二一億円の出資に内諾を得ていることを明らかにした。

この増資計画で世間を驚かせたのは、当時「駅前留学」のキャッチコピーで東京でも目立ってきた英会話塾NOVAが四〇億円を引き受けていたことであった。NOVAがなぜこのように多額な出資を一地方銀行に行うかについては、経営者自身が金融界に関心があるとかの噂もあったが、事務局に尋ねると、NOVAは最近株式を上場するまでに発展してきたが、この発展の過程で新潟中央のある経営者がNOVAを資金面で援助してきたので、それに対する恩返しのようだとのことであった。

しかしこの美談めいた話は間もなく思わぬ方向に暗転してしまった。九月末日の払込期日を間近にした二〇日、NOVAが突然出資の意向を白紙撤回してしまったのであった。理由は、新潟中央が半年後の翌年三月末にも再増資をするとの計画を発表したが、NOVAには事前に何も知らせていなかったからというものであった。新潟中央側は平謝りに謝ったが、覆水は盆に返ることはなかった。

この事態が明らかになるや新潟中央の預金は凄まじい勢いで引き出され、九月末の国内為替取引では新潟中央への請求を日本銀行が立替払いをするという異例の措置で銀行間の決済を完了する状況にまで至ってしまった。翌々一〇月二日、新潟中央銀行は再生委員会に対し破綻の申し出を行い、これを受けて再生委は同行に対し、金融整理管財人による業務および財産の管理を命じる処分を行った。

ここまで、九九年度に入って金融再生法を適用して行った第二地銀の破綻認定に至る経緯の概要を述べてきたが、これら五行の共通点として何が言えるであろうか。

筆者が今気付くことは、最高経営責任者がいずれも実力頭取であったことである。社内的にはワンマンで、経営も野心的に前に進める。そのような人物がバブル経済を裏付けのある成長だと見誤って進めた積極経営が裏目に出て破綻を招いてしまった、と言うほかないと思った。

5 早期健全化法の運用

再生委事務局の組織——運用の準備

早期健全化法を運用するに当たって筆者がまず考えたのは、金融機能の健全化こそ現下わが国の最優先課題であるがゆえに、行政も事柄の重大性を十分認識して臨まなければならないということであった。法律の国会成立こそ順番は逆になったが、再生法と健全化法が対象とする課題の重要性については、明らかに金融システム全体の安定につながる後者の方が大きいというのが、筆者の見解であった。

両法案の成立から金融再生委員会が発足する一九九八年一二月一五日に向けては、先に述べたとおり、まず委員会事務局の構成と主要な人事について検討しなければならなかった。事務局の構成について準備に当たっていた担当者からは、多分法律の成立の順序に従ったのであろう、再生法の担当を第一課、健全化法の担当を第二課の形としたいという案が提示されてきた(*)。

これに対して筆者からは、建制順という行政部内の常道からすれば提示された案のようになろうが、再生委が課せられた金融システムの機能の回復という現今の使命からすれば、再生法担当よりも健全化法担当をより重要視すべきと考えるので、再考してほしい旨指示を行った。

この経過を経て事務局の構成は、総務課のほか、健全化法担当を「金融危機管理課」とし、再生法担当はその課のなかに置かれる「業務室」で所掌されることとなった。

主要行首脳への呼び掛け

健全化法を動かすに当たっては、政府として出資を引き受ける用意のあることを先に伝えることが必要になる。事務的な手続きとしてもそのとおりであるが、筆者の思いとしては手続きの順序を超えて、今度こそわが国の金融システムの主柱である主要行の経営陣に問題に真正面から向き合ってほしいということであった。そこで筆者は、年が改まった九九年一月二六日、興銀を含む都銀一〇行と信託六行の頭取に都内のホテルに集まってもらい、直接呼び掛けを行った。

まず現在の状況を省みると、わが国の金融システムに対する世界の信頼を回復し、その復活を実現することが喫緊の課題であるとの考え方を明らかにし、今度こそ官民挙げてこの課題への対応に最大の努力を傾けなければならないことを訴えた。

次に具体的な話にも言及した。ほぼ一年前行われた安定化法にもとづく資本注入に対する反省から、現在、世間の一部には公的資金による資本増強の方法について強制注入論や一斉注入論(＊＊)さえ唱えられている状況にあることに、あえて触れた。新たに成立した健全化法においても公的資金の注入は申請主義にもとづいて行われることになっているが、申請への対応はわが国金融システムが置かれている状況を十分考慮したうえで進めてほしい旨の要望を表明した。

＊当時の担当者によれば、事務局の組織は構想段階から二課一室体制であったとのこと。

＊＊この論の代表的なものは、梶山静六前官房長官（当時）の所論であるが、同氏は、『文芸春秋』九八年六月号に「日本興国論」と題し金融システム健全化についての提言を寄稿しているので、この提言によって同氏の主張の要点を摘記すれば次のとおりである。不良債権の処理を進めるため、全国にある五業態（都市銀行、長期信用銀行、信託銀行、地方銀行、第二地方銀行）の全銀行一四六行に対し、自己査定および大蔵省検査・日銀考査を行い、これにより不良債権を確定し、これに強制的な引当（回収不能債権一〇〇％、回収に重大な懸念ある債権七五％、回収懸念債権二〇％）を行わせたうえ、算定される自己資本比率により、優良行（国内基準行四％以上、国際基準行八％以上）、第一区分行（同二～四％、四～八％）、第二区分行（同〇～二％、二～四％）、第三区分行（同債務超過行、債務超過～二％）の区分を行う。これらのうち、第三区分行に対しては、不良資産部分を国営の整理回収銀行に譲渡し、良い部分は受皿銀行に譲渡するか、分社化による独立銀行により経営再建を図る。第二、第一区分行に対しては、公的資金による資本増強を行うが、経営健全化計画の提出を義務付け、また減資、全取締役の辞任、人員給与の削減、店舗の削減も求めることにする。

以上がこの提言の要点であるが、これを反芻すると、提言のうち、全国の第二地銀以上の一四六行全部について検査を行い、その結果を公表開示（ディスクロージャー）することおよび高率の引当の強制実施が主張されており、これは金融国会の審議では参考とするに止まったと言えようが、それ以外の提言については、第二分類以下の銀行に対する措置は早期健全化法、第三分類以下の銀行に対する措置は金融再生法においてそれぞれ同じ内容の法的枠組みが実現されていると言うことができよう。

席上異論等はまったく出ることなく、緊張のうちにも和やかにこの会は終了したと記憶している。

なぜ銀行は公的資金受け入れに慎重なのか

ところで銀行はなぜ公的資金の受け入れに慎重なのであろうか。これにはいくつかの理由を挙げることができる。

一つは、公的資金を多額に受け入れると財務状況が実態以上に悪いのではないかとの風評が立つこととなり、銀行が世間の信用によって成り立っていることからすれば、そんな事態は避けたいのは当然のことと言えよう。

二つには、銀行も民間企業であるからには、その経営への政府の介入をできる限り避けたいであろう。この理由のために銀行は、資本注入を受けざるを得ない場合にも、普通株の受け入れは基本的には避け、議決権を持たない優先株やBIS基準上、一定の制約のもとで、自己資本に算入できる劣後債・劣後ローンの形での受け入れを選択するのが通常である。

しかし優先株の場合でも、約束の期限までにこれを買い戻して償却する必要があり、それができないときには普通株への転換を求められることになる。

したがって普通株による政府の介入を免れるためには、優先株による資本注入は、まずもって約束の期限までに買入れ償却ができる範囲に制約されることとならざるを得ないということになる。また当時の自己資本規制では、劣後債・劣後ローンの場合は返済期限の一年前には資本性が否認されるので、実質の期限は返済期限マイナス一年と短くなるわけである。

三つは、資本注入を受けても銀行の事業活動や利益が直ちに劇的に改善されることは少なく、利益はしばらくは過去の通常レベルとあまり変わらないことが多い。そうだとすれば、公的資金が注入された分だけ資本の効率が低くなることになる。これが自己資本利益率（ROE）の低下である。そしてそれはまた既存の株主の立場からは、株主として受ける議決権の比重や配当の金額が資本の増えた分だけ希釈化（ダイリューション）されることとなり、資本増強の受け入れにはこの面からも制約があるというわけである。

資本受入金融機関の要件

加えて金融国会では、安定化法にもとづく公的資金の投入に当たって銀行がいかなる財務状況にあるかも問われず、また、銀行に対していかなる改革も求めなかったことが厳しく批判されたことから、健全化法のもとでは、再生委員会が資本増強を行う場合における受入金融機関に求める要件の基準を定めることが求められた。

これを受けて再生委においては、受入金融機関の要件として健全化法が定める「経営の合理化」「経営責任」「株主責任」および貸し付け等の「信用供与」の四項目について、対象金融機関の自己資本の状況が「健全な区分」にあるか、「過小資本の区分」にあるか、「著しく過小資本の区分」のいずれにあるかに応じてその基準を示すことになった。その大要は次のとおりである（図表8）。

経営合理化の項目では、資本状況の全区分を通じて、事業部門の収益性に応じた整理拡充、および、営業活動上必要度の低い施設の売却を求めるほか、資本状況の区分に応じて職員数の削減、職員給与の引き下げ、支店の数の削減、海外営業拠点の改廃等による経費の抑制を求めるとした。

経営責任の項目では、資本状況の区分に応じて代表役員の退任、役員数の削減、役員賞与の抑制・停止等による利益の社外流出の抑制を求めた。

株主責任の項目では、資本状況の区分に応じて配当の抑制あるいは停止、減資および早期是正措置の履行等を求めるとする。

信用供与の項目においては、資本状況の全区分を通じて国内向け信用供与の減少を回避することおよび特に中小企業向け貸出残高を増加させることを求めた。

資本増強額の算定のみに用いる償却・引当の基準を定める

ところで再生委が資本増強を承認する要件の基準を定めるに当たっても用いられた自己資本の状況については、金融国会の前から国会の内外において、不良債権の償却・引当が不十分であるため、自己資本比率が実態以上に高めに出ているなどの論議があった。

筆者はこの論議を念頭に、資本増強の対象金融機関が行う不良債権に対する引当については、

図表8　株式等の引き受け等の要件および基準の概要

（自己資本比率の区分等によって異なるもの）

区分	自己資本比率		早期健全化法上の区分	議決権のある株式（6条関係）		議決権のある株式以外の株式等（7条関係）	
	国際統一基準	国内基準		区分別の法定要件	区分その他の要素を勘案して定める基準	区分別の法定要件	区分その他の要素を勘案して定める基準
非区分	8％以上	4％以上	健全	（対象外）		①経営状況の悪化した金融機関との合併または②信用収縮回避等に不可欠等	1. 経営合理化（役職員数・経費抑制） 2. ROE向上のための各部門の整理・拡大等市場の評価を高めるための方策 3. 必要度が低い施設の売却等 4. 利益流出の抑制 5. 信用供与の減少を回避する方策の実行（特に中小企業向け貸出残高は原則増加）
I区分	8～4％	4～2％	過少資本	（対象外）			1. 経営合理化（職員数・経費抑制） 2. ROE向上のための各部門の整理・拡大等市場の評価を高めるための方策 3. 必要度が低い施設の売却等 4. 経営体制刷新（役員数削減等） 5. 配当・役員賞与等の抑制 6. 減資等による株式価値の適正化（純資産額が資本金を下回る場合） 7. 早期是正措置の確実な履行 8. 信用供与の減少を回避する方策の実行（特に中小企業向け貸出残高は原則増加）
II区分	4～2％	2～1％	著しい過少資本		1. 経営の抜本的改革 代表権のある役員の退任、給与水準の引き下げを含む給与体系の見直し、組織・業務見直し（役職員数・支店等の削減、海外営業拠点の廃止等）を原則すべて実行 2. ROE向上のための各部門の整理・拡大等市場の評価を高めるための方策 3. 必要度が低い施設の売却等 4. 配当・役員賞与等の停止 5. 経営責任明確化のための体制整備 6. 減資等による株式価値の適正化（純資産額が資本金を下回る場合） 7. 早期是正措置の確実な履行 8. 信用供与の減少を回避する方策の実行（特に中小企業向け貸出残高は原則増加）		1. 経営の抜本的改革 代表権のある役員の退任、給与水準の引き下げを含む給与体系の見直し、組織・業務見直し（役職員数・支店等の削減、海外営業拠点の廃止等）を原則すべて実行 2. ROE向上のための各部門の整理・拡大等市場の評価を高めるための方策 3. 必要度が低い施設の売却等 4. 配当・役員賞与等の停止 5. 経営責任明確化のための体制整備 6. 減資等による株式価値の適正化（純資産額が資本金を下回る場合） 7. 早期是正措置の確実な履行 8. 信用供与の減少を回避する方策の実行（特に中小企業向け貸出残高は原則増加）
	2～0％	1～0％	特に著しい過少資本	地域経済に必要不可欠		地域経済に必要不可欠	

（注）承認に当たっては、不良債権の償却・引当、信用供与、申請までの経営合理化の状況等を考慮して、発行金融機関等が該当する区分に応じて行うべきとされた事項は、当該事項に相当する当該区分以上の区分に応じて行うべき事項とすることができる

（出所）『預金保険研究』8号、2007年4月、54ページ

国際的批判を浴びて自己資本比率への不信を招くことのないよう新たな定量基準を定め、それを遵守することを求めたい、と事務局に検討を指示した。

この筆者の指示は、再生委の内外での論議を紛糾させたようであった。現行の引当率は企業会計原則にもとづき、公認会計士協会の実務指針によって適切な基準として適用されているので、新たな定量基準はダブルスタンダードになり混乱するというのが主たる反論であった。

また、資本増強を行う適格性の判断基準はすでに判明している直近の決算によらざるを得ないが、それは現行会計基準にもとづいて作成されており、急遽変えるのは会計基準に不可欠な安定性の観点から不適切であるとの意見が強かった。

これらの議論の結果、「国際基準行」の資本増強の「金額規模」の審査に際してだけ適用する、事実上準拠すべき基準として定量的な引当の目安を定めるとの趣旨のもとに、

○担保・保証で保全されていない破綻懸念先債権　七〇％
○担保・保証で保全されていない要管理債権　一五％
○その他の要注意債権　平均残存期間を勘案して算出された貸倒実績率等

とすることに再生委で議決された。

様々な会計処理上の問題を議論

貸倒引当金とともに、世上で議論されている会計処理上の他のいくつかの問題も再生委で議論

された。

一つ目は、金融機関が保有する株式等の有価証券の評価についてである。九九年一月時点においてはまだ取得原価での評価が認容されていたが、二〇〇〇年度には時価評価への変更がすでに定められていた。

資本増強に当たっての時価評価の前倒し適用には委員全員の賛同があったが、時価評価を増強額の規模の算定や増強後の健全性の判定基準として用いるだけに止めるのか、資本増強の適格性の判定にも適用するのか、さらには、時価評価の適用対象証券はポートフォリオとしての保有分に止めるか、いわゆる持ち合いでの政策保有株をも含めるかなどが議論された。

議論の結果は、時価評価の適用時点は資本増強時後とし、適用対象は長期保有分を含むすべての有価証券とされた。

二つ目は、会計処理を行う際の連結対象の範囲についてである。

資本増強に当たっても資産査定の正確性が強く求められたが、それは金融機関の財務諸表に計上されている資産の査定に止まらず、そもそも計上されるべきすべての資産が必ず計上されているかも問題である。ここに議論が及んだのは言うまでもなく、金融危機の進行の過程で一部金融機関に本来計上すべき不良債権を適正に計上することを避けるため他の法人に付け替えるいわゆる「飛ばし」を行う例が見られたためである。

この会計処理上の不正を防ぐためには、「飛ばし」先の法人を連結範囲に含めることが必要とされた。この要請に応え、資本増強の前後を通じる会計処理の原則として連結範囲の拡大が決定された。

三つ目は、これまた九九年三月末から適用が決まっていた税効果会計についてであった。税効果会計とは、企業会計上貸倒引当金を計上した場合などにおいて、税務会計上はその年度で損金計上しないときは課税となるため、納税を行うが、対象となる債権の損失が確定した際には税務会計上も、その年度の損失として納税分から差し引かれることが生じる。このような場合には、企業会計上納税を行った年度には納税分を税の前払い分として資産に計上できるという会計基準である。

この会計処理について再生委の一部には、資本が真にバッファーとして機能するためには単なる計算上のものでは足りず、不良債権の償却に活用できるものでなければならないとの意見も出された。しかし結論としては、企業会計上では税金の前払いとして資産とされることから、九九年三月末以後の会計処理では資産計上を認めるとされた。

再生委における予備的検討を必要とする最後の四つ目の課題は、資本注入の金額等についての考え方であった。

委員間の意見交換の前に預金保険機構（預保）および日本銀行からのヒアリングが行われた。預保からは、引き受けを行った商品を将来市場で売却する際、預保にとって利益が上がるよう商品性や発行方法の設計を考えてもらいたいとの要望があった。日銀からは、資本注入額については必要な額と返済可能な額の二つの観点があるが、健全化法による注入では十分な額を確保する観点を優先し、返済可能性には弾力的に臨むべきとの意見が述べられた。

これらの意見を聞いた後、委員の間でも論議が行われた。

公的な資本増強を行ってまず有価証券含み損や不良債権の償却、引当の不足を完全に解消すべきことについては、当然のことながら異論はまったくなかった。半面、資本増強の所要額から減額になる要因としては、税効果会計により計上される資産額があること、また、自力での増資が行われる場合はその額も減額要因となることは、言うまでもないこととされた。

問題は、各金融機関の現在の資本勘定から有価証券の時価評価による損失および不良債権の償却・引当不足を差し引き、他方税効果会計による計上資産額および自力による増資額を加算した資本勘定は、自己資本比率ベースでいくらを目標とすべきかである。

再生委の論議では、自己資本比率が八％に達するまでの額に限るべきであるとの世上の一部にある見解は、現在の資本勘定でもすでに現行会計基準で九％なり一〇％になっている観点から適当でないとされた。そしてこの資本勘定の目標についての議論の大勢は、現在の自己資本比率の水準である九％ないし一〇％程度に落ち着かせることを念頭に置くべきというものであった。

今一つの論点は、預保が重要視し、日銀が弾力的に考えるべきとした回収（返済）確実性についての問題であった。

再生委は資本増強額を決定する権限を持つが、その場合、必要な資本は十分に注入すべきである半面、同時に出資者である預保の立場（回収の確実性）にも配慮を怠るわけにはいかない。この投下資本の回収可能性は市場における株価に依存するため、注入先の金融機関としては自己資本利益率（ROE）の維持が必要であり、そのためには収益性の向上の確保が必須となることが確認された。

経営健全化計画はプロスペクタス

九九年一月最終週からは、資本増強が予定される都銀等一〇行（都銀から東京三菱が抜け、地銀の横浜が加わる）および信託五行が経営健全化計画の素案を提出し、再生委の予備的審査も始まった。筆者自身は国会への出席のため、予備審査にはほとんど出席できなかったが、事務局が申請予定行の計画素案をアンダーラインを引きながら熱心に読み込んでいるのを、報告の都度目にしていた。

そんな経過のなかで筆者が突然気付いたことは、これはまさしく昔筆者がニューヨークの大蔵省事務所に勤務していた当時、日本が外債を発行した際、引き受けをした投資銀行と、その投資銀行の顧問弁護士事務所の担当者たちと一ページ一ページ査読をした債券発行者（日本開発銀行）と保証人（日本国政府）のプロスペクタスと同じではないかということであった。

早期健全化法だとか経営健全化計画だとかの名称で呼んでいるとそこまで思い至らなかったが、プロスペクタスと言い換えることで、この文書を読むうえでの勘所を明確に認識することができた。

プロスペクタスとは、債券を発行するに当たって投資家に対して調達する資金の使途や役割を明らかにし、そして最終的には金利の支払いや元本の返済の確実性を投資家に納得してもらえる理由・根拠を示すことで、投資家に投資を決断してもらうことを目的として作成される文書であり、日本では目論見書と呼ばれる。

投資家が投資を判断する基本的資料であるため、証券取引法によって内容が真正であることが求められる。手続き的には、債券が発行される前に証券取引委員会（SEC）に提出され、同委員会の審査を受けて認証を得なければならないとされている(*)。

プロスペクタスの勘所

筆者は政府保証開銀債のプロスペクタスの日本側案文について、引受投資銀行等との間での数次にわたる協議、さらには最終段階でのSECのコメントの聴取等に参加していたので、その際に提起されたコメントで一般的な内容のものを思い出すと、次のようなことであった。

まず投資銀行からのコメントである。第一読会から言われたことは忘れられない。重要な文書だからと力瘤《ちからこぶ》を入れたところがことごとく落第の判定だった。コメントはいずれも納得できた。

*ただしSECの認証は、プロスペクタスの真偽を保証するものではないとされる。

「全体として長過ぎる。この案の三分の一程度に削減すべきだ。市場に対しては短ければ短いほどよいことを認識すべきだ」

「プロスペクタスは、分かりやすいことが重要である。セールスマンが質問されたとき、明快に答えられることを主眼とすべきだ」

「日本国内で重要だからと言って詳しく説明する必要はない。発行市場の当地ではかえって不適切になる」

「表とグラフでは表の方が説得力を持つ」

「金額の単位は統一すべきだ。できることならばドルで統一すべきだ」

「物事を分類したら、最初から最後まで一貫させるべきだ。場合によって変えるのは良くない」

投資銀行との間では、これらのコメントに沿った再提案を行うなどの協議を経たうえで発行者側としてSECに対しプロスペクタスを提出したが、SECからは認証の通告がなされたうえであったが、次のコメントが寄せられた。

「全体として表現が地味である。もっと注意を引く外見が欲しかった」

「脚注が目立つが、これは通常ではない方法である」

このように当時の経過を思い出すと、なかなか的確なコメントを聞いたという思いもする。それだけに経営健全化計画にも何か参考になることがあるはずだとの考えから、この思い出話を事務局に伝えた。

図表9　健全化計画の評価ポイント

【加点項目】
①合併、子会社化、資本提携など金融再編への対応が図られているか
②他業態との提携が行われているか
③リージョナルバンクについて海外全面撤退が行われているか
④収益向上に結びつく戦略が具体的かつ明確であるか
⑤組織の抜本的改革が図られているか
⑥人件費総額が削減されているか
⑦役員数が削減されているか、職員数が削減されているか
⑧物件費（機械化費用を除く）が削減されているか
⑨貸出金総額（インパクトローンを除く。実勢ベース）が増額しているか
⑩自力調達が図られているか
⑪公的資金申請額が特に十分であるか
⑫行内企業格付けが正確であるか
⑬不良債権の流動化が具体的に計画されているか
⑭相談役・顧問を廃止しているか
⑮平均給与月額が十分減少しているか（給与体系の見直しが行われているか）
⑯減配となっているか
【減点項目】
①有価証券含み損の処理が遅いのではないか
②不良債権を発生させた経緯等の記述が不十分ではないか
③役員数が変わらない、または増加しているのではないか
④役員賞与・報酬、役員退職慰労金の支払いが過大ではないか
⑤物件費（機械化費用を除く）が増えているのではないか
⑥遊休施設の処分が不十分ではないか

（出所）金融再生委員会

事務局においては、多分米国のプロスペクタスも念頭に置きながら、各申請予定行による健全化計画の改善を含め評価を行うポイントを二二項目（図表9）に整理し、この項目ごとに五段階評価を行うことにより、その評価を優先株の引き受け条件に反映させることにした。

注入資本の条件

次は、健全化計画に対する評価を反映させる前の言わばあるがままの投資対象について、その商品性や引き受けの条件はどのように考えられていたかである。これについて再生委は、二つの議決によって明らかにしていた。

①引き受け条件を考える前提

これは一般的にかなり誤解されやすい

点について再生委の考え方を明確にしたものである。すなわち、引き受け条件を考えるに当たっては、わが国の金融システムが不安視されていたり、個別金融機関の財務状況のリスクが高いと見られたりしている現在時点ではなく、今回の資本増強によって金融システム不安が解消し、各金融機関の信用リスクが低下するという資本増強の政策効果を先取りした想定に立って条件設定を行うとされた。

また、普通株、優先株、劣後債、劣後ローンの商品性の違いについては、注入される資本が不良債権や有価証券の含み損の償却・引当の原資であることのほか、これらの商品に対する市場における資本性の見地からの一般的な評価を踏まえて調整すべきものとされた。

②優先株の配当利回り

まずそれは公定歩合以上でなければならない。優先株を引き受ける預金保険機構の最低の調達コストが公定歩合であることから、これを下回る配当利回りでは預保にとって逆ざやの投資になってしまうためである。

次に、各金融機関にとって、自社の普通株の利回りより今回の自社の優先株の利回りは高くなければならない。これは、普通株と優先株の利回りの原則的なあり方を理由とする。

さらに各金融機関の優先株の利回りは、その金融機関が許容できる資金コストを目途とする。許容できるとは難しい言い方であるが、金融危機が去った後を想定しての資金調達コスト以下であれば、許容できると言えるであろう。

最後に、優先株の利回りは、同じく金融危機後に想定される運用利回りとの比較で適切な利ざやが確保できる利回り以下であるべきであるとされた。以上が優先株の利回りについてのルールとして議決された。

一五行から申請された優先株、劣後債、劣後ローンの金額は、このルールにもとづき、それぞれ細かく利回りなどの条件について、畑山卓美氏ら事務局内専門家の手によって審査され、三月四日には、これらすべての作業を経た最終的な資本増強の申請書が、経営健全化計画とともに一五行からそれぞれ正式に提出された。

筆者は正式申請を受けた後、三月八日丸一日かけて一五行各行の頭取と順次個別面談を行い、公的資本増強を受ける決意を含め、総括的な考え方の説明を受けた。

この面談は、外資系投資銀行に勤務経験のある倉田秘書官からの意見具申に従ったもので、これほどの投資を行う以上、責任上投資先の最高経営責任者と直接面談をしておくべきだというのが彼の意見であった。筆者自身、その後の展開全体を考えてもやっておいてよかったと回顧する。

三月一二日、再生委員会は、申請のあった一五行全行について、その申請を承認し、これを各行に通知するとともに、公表を行った。このときの資本増強額は、一行当たり最少額で一五〇〇億円から最多額で一兆円まで広がりがあり、合計で七兆四五九二億円であった。

「日本にジョン・リードはいなかった」

ところで、早期健全化法による資本注入を終了した直後には、当然記者会見があった。いろいろな観点から多様な質問が出たが、再生委員会の審議も委員の高い識見を反映した質の高いものであったし、それを支える再生委事務局と金融監督庁関係部局の職員による仕事ぶりも、熱意と責任感の強いものと言い得ると思っていたので、筆者としても記者の方々にそれなりに不満を残さない応答ができたと思ったものだ。

そのなかで筆者の心のなかにわずかに訝《いぶか》しさが残っていた点を挙げるとすれば、資本増強のために公的資金を求めたほとんどすべての銀行が、今後の営業で注力すべき分野としてリテール（小口金融）を挙げていたこと、そしてそれにもかかわらず、その営業戦略を実現するための具体的な手法を、必ずしも十分に説明し得ているとは認め難かったことであった。

筆者は、そのような気持ちが心のなかにあったため、会見の終了に当たってついその一言を口に出してしまった――「日本にジョン・リードはいなかった」。翌朝の紙面にこの言葉を見出しに使う新聞もあった。

ジョン・リードとは米シティバンクの元会長である。彼はマサチューセッツ工科大（MIT）でコンピュータ科学を専攻、卒業後シティバンクに入った。そこで彼は会長のウォルター・リストン氏と出会う。同氏こそ戦後ニューヨークの商業銀行の先頭に立って、このビジネスへの諸々の古い制約を取り除き、また、貸出資金の原資の調達先をCDやユーロダラーへ拡大することにより、これらの銀行の地位を一般産業向け資金の供給者にまで押し上げたリーダーであった。彼は、そのウォルター・リストン元会長に見込まれて若くして後継者となった人物であった。

しかし彼の後継者指名後の道程は決して平坦ではなかった。会長職一期を務め終えたところで、業績不振を理由に取締役会から退任を求められてしまう。それでも彼は引き下がらず、今一度機会を与えてほしいと訴え、会長職を続けることを認めさせた。

二期目の彼は、シティバンクのリテールビジネスの拡充をさらに徹底し、世界の主要都市に得意のコンピュータネットワークを張り巡らし、顧客へのサービスの刷新を実現、業績の画期的な改善にも成功する。この事業展開の推移については、リストンとリードによる経営革新に興味を寄せていた筆者の耳にも届いていた。

それだけでなく、八〇年代の末頃から日本の国内でも若い女性たちの間でシティバンクの預金通帳を持つことが流行していることも目にした。海外旅行に出掛けたときにそれさえ持っていれば、いつでもクレジットで買い物ができ、現地通貨も預金から下ろすことができるので、便利かつ安全だというのが理由のようであった。

筆者がこんな事情を知ったため、公の記者会見の場でつい名前まで口にしてしまったジョン・リード氏本人が筆者の執務室を訪ねてきたのは、九九年四月一二日であった。筆者の問題発言は多分三月末頃のことかと思われるので、あまり日を置かずに訪ねてきたことにはなる。あの発言とこの訪問の間に何か関係があったのかどうか、筆者はあえて問わなかったし、彼の方も触れることはなかった。

資本注入後のフォローアップ

資本増強の決定がなされてからすぐに再生委では、資本増強行の経営健全化計画のフォローアップのあり方を議論した。

まず計画の履行を求める措置としては、

①三月期および九月期ごとに履行状況の報告を求め、それを公表する

②経済状況の著しい悪化等の理由がないにもかかわらず、計画の重要事項の履行が欠ける場合には、経営責任の明確化が求められる

③計画の履行について自らその意志が認められない場合には、銀行法上の業務改善命令等の措置が発動される

④優先株の転換権は、特段の事情がない限り行使することは考えていないが、行使すべき事態が生ずれば行使する

この四点が議決された。

なお、このフォローアップの基本的あり方の論議の際、経済界出身の委員から、「フォローアップの眼目は銀行の健全化の実現であり、経営の機微に触れるところまで報告・公表させるとか、

経営の責任を殊更強調するのとかはどうか」という発言があり、フォローアップにおいては十分に留意すべきこととされた。

また、右に述べたフォローアップのあり方を議決するのと同時に、金融再編や業界再構築への対応のため必要がある場合には、健全化計画の見直しを認めること、金融再編が進捗するなどの場合には追加の資本増強があり得ることが、合意された。

これらの点が議論されるなかで委員の間からは、これまでに見られる金融再編の動きは早期健全化法の定めに照らしてあまりに少なく、今後は金融界に対し再編へのより積極的な取り組みを期待したいとの声が強く出された。

債権放棄と債務の株式化

しかし期待される再編の動きが表面化してくる前に資本増強を契機として生じてきたのは、金融機関による債権放棄の問題であった。

筆者の関心を惹いたのは、新聞報道にあった経団連会長今井敬氏の「債権放棄を行う場合は減資によって借り手企業の株主も責任を負うべきだ」とする発言であった。

確かに当時の経済状況は一刻も早い回復が求められており、不良債権の存在が景気不振の主たる要因と見られていたことから、資本増強が実施された以上、その効果をできるだけ早期に実現することが期待されていた。

債権放棄は、不良債権の処理、ことに不良債権のバランスシートからの切り離しの手段ではある。しかしこれを実行しようという場合には、①金融機関の側において株主代表訴訟による民事責任追及のリスクがあること、②放棄額が引当済みの額以下となるようあらかじめ十分な引当を行っておく必要があること、③残存債権の回収がより確実になる等金融機関にとって有利であること、などの問題がクリアされ、他方借り手側においても、経営責任の明確化が求められる。したがって資本増強後においても、今井発言から想像されるほどには債権放棄が流行することはなかった。

単純な債権放棄についての論議はこのようにして落ち着いたが、債権を放棄し、その対価として当該債務者企業の株式を取得するいわゆる「債務の株式化（デットエクイティスワップ、DES）」が、九九年三月小渕内閣のもとで設置された「産業競争力会議」において今井経団連会長など経済界代表から提起された。

この提案に対しても、金融界および金融監督庁から、DESは米国でもチャプター11（米連邦破産法一一条）の破綻処理制度の一環として活用されているが、実施に当たっては株主および他の債権者との間での公平に配慮するなど相当限定的であるとの指摘が行われた。

特に再生委からは、DESは資本増強のために注入された公的資金の返済計画でもある経営健全化計画の履行に支障となる恐れがあるとの懸念が表明された。この結果DESは、各金融機関がケースバイケースで検討すべきであり、国の政策として採用するのは適当でないとされた。

始まらない再編に不満を表明

先にも触れたとおり、早期健全化法第三条には、資本増強などの施策を実行する場合に従うべき原則として「金融機関等の再編を促進すること」が定められている。すなわち健全化法は端的に言えば、資本増強をテコに銀行等に再編を促すことを求めているのである。そして、これを受けて再生委が決定した経営健全化計画の二二の評価項目においても、一丁目一番地に「再編への対応」が掲げられており、筆者自身も新聞、雑誌などのインタビューにおいて、たびたび再編の必要性を訴えてきた。

再生委においてフォローアップ作業の審議の際、委員から発言のあった「再編については、これまでのところあまりにも動きが少ない」の言葉は、再生委の仕事の成果に対する自省であるとともに、銀行界に対する不満の表明でもあった。

不満の背景には、再編の必要性に対する切迫感の差があった。健全化法は再編を必要とする理由を抽象的に「効率化」とするが、再生委のなかにはこれに止まらない問題意識があった。

一つは、今後必要とされるシステム投資の規模との関係である。

当時、世界の先進国の銀行の投資規模は年間一行当たり平均三〇〇〇億円程度であった。これに対しわが国は五〇〇億円程度であり、しかも投資がいまだ勘定系のシステムに止まっているが、今後はより高度な、したがって高額になる情報系のシステム整備が必須となる。この面からも再

図表10　世界の銀行時価総額ランキング比較

単位：10億 US ドル

	1989年 3 月末現在		2003年 4 月末現在	
順位	銀行名	金額	銀行名	金額
1	住友銀行（日）	76.18	シティグループ（米）	202.11
2	日本興業銀行（日）	73.97	HSBC（英）	114.41
3	第一勧業銀行（日）	69.50	バンク・オブ・アメリカ（米）	110.32
4	富士銀行（日）	68.41	ウェルズ・ファーゴ（米）	80.28
5	三菱銀行（日）	62.32	RBS（英）	75.90
6	三和銀行（日）	54.23	JP モルガン（米）	58.48
7	日本長期信用銀行（日）	34.12	ワコビア（米）	51.10
8	東海銀行（日）	33.12	バークレイズ（英）	46.19
9	三井銀行（日）	31.07	HBOS（英）	44.69
10	三菱信託銀行（日）	26.86	US バンコープ（米）	42.91

（注）1989年データの出所は MSCI、2003年データの出所は Bloomberg Financial LP。2003年のランキングでは邦銀は、三菱 UFJFG 31位、三井住友 FG 63位、みずほ FG 84位となっている

（出所）山田能伸「株式時価総額ランキングの推移が映す銀行の浮沈」『金融財政事情』2012年10月29日号

編の緊要性が高いことは自明である。

二つは、国際金融界におけるわが国銀行の地位低下との関係である。米国の友人が当時筆者を訪ね、世界の銀行の株価時価総額ランキングの推移（図表10、ここでは一九八九年と二〇〇三年のデータを掲載）を示してくれたのだが、八九年当時上位を占めていた日本の銀行の凋落ぶりは、友人の前で正直見るに堪えなかった。国際的な金融界でわが国がかつての存在感を取り戻す早道は再編による以外にないとの思いを強くしたものであった。

三つは、わが国には同じサービスを行う金融機関が多過ぎるという、いわゆるオーバーバンキングの問題である。振り返って考えれば、金融危機の原因となったバブル経済を惹き起こしたこと自体が金融機関間の過当競争と無関係とは言い難いであろう。したがって

この点からも、再編が強く求められると考えられたのであった。

このように期待の強かった再編であったが、提出された健全化計画に間に合う形で具体的に示されたものは、すでに合併が合意されていた中央信託と三井信託の両行以外、皆無であった。ただ健全化計画を提出した一五行のうち一一行が再編に積極的姿勢を示しており、期待をつないだ。

再編まで手が回らず

なぜこのような状況に止まったかについては、筆者も資本注入決定後の記者会見などの機会に説明を求められたが、次の三点を説明のポイントとした。

一つは、資本注入は各行の決算期である三月末までに実行されなければならない事情を考えると、時間が足りないこと。二つは、各行の決算と裏腹の問題であるが、国際金融界におけるわが国金融機関に対する評価を是正すること等を考慮して各行の不良債権処理を早急にかつ十分に進める必要があったこと。三つは、決算の姿との関係という意味ではほぼ同様であるが、わが国の国内の経済状況を好転させるためには、中小企業を中心に金融機関による貸し出しを増加させる必要があったことであった。

すなわち、三月末の決算期に向けて資本を充実させて金融機関自体の国際的評価を高め、国内的には不良債権の処理を早急に進めるとともに、中小企業を中心に貸し出しの増加を図らなければならなかったため、これらに加え合併や資本提携などの再編を具体的に進める話まではいかんせん手が回らなかったということであったであろう。

興銀、一勧、富士の三行が先陣、三井住友が続く

しかし年度が改まると、各金融機関にとっては、過去数年の間にそれぞれ市場から厳しい評価を受け、批判を招いてきた実情を考えれば、それらの状況の根本的な改善のためには、やはり再生委が求める再編への対応は避けて通れない問題であることが鮮明になりつつあったようだ。

最初に表面化したのは、八月二〇日に発表された日本興業銀行、第一勧業銀行および富士銀行の三行統合であった。長信銀トップの興銀と都銀上位二行とが統合するというのは、たびたび再編を呼び掛けてきた再生委としても思わず頬が緩むような快挙に見えた。

統合直後にメディアの記者から尋ねられ筆者が答えたのは、「この統合は一〇〇％民だけの協議によってできあがったことで、官の口出しは一切ない」ということであった。護送船団方式の行政が行われていた当時にはしばしば取り沙汰された官の介入による合併などの影は、露ほどもなかった。

もう一つ質問されたのは「今回の統合の背景には興銀の救済という意図があるのではないか」というものであったが、筆者は即座に「統合の形を見れば、それぞれが他の二行を必要としたということであり、どこを救済するなどの話はあり得ない」と明言した。

確かに興銀の金融債による資金調達と長期資金の貸し付けという長信銀モデルは、長銀と日債

銀の破綻に見られるとおり、時代の使命を終えたものと見られても止むを得まい。しかし筆者はかつて、米国の著名な投資銀行の役員を務める友人から「興銀と野村証券が合併すれば、確実に世界トップクラスの投資銀行になると思うよ」と聞いたことがあり、興銀の投資銀行としての競争力は世界水準に照らしても相当に高いと理解していたので、そこを救済する云々の質問が出たときには残念な思いがしたものであった。

三行の統合の後にはきびすを接するように住友銀行とさくら銀行の統合に向けての話が始まり、一〇月一四日、筆者の金融再生委員長退任後間もなく、両行の合併が発表された。「住友」と「三井」という旧財閥の垣根を越えた統合ということで経済界の注目を浴びたが、新銀行の名称も三井住友銀行となり、むしろそのことを誇示するような形となった。

UFJ銀行誕生

このように九九年秋までに都銀一〇行中、五行が再編を終え、都銀トップの三菱銀行はすでに東京銀行を合併していたので、残るは上位行の三和銀行と下位行の東海、あさひ、大和の三行の合わせて四行となった。これらの銀行も再編の波をかぶることは避けられないとは認識していたので、二〇〇〇年を通してそれぞれの将来を見据えていろいろな道を探っていたようであった。

二〇〇〇年一二月初めに、筆者は再び金融再生委員長に就任したが、明けて〇一年一月六日には行政組織の変更により、金融再生委員会が廃止され、金融庁と統合されたことに伴い（二〇〇〇年七月金融監督庁は大蔵省金融企画局と統合され、すでに金融庁に改組)、金融担当大臣に任命替えされ、名実ともに金融全般に責任を負う立場に立った。

そしてこの年の四月、残った四行のうちの三和銀行と東海銀行が東洋信託を加え、持株会社UFJホールディングスのもとでの経営統合を発表した。

この統合には、筆者は極めて個人的な感情のレベルであったが、東海銀行はこの統合によって東海の雄としての地位を失うのではないか、すでに九九年九月頃構想し、発表さえしていた東海、あさひ、大和の三行統合構想の方が規模のバランスから見ても良かったのではないか、との思いを拭えなかった。この思いは筆者独りのものではなかった。後年名古屋の中京大学で偶然会った、東海総合研究所理事長を務めた著名なエコノミスト水谷研治氏からも同じ趣旨の話を聞いた。

あさひ・大和統合の陰で

それはともかく再編がここまで進むと、都銀一〇行のうち残るはあさひ銀行と大和銀行となり、両行はUFJ銀行と同じ年(〇一年)の秋九月に統合を発表した。発表の直後であったか、かなり遅い時刻に両行頭取との面談の機会があった。和やかな会談であったが、何かをきっかけにして大和の頭取があさひの頭取に突然詰め寄った。初めは「この一日、二日大手の貸出先を訪ねて期限前の返済を求めたというがどうか」。あさひの頭取が言葉なくうなづくとすぐに「そんなことをするから、悪い風評が立つんだよ」と言葉を継いだ。大和の頭取がさらに強い言葉を重ねて

図表11　金融再編の進展

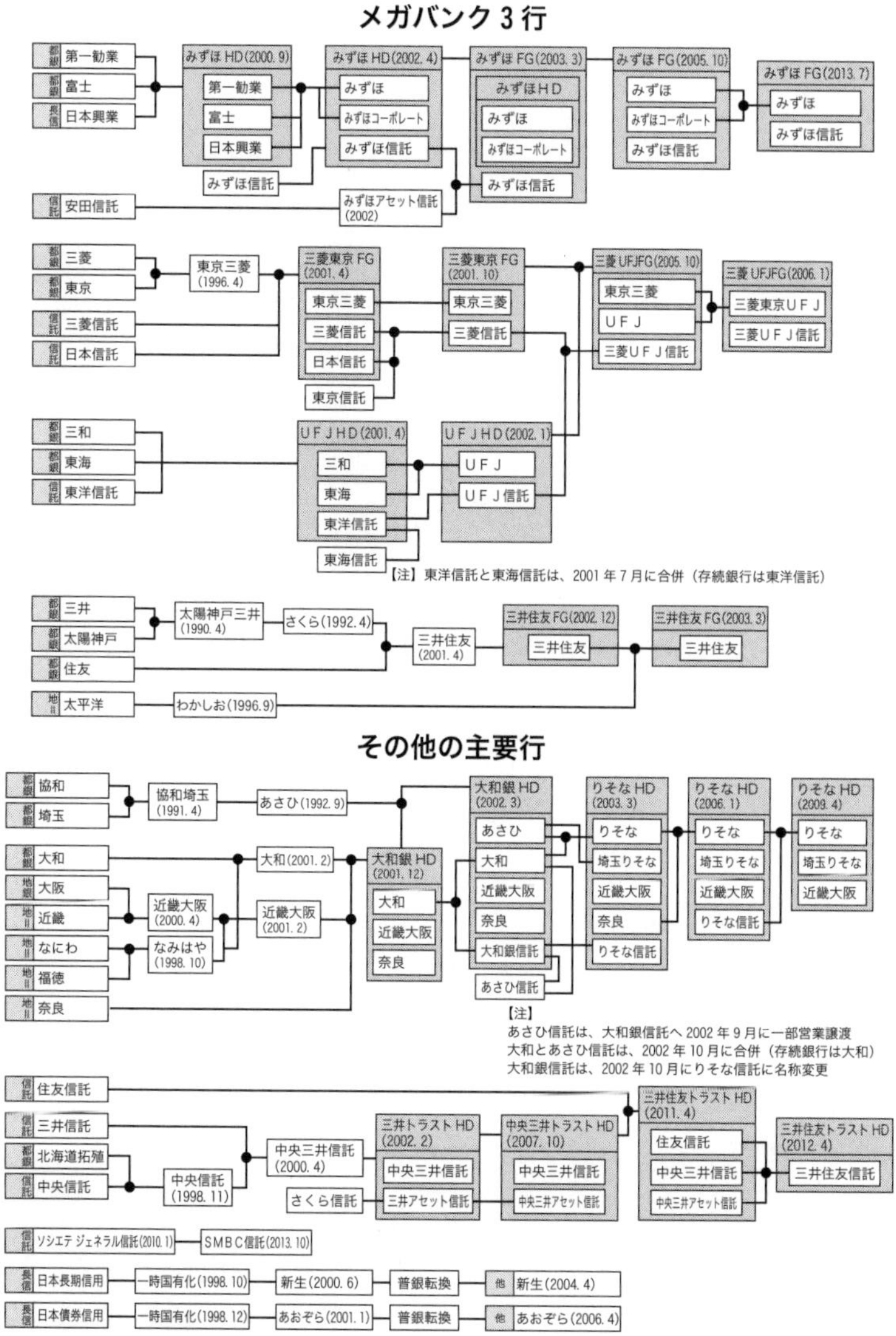

（出所）木下信行氏作成資料

いたが、筆者の方から「その話はまた改めて」と話を切ってもらい、面談を終えた。

それにしても筆者は大銀行といえども資金繰りに追い詰められることがあり、その時の対処方策の厳しさは金融危機の何たるかを示すものだと、改めて思いを新たにした。

最後に信託五行の再編について触れておきたい。九九年三月の資本増強時にはすでに中央信託と三井信託の統合が予定されており、三月八日の資本増強申請各行の個別面談には例外的に両行の頭取が二人並んで出席した。次に東洋信託が先に述べたとおり、〇一年四月三和が東海を持株会社のもとに経営統合した際、同じ持株会社のもとで統合に加わることになった。三菱信託は〇一年一〇月三菱東京フィナンシャルグループが持株会社として組成された際、東京三菱銀行とともに二社目の銀行として子会社となった。このようにして信託銀行五行のうち独立の銀行として残ったのは、中央三井および住友の二行のみとなっていた。

6　国際金融の世界で

わが国の金融は、戦後一貫して進められた対外取引の自由化の結果として、国際的な金融の世界と密接な関係のもとにある。今回の金融危機のなかでもわが国の金融機関に対しては、格付けや資金の調達金利へのプレミアム（上乗せ金利。「ジャパンプレミアム」）によって危機の度合いが国際金融の世界で事細かに評価された。

アトキンソン氏独自の推計

金融危機の初期段階では、不良債権の規模が関心を集めるなか、全国銀行協会などの業界団体や監督官庁から数字の発表が行われると、その都度メディアや民間のアナリストやエコノミストたちから「発表の数字は作為的に少額になっているのではないか」などと疑問を投げかけられることが多かった。

それらのなかで最も鋭く筆者たちに迫ってきたのは、ゴールドマン・サックスのアナリスト、デービッド・アトキンソン氏であった。

監督官庁などの不良債権の公表数字は、当然のことながら金融機関の債権一本ごとに貸出先債務者の履行状況や財務状況に応じて査定したうえで債権全体について集計したものであり、言わばミクロ的な手法により算出された数字である。

他方、彼は債権の査定を債務者企業の営業利益率によって行い、営業利益率が一定の率以下の債務者に対する債権は不良債権とするという言わばマクロ的手法を採る。

この手法により、一九九八年三月期の不良債権（「リスク管理債権」ベース）の規模について、金融機関および監督当局が三五・二兆円としたのに対して自分の推計では約一〇〇兆円になると、顧客向けリポートにおいて発表した。そして筆者らの悔しい思いをよそに、メディアや市場一般は、むしろ彼の数字の方が正しいのでないかとする評価のもとで共感と支持を示したのであった。

確かに政府側の数字と彼の数字とは、本来完全に一致することはないにせよ、その乖離が二・八倍も開いていては「誤差の範囲」などと説明することは難しい。結局その数字は政府に対しては、不良債権の数字の査定と公表の作業を強く牽制し、真正な数字を求めずにはおかない世論をさらに強める結果となった。

ポーゼン氏の誤認

いま一人は、米国ワシントンのピーターソン国際経済研究所のアダム・ポーゼン氏であった。日本経済研究の第一人者として日本のマスメディアにたびたび登場し、筆者らの政策に厳しいコメントを寄せた。

彼の議論のポイントは、不良債権問題は引当金では解決せず、債権を市場で売却して処理するほかなく、損失により資本不足になったときは、公的資金で資本を補強するとともに、経営者を退任させよというものであった。この主張の背後には、監督当局による検査がわが国においては厳正さを欠き、とかく情実によって動かされがちな慣行が改まっていないとの誤解があったものと思われた。

このため筆者は金融担当大臣退任後ではあったが、二〇〇三年七月たまたま来日したポーゼン氏と会食する機会があった折、米国の『インターナショナル・ファイナンス』六月号に筆者が寄稿した「わが金融行政の回顧（Japan's Financial Administration under My Watch）」を示しながら、金融検査マニュアル策定後の金融検査の実情を詳細に説明し、彼の誤認を正したものであった。

ワーズワース氏の友情

そんな厳しい国際金融の世界であったが、筆者にはいわゆるまさかのときの友がいたことは幸いであった。その友とは四半世紀前、政府保証開銀債の発行の際に知り合いとなったジャック・ワーズワース氏である。

彼は筆者が金融再生担当に任ぜられるとすぐに執務室を訪ね、就任を祝福してくれた。彼は知り合った頃はファーストボストンの一員であったが、その後間もなくしてモルガン・スタンレーに移り、一九八六年から五年間は日本に駐在していた。九一年には同社のアジア支社の会長となって香港に移っていたので、筆者を訪ねてくれたのはそこからというわけであった。

初回の訪問以後もしばしば執務室を訪ね、貴重な情報を伝えるとともに、筆者の質問に答えてくれた。不良債権のことを米国ではノンパフォーミングローンと呼ぶこと、株価時価総額の世界ランキングで日本の銀行の凋落ぶりが著しいこと、国際金融界での興銀の評価は高いこと、日本がETF（上場投資信託）の活用で他の先進国に比し後れを取っていることなど、様々なことを話題としてくれた。

しかし、彼が筆者の心を和ませてくれるのは、そのような技術的な話によってではなく彼の人柄の温かさゆえで、例えばこんなことであった。

当時の彼の仕事の話をしていたとき、彼の口からはベンチャーキャピタル、レバレッジドバイアウト、プライベートエクイティなどの言葉が次々飛び出し、筆者も相当に面食らって、つい「投資銀行家とはこの頃は一体何をしているのか」と質問をぶつけてしまった。すると同席していた彼の妻スージーが「それそれ、良い質問よ」とやんやのかっさいをして喜んだのだ。日頃眼が廻るように忙しい夫の仕事の内容を彼女も疑問に思っていたようなのだ。この一声で三人は大笑いになった。こんな話題で家庭内の意思疎通の不足が図らずもばれてしまったこと、そうならば筆者にも身に覚えがあることが三人ともにおかしかったのだ。もちろん、彼は一言で答えた。「顧客が何であれ、財務的な問題を抱えているとき、それを解決するのが投資銀行業務なのだ」

同様に筆者の心が温まったのは、この話からは少し時間が経った後のエピソードである。〇八年、米国の大手証券会社リーマン・ブラザーズの破綻を発端に米国も金融危機に見舞われることとなった。その頃ワーズワース氏はまだ日本との間を往き来していて、東京に来れば連絡をくれ、時間があれば食事をともにしていた。

筆者はこの時期には党内に臨時に組織されたリーマン危機対策委員会の委員長の職にあり、今次の米国の金融危機はどんな形でわが国に波及して来るか、また、波及の度合いはどの程度であるかなどについて議論を重ねていた。

こんな折、久しぶりにワーズワース氏が訪ねてくれた。そして筆者に対し意外な話をしたのだった。「今、米国で危機に取り組んでいるガイトナー財務長官と自分は友人である。そのために知っているのだが、日本の金融危機のときには、彼は東京の米国大使館の財務担当官をしていて、実はハクオのやっていることを逐一フォローしていた。そのとき勉強したことを参考にして彼は今自分の仕事に取り組んでいるのだ」。筆者は、「それはまったく知らなかったが、長官の勉強の材料となったとすれば、光栄なことだ。実はガイトナー長官には自分の二度目の大臣就任のとき、最初に表敬訪問を受けた。しかしその当時は副長官であったこともあったのか、今ジャックから聞いた話など何も出なかった」と述べて、二〇〇〇年一二月の経緯を伝えたものであった。

このように時々は、ワーズワース氏の温かい友情で息抜きができたものの、筆者たちの不良債権処理の仕事はやれどもやれども片付かず、厳しい国際金融界の声にさらされ、気の休まる刻《とき》とてなかったのであった。

「この男は日本を救えるか?」

そんな状況のなか、九九年五月八日、マニラで開催されたアジア開発銀行の総会から帰国した早稲田大学教授（元大蔵省財務官）榊原英資氏が、筆者の執務室に飛び込んできた。

「大臣、大変です。この雑誌がマニラ中のキオスクに山積みにされているんです」。なるほど『ASIA WEEK』という雑誌の表紙全面に筆者の顔写真が掲載され、「この男は日本を救えるか?」と赤い大文字のキャプション（説明文）が振ってあった。「大したもんです。大臣の仕事、これからも応援します」と言い残して彼は早々に去っていった。

翌六月の一四日には、今度は米国の『ビジネス・ウィーク』誌が筆者に〝アジアの星〟賞を与えると発表した。授賞理由では「柳澤には過去急進改革派をうかがわせる仕事はなかったが、金融改革の任に就くや一転〝虎〟になった」と書いてあった。授賞式にも招待するとのことであったが、授賞理由でも触れている合併等再編の検討を金融業界に求めている最中であったことから辞退させてもらった。

ワシントン訪問

金融再生の仕事に携わった期間を中心に出会った外国の官民の要人を語るに当たっては、筆者自身が外国へ出張し、現地で面談した人々にも触れなければならないであろう。

九九年九月筆者は、金融健全化法による主要銀行への資本増強も一段落し、国会も閉会したこともあって米国のワシントンとニューヨークへ出張した。ワシントンで最初に会ったのは、連邦準備制度理事会（ＦＲＢ）議長のアラン・グリーンスパン氏であった。

筆者がニューヨークで勤務していた当時には独立のシンクタンクを経営するエコノミストで、その名前はしばしば新聞紙上で眼にしたが、大蔵省事務所が何か事が起こった都度慣例的にコメントを求める言わば得意先ではなかったので、初めての面会であった。

面談では筆者の方から日本の状況を説明したいと思ったが、議長は当方にはあまり時間をくれることなく先方の方から質問があった。「不良債権問題が大きくなると、企業間信用が縮小するという現象が見られるようですが、日本の場合どうですか」というものであった。

議長にはちょうど二年後の二〇〇一年九月にもFRBを訪ねて面談をした。そのときにも彼は「不良債権の六月末の状況はどうでしたか。正常値に戻るのはいつになると見ていますか」と尋ねた。どこまでも自らの関心のみに終始する人だというのが筆者の印象であった。

FRBの後は、財務省に長官ローレンス・サマーズ氏を訪ねた。温かく迎えてもらったが、彼とは三度目の面会であった。言うまでもなく過去二回はいずれも日本での面会で、正確に言うと当時彼は副長官であった。

一度は、筆者が金融再生委員長に就任した直後で、東京・日比谷公園内の松本楼での昼食会の席に押し掛けるように訪ねてきた。二度目は筆者が執務室で事務局と打ち合わせをしているとき、風邪を引いて熱があるというのに床をはうようにして現れた。

その度に面会後は新聞記者から「アメリカが圧力をかけてきたのではないか」と尋ねられたが、彼は、不良債権の処理促進と金融機関への公的資金の積極的投入を確認するのみで、いずれも筆者らの進めようとしている政策の方向と軌を一にするものであった。

九九年七月二日、米国の独立記念日の直前に、サマーズ氏はルービン氏の後を継いで財務長官に昇任した。これを伝える日本の新聞で「サマーズ氏は就任に感激して涙した」との記事が筆者の眼に触れ、彼の飾らない人柄に感動したものであった。

財務省での面会では筆者から、長官就任への祝意を述べるとともに、三月末の不良債権処理、四月以降の金融機関再編の動きおよび長銀の譲渡先選考の現状について要点の説明を行った。帰国後彼から書簡をもらった。そこには「東京でもワシントンでも率直で隠し立てのない話し合いができた」と謝辞が述べられていて、筆者を安堵させた。

翌日はまず国際通貨基金（IMF）を訪ね、専務理事ミシェル・カムドシュ氏と面会した。カムドシュ氏は八七年から専務理事を務めており、大変なベテラン専務理事であった。とはいえ九七年にはアジア通貨危機が発生し、その解決のために悪戦苦闘を強いられていた。わが国の不良債権問題は、通貨危機までには至らなかったものの、問題の背景には類似の事象もあったことから、カムドシュ氏も無関心ではいられなかったであろう。

そのような状況のなかでの会見であったのだが、部屋に入り、眼を合わせるなり、彼は大変上機嫌で、ソファに腰を下ろす前から「これまではよかった。問題はこれからどうするかだ」とにこやかに話しかけてきた。筆者の方からは、四月以降生じている金融機関の再編の動きを説明し、会談を終えた。

次に面会したのは、証券取引委員会（SEC）委員長のアーサー・レビット氏であった。彼について事前の知識として与えられていたのは、公正で効率的な市場の実現を目指す厳しい委員長ということであった。しかし執務室の入り口で出迎えてくれた委員長の印象は、はるかに円満な人柄であるように思われた。それは、入り口から奥まで壁いっぱいに飾られた版画と思《おぼ》しき画のもたらす印象であったのかもしれなかった。

筆者が「このたくさんの絵は、委員長の趣味ですか」とソファの方に歩きながら質問すると、委員長は向き直って「これは実は妻の作品です。妻は昔から版画が好きで、かなり前から自分でも作るようになって、これは皆彼女の作品です」と説明してくれた。筆者は筆者で一言だけ触れた。「私の妻も版画の作家で、八九年に世界銀行の美術協会で作品展をやりました」。その後はしばらくお互いの版画への関心を話し合った。

筆者の方から両国の証券規制当局の間の協力関係についてもその強化の方策を持ち出したが、委員長の方からの発言は具体的な対応に触れることがないまま、会談は終わってしまった。

ワシントンでは、これらの要人との個別会談のほか、ナショナルプレスクラブでの記者会見およびワシントン・ポストとニューヨーク・タイムズとの個別のインタビューが行われた。

ニューヨークでの講演

次の訪問地はニューヨークであった。

そこでの最初の日程は「外交問題評議会（CFR）」での講演であった。国会議員になると間もなく、当時ハーバード大学のライシャワー研究所にいた若い日本人研究員水野時朗氏に言われたことを、思い出していた。「政治家になったのだから、将来ニューヨークのCFRとロンドンのチャタムハウス（王立国際問題研究所）の両方でスピーチするくらいになりなさいよ」というのが、彼からの助言とも激励ともつかぬ言葉であった。

ＣＦＲからは準備のためすでに一カ月も前から研究員の女性が来訪し、実にポイントを衝いた質問をしたり、講演会での留意事項について打ち合わせを済ませたりするという念の入れようで大いに感心させられた。

本番の講演では、わが国の金融危機とそれへの対応をできる限り国際的な環境とのつながりのなかで述べることに努めた。すなわちわが国の金融国会において再生法と並んで健全化法が成立したのは、アジア通貨危機がロシアやラテンアメリカまで広がり、そのなかで発生した米国の大手ヘッジファンドＬＴＣＭ破綻が米国の政策転換を招いたこととの影響が大きかったことを指摘した。また、わが国の金融の安定化は単にわが国だけの問題ではなく、金融の国際的な動揺の沈静化のためにも必要と考えており、それゆえにサマーズ米財務副長官が二度も来日し、筆者と面会したことを報告した。さらに、不良債権の処理と資本増強の結果、わが国の主要銀行のリスク管理債権の貸出金総残高に対する比率（六・四％）および自己資本比率（一一・九％）はともに米国の銀行と比較して遜色《そんしょく》のないものになったことを説明した。

なお、ニューヨークのＣＦＲと並んで、ロンドンのチャタムハウスでも是非講演の機会を得るようにとの助言については、二〇〇一年九月、再任の金融担当大臣としてロンドンを訪問する機会はあったが、このときにはＦＳＡ（金融サービス機構）での講演が予定され、チャタムハウスには立ち寄る時間さえなかった。しかしＦＳＡでの講演は、専門家を前にしたものだっただけに、これもまた筆者としてはわが国金融の現状を十二分に説明し、説明を説得力あるものにするために、最大の努力を傾けたのであった。

次はニューヨーク州銀行局を訪ねた。ここを訪ねる予定を入れるよう指示したのは筆者自身であった。国際儀礼のうえからは必ずしも必要でないであろうが、昔当地に勤務した経験からは、日本の銀行が現地法人の形にせよ、支店・事務所の形での進出にせよ、州の監督当局の手をわずらわせることが多いことを知っていたので、表敬訪問をしたのであった。当時局長が不在であったため、局長代行のエリザベス・マッコール氏が応対してくれた。

最後の面会先は、ニューヨーク連邦準備銀行総裁のウィリアム・マクドノー氏であった。しかし、総裁本人の乗った飛行機が遅れたため、その時間を使って筆者が連銀の隣のビルで働いていた当時に連銀を訪れたときの昔話に花を咲かせ、和気藹々《あいあい》の雰囲気のなかにようやく総裁が現れることになってしまった。

二人とも儀礼的な挨拶は一切どこかへ吹っ飛んでしまったうえに、総裁も筆者が日本でやっている金融安定化の努力は承知している様子で、「連銀が手伝えることがあったら、何でも連絡してくれ」など激励の言葉だけで残りの時間を使ってしまった。それでも総裁の好意は十分伝わってきたので筆者も心からの感謝を述べ、会見を終えた。

マクドノー総裁には〇一年九月ニューヨークを再訪したときにも、面会の機会を得たが、「外部の人たちはなかなか分かってくれないのが常であるが、必要とあらば説明に出掛けるので、いつでも呼んでくれ」とまた激励を受けた。やはり金融監督行政の現実への深い理解を持っている人だけに、筆者らが不良債権問題の解決に悪戦苦闘している際の精神的な支えにすらなってくれたものであった。

なおニューヨークにおいても現地マスメディアとの接触は不可欠であり、具体的にはCFRの講演後にも内外の会員向けの記者会見を行ったほか、『ウォール・ストリート・ジャーナル』紙との会見および『ビジネスウィーク』編集長への訪問懇談を行った。

帰国後筆者はしばらくして金融再生委員長を退任した。友人たちはさまざまな機会を作って筆者を慰労してくれた。その一つに、逗子のお宅の夕食会に招いてくれた東北公益文科大学副学長の大島美恵子氏の席があった。

彼女らは大任を終えた心境を是非一句にと言って色紙を差し出した。筆者は詩人の高橋睦郎氏が同席していることもあって次の一句を色紙に書いた。言うまでもなく芭蕉の「田一枚　植えて立ち去る　柳かな」の捩《もじ》りであったが、詩人はニコニコと「今までで一番良いよ」と座の雰囲気に合わせて評してくれた。

麦一粒　播いて立去る　柳かな

Ⅵ 金融担当大臣として

1　離任期間のアフターケア

一年二カ月ぶりの復帰

二〇〇〇年一二月、筆者は再び金融再生委員長に任命された。筆者が初めて金融再生委員会という臨時の行政組織の長に任ぜられ、ほぼ丸一年の在任の後退任してから、ちょうど一年二カ月が経っていた。

ただ金融再生委員会は、一カ月後の〇一年一月にはいわゆる橋本行革による省庁再編の一環として廃止される（したがって、事務局も消滅する）ことがすでに決定されており、筆者のポストは明示的にも「金融担当大臣」として金融再生に止まらず、金融全体に責任を持つことになることが予定されていた。

しかしながら、後に述べるとおり、破綻処理および資本増強の仕事の進捗状況も完了には程遠く、引き続き継続すると見られたことから、差し当たり再生委員の四名の方々には顧問として残ってもらい、これからも顧問会議を適時開催し、意見を聞ける体制を取ることを了承していただいた。

どこの大臣に就任する場合でも、就任早々に求められるのは、通常、一つに幹部職員への挨拶であり、二つには当該の役所詰めの記者たちとの会見である。筆者は、このときの幹部職員への挨拶では二つのことを述べた。

「自分は前回の任期の際には『改革者』呼ばわりされたが、私自身の心情はあくまで日本の金融の再興であった。今回もこんなレッテルに踊らされて、改革のための改革を行う気持ちなどまったく持っていない」「他方、わが国の金融を巡る状況は、決して安定したとは言い難く、なお様々な困難に直面している。その困難に取り組む場合、外国の例に学ぶことは重要であるが、それとともにわが国の実情を十分に分析把握し、問題をクリエイティブ（創造的）に解決することに努めてほしい」

そして記者会見ではまず記者の側から「ほぼ一年ぶりに金融行政の責任者に復帰したが、現状をどう認識しているか」が問われた。筆者の回答は「率直に言って今少し改善しているかと思っていたが、不良債権の残高はほとんど横ばいであり、引当金の残高もほとんど減っていない」というものであった。そうであれば、現状がそうである理由とその打開策が問われるのは、勢い当然のことであった。

筆者はこの質問に対しては概要次のとおり答えた。

「不良債権の推移については、一般的な経済状況の影響を受ける面と金融機関の側からの働きかけによる面の二つがある。九九年三月末以降経済状況は好転せず、この面から不良債権が減少する要因は残念ながら存在していない。他方、金融機関の側から働きかけようにも債権売却のマーケットの整備がわが国では遅れており、また往時のようにメインバンクが他の債権者を誘って債権放棄を取り仕切るような力を持っていることもない。したがって金融機関の側では、当面引当金を積んで経理上債権の価値の維持を図っているが、経済状況全体の悪化のなかで債権の減価が生じやすく、そうなれば引当金の積み増しが必要となる。これが主として引当金の積み上げによって対処している現在の不良債権の推移の根底にある事実だと考える」

産業行政との連携——三省庁連絡会

再任後は、当然このような事実に対して自らが決めた方針のもとに取り組まなければならないが、実際上はむしろその前にちょうど一年二カ月の筆者の離任中に生じた事柄について、行政の継続性を守る観点からその処理に当たらなければならなかった。

その一つは、個別の企業が経営不振に陥った際、その不振が当該企業固有の理由によるものか構造的なものかを判断するに当たって、金融面ばかりでなく、その企業が属する産業部門が全体としていかなる趨勢のもとにあるかについて業界の情報や情勢判断が得られる仕組みの整備である。

例えば、長銀の大口貸出先であった大手百貨店「そごう」が二〇〇〇年七月倒産したときには、筆者も党のなかにあっていかに対処すべきかの非公式協議に加わっていたが、その際、状況認識がもっと早くに通商産業省と共有されていれば、彼らとともに自己増資を促すなり、直接整理回収機構（RCC）に売却するなり、もっと的確に判断できたのではないかとの思いが、強く感じられたからであった。

もちろん資産判定においてRCCへ直接売却するにせよ、瑕疵担保責任により引き取るにせよ、財政負担が大きく変わるわけではなかったが、筆者は個人的に、適資産の判定後わずか一年足らずで貸出先企業の側から民事再生が申し立てられたことには、恥ずかしい思いを禁じ得なかった。

このような経験もあって筆者は再任後早速に、通商産業大臣平沼赳夫氏に必要に応じ状況判断の共有のための協力を求めることとした。閣議の後の立ち話であったが、即座に快諾してくれ、早速に事務次官広瀬勝貞氏を筆者の執務室に派遣してくれた。

広瀬氏に依頼の趣旨を説明すると、すぐに建設・不動産業を所管する国交省も加えることに話が進み、三省庁連絡会として設置することに意見が一致した。これにより、個別企業が問題化したときにその企業が属する産業部門全体の動向に関する情報を共有する仕組みが、整備されることになった。

信用保証制度運用者の苦悩

二つは当時、いわゆる金融機関の貸し渋り対策として取られた信用保証制度の運用に関する問題である。

経済情勢の好転が見込めないなかで金融機関の貸出態度が慎重になる一方、企業側の資金需要も強くないことから、金融の収縮が継続する状況に見舞われていた。世論は、このような状況の原因はひとえに金融機関側の貸出態度にあると見てそれを「貸し渋り」と名付け、その打開を政策当局に求めた。これに応じて動いたのが、日本銀行と通商産業省であった。

日銀は、金融機関が保有する国債等の金融資産を買い入れ、いわゆるベースマネーを供給することにより金融の量的緩和を実現する施策を推し進めた。

他方、通産省（具体的には中小企業庁）は、九八年一〇月に閣議決定された「中小企業貸し渋り対策大綱」にもとづき、当初には二〇〇〇年三月末までに二〇兆円、次いで〇一年三月末まではさらに一〇兆追加して合計三〇兆円枠をもって各地の保証協会に積極的な債務保証を促すことにより、中小企業等に対する金融機関の事業資金供給を円滑化させることとした。

しかしこの制度の実際の運用については、発足後一年足らずの時期から「事業継続の意志がない事業者にも融資の保証が行われている」とか「既往の融資の返済資金の融資にも保証が付けられている」などの批判が表面化してきた。

これに対して通産省事務当局は事態改善の動きを一切見せず、「貸し渋りの是正のためには必要な制度であり、運用も適切に行われている」との主張をまったく変えなかったと伝えられていた。

ただそんななかで、平沼大臣の態度は事務当局とは異なるものであった。融資に付けられた保証が実行され、代償として保証協会が取得する借入人に対する求償権が次々と積み上がっていく状況を正直に嘆き、「まったく嫌になっちゃうよ。そうだよな」と筆者に同意を求めたりしたものであった。

だから筆者の方もまた金融庁の事務方が「保証さえ付いていれば、融資先が倒産しようが、目的外に資金を使おうが、金融機関が損失を被ることはない。だから保証付きの融資については、金融機関が適切な審査をしたうえで融資を実行したかどうかは、金融庁として調べてはいない」と言い放つのを聞いたときには、平沼大臣の立場への配慮から、言い過ぎを戒めることもした。

先に経営的に困難に陥った企業についてその企業が属する産業部門全体のなかでの状況判断を的確に行うため、筆者が三省協議体制の整備を平沼大臣に持ち掛けたとき、大臣が即座に賛同してくれたことを述べたが、その背景には、平沼氏と筆者の二人の間には国難ともいうべき当時の状況を前にしてお互いを思い遣る気持ちが共有されていたように思われる。

追加破綻地銀の処理——資産判定手続の違い

三つ目は、第二地銀以下の比較的小規模な金融機関の破綻が生じた場合、金融整理管財人による管理を命じる処分に始まり、受皿金融機関への譲渡を終了するまでの経過において生じたいくつかの事柄である。

それらを時系列で述べるとまず、破綻先資産を受皿とRCCそれぞれに譲渡するに当たっての資産判定の手法の違いの問題があった。すなわち、一時国有化の場合の資産判定は、先に述べたとおり、金融再生委員会が全資産について独自の判定を行うのに対し、金融整理管財人による管理の場合は、まず受皿候補が決まり、資産査定はその候補と金融整理管財人との間の言わば交渉によって合意されたものが再生委員会において最終的に承認されるという仕組みとなっている。もちろん受皿候補においては破綻先の全資産をいわゆるデューデリジェンス（相当な注意をもって行う評価）にかける一方で、金融整理管財人の側も法律が定める職務上の責任のもとでこれに同意するという慎重な手続きが取られることになっている。それだけにその結果としての受皿と金融整理管財人との間の譲渡の合意に対しては、再生委では通常ほとんど深刻な議論もなく、極く円滑に承認が進むことになる。

筆者が金融再生委員長に再任され、ほどなくそのポストが金融担当大臣に変わった後に取り組むことになったのは、ほぼ一年前に自分自身が金融再生委員長として破綻認定を行った五つの第二地銀のうち幸福銀行以下の四行（最初の国民銀行については先任の大臣のもとで処理済み）についての資産の振り分け、評価およびこれらにもとづく譲渡に対して最終的な承認を行うことであった。

もとより金融再生員会は解散されていたので、改めて委員会のメンバーには顧問に就任してもらい、再生委当時と同様に意見を聞きながら会議の形で審議を進めた。ところがこれらの四行に対する審議が極めて円滑に進むことから、顧問のなかからは非公式発言ながら「この方式は良い。国有化した場合にもこの方式が取れなかったのか」との感想を漏らす向きもあったと聞かされた。

しかし一時国有化の場合は、わが国の金融システムの動揺を招く懸念があるために、資産判定を行うのはあくまでも株主たる国の行政組織（いわゆる三条委員会）としての金融再生委員会であり、譲渡先候補も、この行政による判定結果を前提として譲り受けの諾否だけを申し出ることができるとされている。一時国有化の場合と金融整理管財人による管理の場合とでは、破綻処理の法的枠組みにおいて事態の重大性に由来する大きな差異のあることが、改めて認識されるのであった。

韓国系および北朝鮮系信用組合の破綻処理

次は、韓国系および北朝鮮系の信用組合の破綻とその処理を巡る問題であった。

全信組中最大手の韓国系の関西興銀信組と同じく大手の東京商銀信組に対して、金融整理管財人による管理を命じる処分を行ったのは、筆者が金融再生委員長に再任された一〇日後の二〇〇〇年一二月一六日のことであった。

このうち関西興銀に対しては、信用組合の監督権限が都道府県から国（具体的には金融監督庁）に移管されてすぐに、九九年三月末基準での金融検査が行われた。検査の結果は債務超過の恐れありとのことであったため、財務状況の報告さらには自己資本の充実策の報告等が求められたが、同組合はあくまでも債務超過ではないとして報告の提出を拒んでいた。

筆者はそのような事態が続くなかで就任したのであったが、事務局からそれまでの経過について報告を受ける間に、同組合の会長李熙健《イヒゴン》氏は阪神淡路大震災の際には預金通帳の提示ができない被災者にも一定限度の払い戻しに応じたほどの義侠心の持ち主であるとの話を聞き、大いに心を揺さぶられたものであった。しかし経営者の人柄がどうであれ、客観的な検査結果にもとづき定められた償却・引当を適用すれば債務超過と認定されること、および検査結果の通知から三カ月余りが経過していたことから、職権で金融整理管財人による管理を命じる処分を行うこととした。

東京商銀の場合も、九九年三月末基準での検査以降累次にわたり報告の徴求を行っていたが、同組合はこれに応じることなく、突然破綻の恐れの申し出を行い、これに対し処分が行われた。なお同日には前記の韓国系二信組に加え、七つの北朝鮮系信組に対しても金融整理管財人による管理を命じる処分が行われた。これらの組合については、九九年五月すでに破綻が公表され、同時に受皿について適格性認定の申請も行われていたが、破綻処理の手続きに万全を期すとともに、その手続きの透明性を確保するため、受皿の適格性認定とはいったん切り離し、処分したものであった。

なお付け加えれば、その後筆者の任期（〇二年九月末まで）の間には、韓国系がさらに一〇組合、北朝鮮系の同じく八組合が破綻し、処理されたが、双方とも金融再生法の趣旨がそれまでの例によって学習され、理解が進んだ結果、手続きは最初の例のように円滑を欠くことなく進められた。またこの間、わが国固有の信用金庫および信用組合で破綻したのは六四団体に上った。

ブリッジバンク条項の活用

金融整理管財人による第二地銀の管理を命ずる処分は、前述のとおり筆者が最初に金融再生委員長に就任した時期に国民銀行以下五行に対して行われたが、筆者が離任していた期間には処分がなく、筆者が二度目の再生委員長さらに金融担当大臣を務める間に金沢市の石川銀行と静岡県の中部銀行の二行に対し銀行側からの申し出を受け、処分を行っている。

これら二行の破綻認定は、二行からの申し出を受けて行われていることから、手続きのうえで円滑を欠くものではなかった。しかし、石川銀は〇一年一二月、中部銀が〇二年三月と、いずれも破綻が〇二年四月一日のいわゆるペイオフ解禁日間近の時期であったため、これまでの再生法のもとでの破綻と同じように預金等の負債が全額保護されるように預金保険機構から資金援助を受けるためには、何らかの手立てを講じる必要が生じた。

銀行が破綻したままでは資金援助を受けることができないため、ペイオフの実施が延期されている間に（ペイオフ解禁日は当初〇一年四月一日であったものが〇二年四月一日までに延期されていた）健全な銀行に名乗りを上げてもらい、そこに譲渡される必要があるが、それがこの短い期間の間では望むべくもないからである。そこで救済方策として考え出されたのが、承継銀行の活用であった。

承継銀行の本来の目的は、破綻銀行の業務の継続（いわゆる借り手保護）であり、九八年八月政府が提出した金融安定化法の改正案では金融再生の切り札とされていた制度であったが、同改正案が廃案となり、代わりに議員立法された金融再生法では単なる予備的、補完的措置として辛うじて存置されていた制度にすぎないものであった。

それが石川、中部の二行の破綻処理の場合には、資金援助の受け手として実に貴重な役目を果すことになった。〇二年三月五日預金保険機構の子会社として「日本承継銀行」が設立されたうえ、石川、中部二行の営業譲渡が行われ、資金援助受け入れの体制が整えられたのであった。

2 不良債権の直接処理に踏み切る

構造的な不振部門が対象

筆者の金融再生の仕事への再任時における不良債権処理の全体的進捗状況については、記者会見で語ったように、経済の好転もなく、金融機関の側からの債権の売却や放棄の途も閉ざされているため、引当金の積み増しによる間接処理のみで苦境を凌《しの》いでいるのが実情であった。

このような事実認識にもとづき、筆者は今後の方針として、米連邦預金保険公社（ＦＤＩＣ）元総裁Ｗ・シードマン氏から以前熱心に勧められ、また当時サマーズ米財務長官の見解であるとも伝えられた不良債権の直接処理（金融機関のバランスシートから取り除く形となることから「オフバランス」という表現を取った）に踏み切ることを決断した。

筆者が二〇〇一年一月金融担当大臣に就任した際のいわゆる就任後記者会見の場を、この考え方を初めて発表する機会とし、それ以後国会の議論のなかでいろいろな面から質疑が行われ、それに対する答弁の形でオフバランスの考え方を詳しく説明した。

議論のなかで最も問題とされたのは、直接処理は債務者企業の資金繰り破綻を招き、当時直面していた経済の不況をより深刻化させるのではないかという点であった。これに対し筆者は次のように説明し、理解を求めた。

不良債権先の債務者企業の全事業あるいはその企業が携わる事業の特定の部門には、構造的に不振なものと一時の不況のために不振になっているものの二つがある。言うまでもなく直接処理の対象となるのは前者の構造的な不振部門であり、債務の形がプロジェクトファイナンス的で他の部分と独立の関係にあれば案件全体を統一的に処理するが、債務の形がコーポレートファイナンス的であれば、構造的な不振部門と一時的循環的な不振部門とを切り分け、前者のみを直接処理し、後者に対しては引き続き引当金による間接処理を継続する。

このように考えることは、不良債権処理に当たっての「国民負担最小の原則」からしても当然であるし、金融行政が経済全体を下押しするようなことはあってはならないことからも納得されよう。そしてこのような基本的考え方に立ってオフバランス化を進めるため、関係省庁との間で

「連絡会」を設け、具体的な促進策を検討し、成案を得ることとしたい旨を説明した。

直接処理の枠組み――オフバランス化

次に直接処理を進める枠組みの説明である。初めに定めるべきは、どのような不良債権をどのような時期にオフバランス化すると決定すべきかの言わばトリガーの問題である。これについては、筆者の提唱する考え方が〇一年四月六日の経済対策閣僚会議による「緊急経済対策」において、政府与党の方針として決定された。

そこでは、今後破綻懸念先以下に区分されるに至った債権は三年以内、また、すでに破綻懸念先以下に区分されているものは二年以内にそれぞれオフバランス化につながる措置を講ずべきものと決められた。同時にそこで、オフバランス化につながる措置すなわちオフバランス化の手法およびその手法を使いやすくするための促進策についても、次のとおり、まとめられた。

まずオフバランス化の手法は、法的な手法と、私的な手法とに大別される。

法的な手法は、既存の会社更生法と民事再生法を必要に応じ改正したうえ適用する。いずれも直接、間接に裁判所の関与のもとで進められる整理であり、その意味では、不良債権処理のために引当金に代えて取られる手法としてはかなり厳しいものとなる。もちろん両法のいずれかを適用すれば、対象債務はオフバランス化されるが、再建を考える企業にとっては、将来種々困難を伴うことになる。

私的な手法としては、大要次の三つの手法が掲げられ、それぞれについてその実施を容易化するための施策も合わせて提示された。

第一は、「債権の流動化」。金融機関の不良債権を第三者に売却することによるオフバランス化である。

これを容易化するための施策としては、整理回収機構（RCC）による健全銀行からの不良債権買い取り業務を引き続き行う等、RCCの機能を一層効果的に発揮させること、日本ローン債権市場協会（JSLA）に対し債権売買に関する契約書や取引方法等の標準化の早期実現を要請することおよび債権管理回収業者（サービサー）の取扱債権の範囲の拡大を図ることが定められた。なお、RCCの機能強化策として特筆すべきは、RCCの買取価格について、従来の損失回避（利益捻出）を第一義とするものから、損失を避けつつも債務者企業の再建に協力する趣旨の「時価（適正価格）」とすることに法改正が図られたことであった。

第二は、「債権放棄」。金融機関が不良債権を自ら放棄することによるオフバランス化である。

民間金融機関の債権放棄を容易化するための施策としては、公的金融機関も債権者間の負担が公正になることを前提に適切な対応を取ること、対象企業の再建を確実に実現させるために再建中の融資（DIPファイナンス）(*)に対し民間金融機関、公的金融機関とともに積極的に取り組むこ

＊Debtor in Possession（占有を継続する債務者）の略

と、対象企業の株主も金融機関の負担との均衡を図るため協力し、減資を行う場合には、その手続きを円滑に進めることおよび金融機関が行う債権放棄に関する税務上の取り扱いについては、既定の措置に加え、さらに一層の円滑化を図る措置を講じることを定めた。

第三は、「債務の株式化（デットエクイティスワップ、DES）」。債権放棄と引き換えに当該企業の株式を取得することによるオフバランス化である。

この手法の促進策としては、DESによって取得した株式について銀行法に定める事業会社の株式取得に関する上限（五％）規定の運用を弾力化すること、取得株式の流動化（売却）に関する時期の制限を短縮することおよび取得株式に対し税務上無税償却を認める等の優遇を図ることが定められた。

以上は、筆者が二度目の責任者として、不良債権問題に対して引当金方式による処理からオフバランス化による処理へと転換したことに伴うオフバランス化の手法と、その実施を促進する施策の概要である。

この転換については、先に述べたように経済状況に対して過大な下押し圧力を与えることになるのではないかとの懸念が示される一方、オフバランス化による破綻懸念先以下の不良債権の圧縮を既存分二年、新規発生分三年で処理するとの方針に対してはもっと迅速に処理すべきではないかとの批判がなされた。

しかしオフバランス化の手法についての説明から明らかなように、これらの手法を駆使して目標を実現するためには、多くの場合、複数の関係者の合意を取り付けることが必要であり、一人の債務者に対する不良債権の処理にもかなりの時間を要することは明らかである。そうであれば、何人もの債務者の不良債権の処理ルールとして緊急経済対策が示したスケジュール感は、あながち批判には当たらないと理解を求めたものであった。

私的整理のガイドラインのとりまとめを促す

またさらに先に説明したオフバランス化の私的な方法については、一人の債務者企業に対する債権が複数の金融機関によって保有されている場合（実際にはこのケースが多い）には、それぞれの金融機関がいかなる損失を分担するかについて合意を得るための手続きがあらかじめ共有されていることが必要となる。

金融危機以前は、いわゆるメインバンクが音頭を取って合意を作り出すことが慣例となっていた。すなわち、メインバンクとしてプロラタ（比例配分）を上回る負担を引き受け、調整の音頭取りを行ってきたのである。しかし、金融危機以後にはメインバンクといえども体力が弱り、従来の慣例を継続する余力を持つことがなくなってしまった。したがって私的整理の手法をいろいろと模索しても、私的整理が動き出す機運はほとんど見受けられない状況が続いていた。

この状況の打開策についていろいろと考えを巡らしていた〇一年の年初のある日、執務室で事務局のみで別件の打ち合わせをしていたところに、外出から帰った筆者が唐突に「私的整理を動かすためにパリ会議（被援助国の債務問題を協議する債権国会議）の手続きのなかに参考とすべきことはないか」と発言したところ、たまたま出席していたロンドン（駐英公使）から帰国したばかりの参事官浦西友義氏から「パリ会議より民間の融資を扱っているロンドン会議の方が適切かとも思われますので、ロンドンアプローチを調べてみます」と思いがけない言葉が返って来た。私的整理を進めるルールを定めようとする動きは、筆者の記憶では、この簡単な打ち合わせから始まったのであった。

先にも触れた四月の緊急経済対策には「私的整理に関し関係者間の共通認識を醸成し、私的整理を行うに至った場合の関係者間の調整手続き等をガイドラインとして取りまとめる」ことが明記され、これを受けて六月七日全銀協内に「私的整理に関するガイドライン研究会」が発足した。

メンバーは全銀協をはじめとする各業態の金融団体の代表、弁護士・公認会計士および学界の代表など一四名から成り、座長には破産法制の第一人者である高木新二郎氏（弁護士、独協大教授）が就任した。なお、金融庁など関係官庁からは、監督局長高木祥吉氏を筆頭に専門部署の木下信行氏以下職員たちがオブザーバーとして参加した。

審議は活発に進められ、九月一九日「私的整理に関するガイドライン」としてまとめられ、同日付けで適用が開始されることとなった。

私的整理の手順

ガイドラインで示された手順の概要は、次のとおりである。

①債務者の申し出　過剰な債務を負うが、事業を再構築すれば、再建可能な企業は、自らギリギリの自助努力をしたうえで再建計画案を作り、債権額が多い主要債権者（通常は複数の銀行）に対し「私的整理の申し出」を行う。

②一時停止　申し出を受けた主要債権者は、再建計画案の妥当性と実現可能性について検討・協議を行い、また、債務者に対し必要な再建計画案の修正を求めるなどにより、再建計画案が対象債権者の同意が得られる見込みありと判断されるときは、債務者、主要債権者連名で対象債権者に対し「一時停止」の通知を行うとともに、二週間以内の日を開催日とする第一回債権者会議を招集する。ここで一時停止とは、債務者が対象債権者に対して、私的整理進行中の個別の権利行使や債権保全措置などを停止してもらうこととされる。

③第一回債権者会議　一時停止後二週間以内に開催され、主要債権者のうちの一人が議長となり、債務者の説明、質疑応答のうえ意見交換が行われる。また必要に応じ、債権者委員会の設置やアドバイザー（専門家）の選任などが行われる。債権者委員会は第二回債権者会議に先立ち、アドバイザーの調査結果報告を聴取し、対象債権者全員にも通知する。この間債務者は、調査に協力するとともに、債権者説明会の開催のもとで、あるいは個別に、債権者の理解と賛同を得るよう努力する。

しかし第一回債権者会議で最も重要な議案は、いわゆる一時停止の期間について合意が取り付けられるかである。一時停止の期間は最長で三カ月とされるが、この三カ月の間には第二回会議で決められる再建計画に対する同意書提出期限が通常含まれるので、原則的には三カ月マイナス同意書提出期間が、一時停止の期間として合意される必要がある。

④第二回債権者会議　ここでは出席した対象債権者から再建計画案に対する意見表明が行われる。大方の意見表明が行われたところで、賛同の見込みが高い場合は、再建計画案に対する同意書の提出期限が議題となり、決定される。同意書は債務者に対し提出され、全員の同意により再建計画は成立し、その定めに従って債権の流動化、債権放棄、債務の株式化など各種の私的整理が行われる。

逆に第二回債権者会議において対象債権者の賛同が得られないことが明らかになった場合は、債権者会議議長は私的整理の終了を宣言し、手続きは終了することになる。

以上が私的整理ガイドラインであるが、この制度は実際にもかなり活用され、制度の目的である貸付金融機関の側での不良債権のオフバランス化と借り手企業の収益性ある事業部門の再活性化による再建に大いに寄与したとのことであった。

もちろん適用事例は公表されるものではないので正確には明らかではないが、手続きの過程でアドバイザーを務めた高木元委員長の回顧によると、アドバイザーを退任した〇三年五月までの間だけでも大型案件で五〇件程度の案件に適用され、代表例としては間組、日本冶金工業などを挙げることができるとされている。

3　生保不安

不安解消のため予定利率を引き下げるべきか

一九九〇年代に生じたバブル崩壊は、いわゆる金融機関に止まらず、実は生命保険会社の経営をも極めて厳しい局面に立たせた。

ことにわが国の生保市場では死亡保障市場の成熟化が著しく進み、これに対応するために保険商品の自由化や予定利率（利回り）の引き上げが促されるなかで、高利回りの貯蓄性商品が特にいわゆる中堅生保会社の間で競争的に増加することとなった。その結果、バブル崩壊後の金利低下のもとで逆ざやの発生や解約の増加が、それらの生保会社の経営を強く脅かすこととなった。

九七年の日産生命を皮切りに、その後も東邦、第百、千代田、協栄、東京と六つの中堅生保が相次いで破綻した。これらの会社のなかには筆者にとって、先輩が経営トップを担っていたところ、中学時代の親友が勤めていたところ、自分自身が総代を委嘱されたことのあるところなど馴染みの会社もあったが、最後の一社を除いてはいずれも筆者の大臣在任中でない時期の破綻であったため、心配をしつつ傍から見ているほかない案件として終わった。

しかし、〇一年一月金融担当大臣に就任すると、生命保険の監督も当然自らの所管事務となってくる。加えて筆者の前任の大臣であった相沢英之氏が、退任するや早々に予定利率引き下げ論の急先鋒に立たれたという事情もあった。

相沢氏にしてみれば、大臣就任前の二〇〇〇年三月、自ら自民党金融問題調査会長として生保破綻の際のセーフティネットである生命保険契約者保護機構に対し政府補助制度の導入を決定した手前、そのための支出をできるだけ避けるためにも主張せざるを得ない論点だったと思われる。このような経緯から、予定利率は待ったなしで取り組まなければならない問題になってしまった。ただ筆者は内心では相沢説に賛成ではなかった。当時はまだ預金は元本利息とも全額保護されていたので、それとのバランスを失することはできないと思われたことと、保険会社が契約条件を変更するなどというのはそもそも保険の本質に反すると思ったことが、賛成できない理由であった。

事務当局も与党の意見を聞くことはもとより、生保大手五社の意見を聞くなどして、その都度その内容を報告してきたが、取り扱いいかんによっては生保会社への信頼が全面的に損なわれかねない案件だけに、簡単には結論を見出せない状況に陥っていた。

その結果、当面の方針としては、金融審議会に専門の部会を設け、保険会社特に生保会社が抱える財務面、業務面、さらにはガバナンスやディスクロージャーの面などでの多くの問題について総合的な検討を行い、そのなかで必要に応じ予定利率の問題についても検討してもらうこととした。

ソルベンシー・マージン比率算定の厳格化

ところで生命保険行政には、右の金融審議会の専門部会に総合的検討を委ねた諸問題のほかに、より差し迫った課題があった。それは、決算上の有価証券の評価が〇二年三月期（〇一年度末）から時価評価に改められることが決定されていることに由来する。保有有価証券の評価が〇一年度末から変わるとなると、期中を通じて財務の健全性を確保するための指標であるソルベンシー・マージン（S／M）基準については、〇一年度がスタートする直前の〇一年三月末から前倒しで有価証券の評価を時価に変更しておく必要があったからである。

S／M比率とは、生命保険会社の財務状況が通常の予測を超えるリスク（通常の予測内のリスクは引当金で処理される）に対してどの程度の支払い余力（S／M）を有しているかを示す指標で、金融機関の自己資本比率に相当する。

具体的には、通常の予測を超えるリスクの算定は一定の仮定のもとで計算したリスク量であるが、これを分母とし、資本、基金、諸準備金などのそれらのリスクに対応することが可能なバッファー（S／M）を分子として、その比率を求める。

この比率が二〇〇％以上の場合は支払い余力が充実しているとされ、二〇〇％を下回り、〇％

以上の場合はそれぞれの比率に応じた早期是正措置が発動され、〇%未満になると業務の全部または一部の停止が命令されることになっている。

S/M比率についての〇一年三月末に向けての改正においては、まず分母について①価格変動リスクの算定の基礎を取得価格（現行）から時価評価額にすること、②価格変動リスクの算入対象を株式等に限る（現行）ことなく、債権にも拡大することとした。次に分子については、③有価証券の含み損益の算入対象を上場株式に限る（現行）ことなく、上場以外の一定の有価証券の時価評価額にも拡大すること、④配当準備金の算入額を現行の算定額の二分の一に縮減すること、および、⑤支払い余力の算定から除外する資本について保険会社間の持合い分に限る（現行）ことなく、連結対象の銀行等との持合い分にまで拡大すること、の五点にわたって算定上の厳格化が求められた。

なお、S/M基準改正に際しては、加えて、ディスクロージャーの対象である生保会社の財務諸表等の分かりにくさを補うため金融機関の業務純益に相当する新しい指標を創設することおよびS/M比率の当局への報告を毎年年度末だけでなく中間の九月期にも行うなどのオフサイトモニタリングの強化の措置も取られた。

生保不安解消のための制度改善

翻って生保会社が抱える予定利率の引き下げを含む問題について総合的な検討を委ねられた金

融審議会の第二部会は、〇一年三月一三日に第一回の会合を開き、以後三カ月余りの間に六回の審議を重ねた後、六月二六日部会としての中間報告を公表した。

この報告では、社員配当の下限の引き下げによる財務基盤の強化、責任準備金やS／Mの内訳の開示によるディスクロージャーの改善、多様な保険商品の開発促進による業務面の充実など、今後の対応の方向が示されたが、焦点の予定利率の引き下げについては、「国民・保険契約者の理解の上に社会的認知が十分に得られることが大前提である」との指摘がなされたうえに、そのため八月末を目途として広く一般からの意見を募集することが提案され、最終的な結論はそこに表明された意見を踏まえて得ることとされた。

九月に入り寄せられた意見を集約する作業が行われたが、意見が保険契約者、業界団体、生保各社その他の各層から出されていたことおよび意見の取り上げる事項が中間報告の示す全項目に及んでいたことから、生保会社が抱える問題に対する関心の高さを示す結果となった。

そのなかにあって予定利率の引き下げについては、最も多くの意見が寄せられたが、一般の保険契約者は大多数が生保会社の経営努力の不足を理由に反対を表明し、他方生保会社もほとんどの者が反対の意向を明らかにした結果、部会も大前提としていた「環境が整っている」状況にないとして見送りと結論づけた（予定利率引き下げ問題については、その後〇三年八月施行の改正保険業法により、保険業の継続が困難となる可能性が高い保険会社については、保険会社と保険契約者の自治的な手続きにより、契約条件の変更を可能とする枠組みが整備された）。

年が明けて〇二年一月には九回目の第二部会が開催され、改めて〇一年六月の中間報告を受けた総括的な答申が明らかにされた。

その概要を示すと、①財務基盤（内部留保）を強化するため、社員配当の下限を剰余金の八〇％から二〇％に引き下げること、②ディスクロージャーの充実のため、責任準備金について予定利率のレンジを含む詳細の開示およびS／Mについて分子、分母の内訳の開示を義務付けること、③多様な保険商品の開発を促進するため、企業向け商品のうち確定拠出年金など契約者保護のうえで問題のないものについて許可制を改め届出制に移行させることであった。これらの制度の整備は、いずれも内閣府令の改正の形で閣議決定のうえ実施された。

以上述べてきたような生保不安を解消するために必要とされた制度改善に加えて、筆者の任期中には個別案件の処理を求められる事案も二件生じた。

まず、相次いで破綻した中堅生保六社の最後となった〇一年三月の東京生命の破綻が、筆者の金融担当大臣在任中の事案となった。東京生命破綻の背景も基本的には他の中堅生保の場合と同じであるが、商品も個人年金保険の保険料一括払い加入者へのローンであり、販売提携先も古くから親密な関係を持つ大和銀行一行であったことから、スポンサー（受皿）企業も同業の大同生命および太陽生命が早期に名乗りを上げ、手続きも会社更生法更生特例法によることとなったので、〇一年一〇月ティ・アンド・ディ・フィナンシャル生命保険株式会社として営業を再開することができた。

朝日生命の危機克服

今一つの生保関係の問題は、五大生保の一角である朝日生命の動揺であった。朝日生命は、八二年七月に発足した自民党の総合政策研究所に研究員として伊藤信明氏を派遣してくれていたため、筆者にとっても心情的に親近感を持っていた生保会社であった。

その朝日生命は二〇〇〇年九月に東京海上、日動火災の二社と統合し、生損保融合のミレア保険グループとなることを公式に発表していた。朝日生命の社長藤田譲氏には、この年の年初以来の株価の不振も心配事として気に掛かっていたのかもしれない。しかしこの時点の合意には、東京海上社長樋口公啓氏、朝日生命藤田社長ともに銀行業界の再編のなかで保険業界としても一石を投じる時期だという、共通した思いがあったと思われる。そのことは、記者会見での「理念やビジョンで考えが一致した」という樋口氏の言葉に表れていると思われた。

しかし〇一年九月一一日の米国における同時多発テロを機に、わが国においても株価の大幅な下落が生じ、バブル崩壊後の益出し操作により保有株式の簿価が切り上がっていたり、特に多額に保有する親密先の銀行株が株価の急落に見舞われたりした結果、朝日生命の財務状況は理念主導の当初スケジュールによる合併を許さない緊急事態となったようであった。

このため藤田社長は早速、①〇二年一月デューデリジェンスによって「のれん代」を算定したうえで、同年三月に朝日生命から新規契約事業を東京海上の子会社へ事業譲渡を行う、②朝日の基金について東京海上、第一勧業銀行その他の拠出により積み増しを行う、③〇三年三月朝日と東京海上の子会社の合併を行う、この三点を内容とする言わば早期統合計画を東京海上に提案し、〇一年一一月一三日には東京海上、朝日の両社長がこの計画について、記者会見を行って公表した。ただ、この計画に対する市場の評価は厳しく、東京海上の株価は計画公表後急速に下落する動きを示した。

このような状況を受けて筆者の所管する金融庁では、計画の円滑な実現は困難との見通しのもとに、両社の将来の動きのシミュレーションを行った。計画の先送りを行う場合、計画が破談となる場合、朝日が破綻に追い込まれる場合など種々のケースを想定し、それぞれの場合に必要とされる対応策等の検討を内々に行った。そして、この検討結果にもとづいて行政側としても少しでも良い方向への結論を得るべく、東京海上側に対して働きかけを行ったとの報告を受けた。

しかし結局両社の合意は得られず、〇二年一月末には東京海上の新社長石原邦夫氏と朝日生命藤田社長の共同記者会見が行われ、早期統合計画は撤回されることが発表された。金融庁が想定したケースのなかでは破談であった。翌一日の新聞には、その会見で石原社長は「合理的経営判断」を強調し、藤田社長はその表情から無念さを隠さなかったと伝えられた。

この歴史的とも言うべき大手の生損保による融合の交渉が結局破談となったことについては、これまでに述べてきたとおり、米国における九・一一の同時多発テロ以後世界の株式市場全体で破局的な株価の下落が生じたこと、および両者の統合の前倒しが発表されて以後東京海上の株価が厳しい下落に見舞われたことの二つの大きな困難が行く手に立ちはだかったことは、客観的な事実である。

しかし他方、東京海上の前社長が交渉を始めるに当たって「理念・ビジョンの一致」を唱えたのに対して、新たに就任した社長が当初から「経済合理性を判断基準とする」との立場を鮮明にしたことに明らかなとおり、新旧指導者の気質の違いも背景にあったことは否定できまい。筆者自身も執務室で東京海上の石原社長と面談し、これまで事務当局が東京海上側に伝えてきた考え方は筆者自身の考え方でもあったことを改めて伝えてもいた。

その後朝日生命は懸念された破綻に陥ることなく、規模を縮小させつつも、生保会社として存続していることは、賞賛すべき粘り腰と言うべきであろう。

4　株価安定化対策

持ち合い解消と株価

生命保険会社を苦しめた株価の低迷は、特定の業界に止まらず、経済全体への下押し圧力として懸念される見方にまで広がり、二〇〇一年三月半ばには政府与党緊急経済対策本部が発足するまでに至った。初会合は、三月一五日総理官邸会議室で開催され、筆者も出席した。

ひととおり会議発足のセレモニー的な議事の後自由討議となると真先に、党政調会長亀井静香氏から「株価の低迷は放置できない。財政資金をもって買い支えを行うべきだ」との発言があった。筆者の立場からは亀井氏の発言は予想されたものであった。しかしそれに応じて財務大臣宮澤喜一氏から「亀井会長の意見はもっともである。自分としても協力したい」との発言があったのには驚いた。

筆者は「これでは、議論の大勢が決してしまうではないか」と思ったが、辛うじて「政調会長、財務大臣にご心配をかけて申し訳ない。ただ宮澤大臣にはできるだけご迷惑をかけないように考えていきたい」と述べただけで終わった。

二人の発言に対する筆者の受け止めは、かつてのいわゆる「四〇年不況」当時の日本共同証券等による株式買い上げの再現であり、そうであれば、それはあまりに時代錯誤であり、わが国経済に対する国際評価を大きく損なってしまうという懸念であった。

しかし議論が党内などで深まるにつれて、公的な枠組みにより買い入れる株式は、市場一般からの買い入れではなく、銀行が保有する株式を売却する場合の株式に限定されることになっていった。

わが国の銀行においては、米国のグラス・スティーガル法のような規制もなく、株式保有の制限は個々の企業の発行済み株式の五%以内とするという独占禁止法上の規制のみであったため、戦後一貫して資産保有の形態のなかで株式投資が融資に次いで高い比重を占めてきた。特に一九六〇年代後半以降、資本取引の自由化が進展するに伴い、外資による買収を防ぐ障壁として銀行に安定株主の役割を期待する企業の意向が強まり、これに応じる銀行による融資先企業への株式投資が進んだ。

また七〇年代以降には、堅調な株式市況を背景に企業によるエクイティファイナンスによる資金調達が盛んになったが、銀行は企業金融における融資の地位の低下を懸念し、融資先企業に対し融資代替的な株式投資を進めることになった。そしてこれらの株式投資はいずれも銀行と融資先企業の双方にとって利益となる行動であったため、その行動の結果は客観的には「株式の持ち合い」の形となった。

すなわち、戦後の経済成長のうえに、国の内外での経済取引の自由化の進展と国内経済のバブル化の勢いが加わり、銀行と一般企業の保有する株式は、両者が持ち合う形でかなりの規模の数量に積み上がったのである。

しかし九〇年代に入りバブルの崩壊が進行することにより、不良債権の増加と株価の下落傾向が顕著になるや、銀行などは一転して保有株式の処分を進めるようになり、それが株式市場全体の不振の大きな要因だとして批判の対象ともなり始めていたのである。

銀行保有株式の買い入れを巡る問題

そこでいよいよ金融庁が中心となり、公的な仕組みを組織することによって銀行が売却する株式を買い入れることの検討に入ったが、そこにはいくつかの問題があった。

第一に、なぜ銀行だけを特別扱いするのかについて大義名分を明らかにしなければならない。第二に、銀行が公的機構に対し株式を売却する場合にどの株を売るかの選択を公正に行わせるにはどうしたらよいか。第三は、どの株を売るかの選択を銀行の意志のみで決める場合と何らかの他律的な基準に従って決める場合とでは、売却価格にどのような差を設けることが公正であるか。

これらのうち第一の問題については、早速に銀行業界自身から、公的な株式買上機構によって株を買い上げてもらう必要性はまったくないので、その構想には反対である旨の意見の表明がなされた。

しかし、銀行にこのような特別の措置を講じるのは、銀行が現状あまりに多額の株式を保有しており、それ故に株式の価格変動により銀行の財務の健全性が脅かされると見られるからである。銀行に対しては早急に保有株式の削減を求める必要があるが、その減額については、株式市場への影響をできる限り過度にわたることのないように実現することが望まれる。この点に銀行の株式売却に対しては特別の措置を講じる必要があることを、金融庁として説明し、国民の理解を求めることとなった。

図表12　所有者別持株比率の推移と株式持ち合い

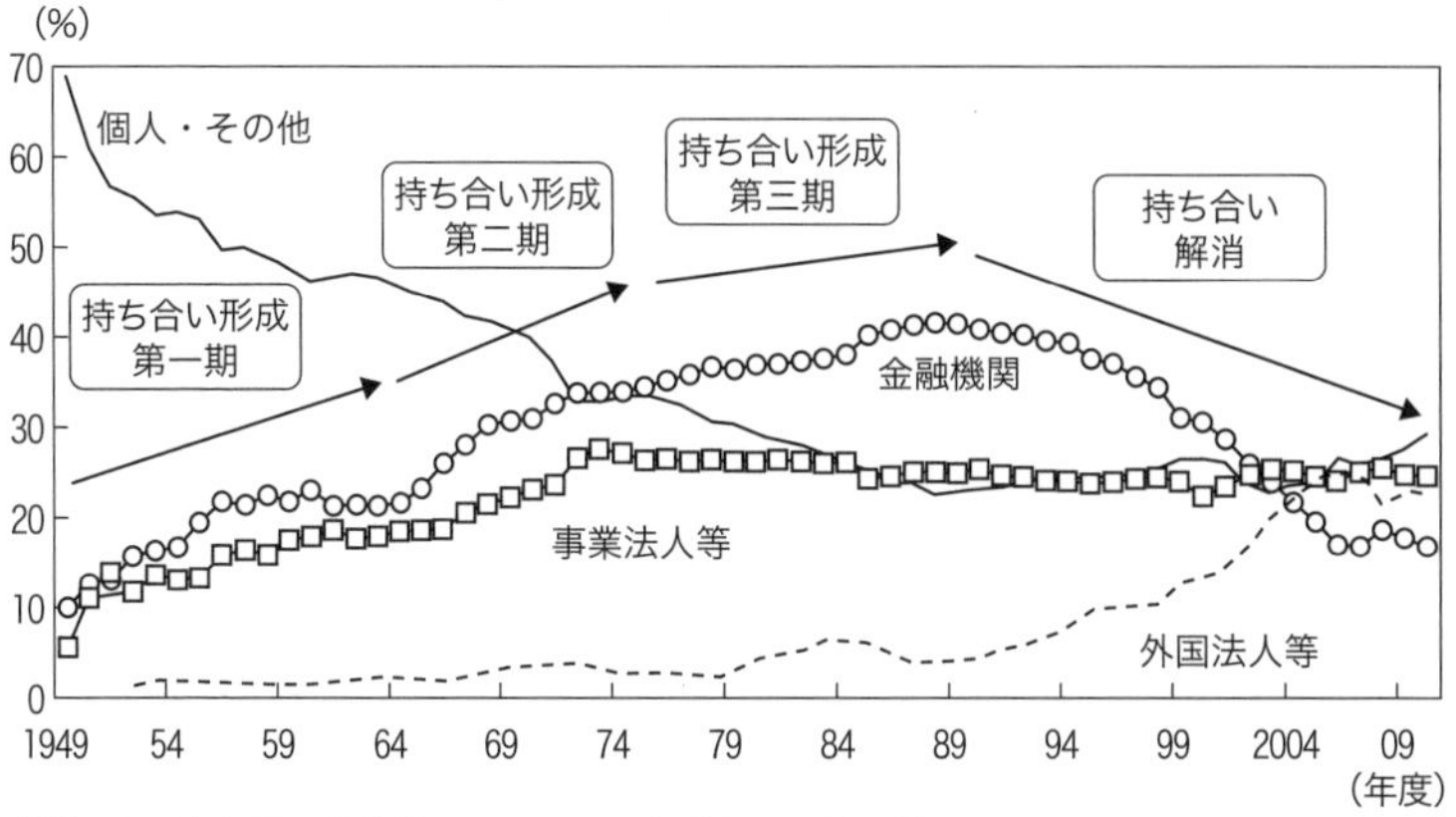

（注）1985年以降は単位数ベース、2001年度からは単元数ベース
金融機関は投資信託、年金信託を除く（1978年度以前は、年金信託を含む）
2004年度、2005年度はライブドアを除いている
2006年度以降は、ジャスダック上場会社分を含む
（出所）全国5証券取引所「株式分布状況調査」より大和総研作成
（出典）伊藤正晴「株式持ち合いの変遷と展望」『金融』2011年7月号、大和総研

第二の売却株の選択については、売り手である銀行の一方的な選択は制限的にしか認めないこととし、公的な枠組みとしてはＥＴＦ（上場投資信託）や投資信託を組成する方式を採ることにより、組成目的に沿った銘柄、数量の株式だけを買い入れの対象とすることとした。

ＥＴＦについては、前述のように筆者が金融再生委員長当時、友人の米国人投資銀行家から日本も取り入れた方がよいなどと説明を受けていたものであり、これを銀行保有株の買い上げに活用することについては筆者自身比較的早くから外部に発言していた。

また、ＥＴＦなどの商品は、一般的には特定個別の銘柄の株式より投資家の層が広がると考えられており、それだけ機構による保有期間が短縮されることもメリットであると説明することができた。加えて売り手の銀行による売却株の選択もまったく否定されているわけではなく、月一回程度定例的に銀行からの申し入れを受けて機構が市場動向を見て買い取りを決定するという特別な方式も定められた。

第三の問題は、言うまでもなく第二の問題と密接に絡んでいる。

すなわち、ETFなどの組成のためという原則的な買い取りの場合には、買取価格は時価そのものとなる。これに対し銀行の選択を基礎とする特別の買い取りの場合は、公的なセーフティネットの利用であることおよび買取資金が政府保証付きの民間資金であることを反映して、時価の八%に相当する機構への劣後拠出金が課されることとされた。

このように銀行と機構との間の取引価格については、銀行の選択を基礎とする特別な取引に一定の負担を課することによって原則的方式による取引との間の公正が図られることになると説明された。

銀行等保有株式取得機構の設立

ここまで述べてきたような検討のうえに、〇一年一〇月臨時国会に、銀行等保有株式取得機構のための法律が「銀行等の株式等の保有の制限に関する法律案」として提出された。この法律においては、前記の三つの検討事項とともに、銀行等保有株式取得機構の組織、業務の基本的事項について次のように定められた。

まず法律名に明らかなとおり、法律の目的は第一義的には銀行の保有株式の上限を規制することにあると規定された。銀行等保有株式取得機構の設立と活動は、この目的を市場のなかで円滑に実現するために必要とされるものと位置付けられた。また、本法の目的とされた銀行の株式保有上限については、具体的に自己資本と同額とするとの規定が置かれ、この規制を実現しなければならない期限は原則として三年後の〇四年九月末とするとされた。

次に銀行等保有株式取得機構の組織等の基本についての規定では、機構はこの法律にもとづき、銀行、長信銀、農林中央金庫および信金中央金庫を会員とし、これらの会員からの拠出によって設立される認可法人であるとされ、その存続期間は基本的に一〇年間とされた。

機構への会員の拠出は、優先拠出金と劣後拠出金とする。優先拠出金は機構の運営経費に充当するものであり、一〇〇億円を目途に全会員が拠出する。劣後拠出金は、会員が特別な方式により保有株を機構に売却する場合に売却額の八％分として拠出される。

機構の運営は、銀行界から選出された役職員により行う。機構への株式売却は任意とし、価格は時価とする。機構の買取期間は五年とする。機構が買い取る株式は、原則としてＥＴＦおよび投資信託の組成や発行会社による自社株買いに向けた銘柄とする。機構の買取資金は株式を売却した銀行からの借り入れにより賄われ、この借り入れには政府保証は付けられない。

また、銀行が選択した株式を機構に売却することも特別な方式として認められるが、買入れ対象の株式は投資適格の銘柄であることおよび機構が市場動向等から買入れを承認した銘柄であるとの条件が付される。加えてこの方式による場合の買取資金は、機構による民間からの借入金（当面二兆円を予定）で賄われるが、これには政府保証が付けられる。

なお、この法律案は〇一年一一月成立、翌〇二年一月施行され、機構も同月末に設立された。理事長には、全国銀行協会会長の山本恵朗氏（富士銀行頭取）が就任した。

しかし、株式取得機構による銀行保有株式の買い取りは、実際には銀行によってあまり活用されず、実績はほとんど上がることはなかった。特に理由とされたのは、機構が組成するＥＴＦや投信向けに売却する原則的取引の場合にも売却代金はそのまま機構の借り入れとされ、しかもその返済に保証も付かないこと、および銀行が選択した銘柄の売却の場合には機構への売却価格に八％の拠出金が課されることが忌避されたためとされた。なおこの課金は、機構が最終的に株式を売却して損失が生じた際に、その処理のために必要とされる財政負担をできるだけ少なくするために導入されていたものであった。

5　他業からの銀行業への参入および銀行等の信託兼営の拡大

ペイパルの訪問

二〇〇〇年九月末にはインターネットの利用者数は三四六八万人に達し、また銀行等のＡＴＭの台数が一二万台を数える状況になり、わが国社会の情報システム化にもかなりの進展が見られる状況になった。このような状況のなかで、そのシステムに銀行ビジネスの展開可能性を見出す者が現れるのは当然のことであった。

そのことは米国の事情を見ても明らかであり、米国はこの面でもわが国より何歩か先を進んでいた。わが国で「資金決済に関する法律」ができたのは〇九年六月であるが、米国で資金決済の専門会社である「ペイパル」が発足したのは九八年一二月であった。

筆者の友人水野純生氏が同社の創業者と知り合いであったので、創業からほぼ一〇年後の〇七年、彼らから「日本進出に関心があるので、日本の金融庁を紹介してほしい」と頼まれ、金融庁の担当官と引き合わせた。その時期がまさに担当官たちにとって資金決済法の立案作業の只中であったため、生きた参考情報源としてペイパルの訪問を歓迎してくれたのであった。

その意味でこの日米官民の出会いの仲介は、筆者にとって不愉快な思い出では決してなかったが、深く考えればかなりホロ苦い思い出ともなっている。

さかのぼって日本の現実では、二〇〇〇年八月、情報システム社会の進展のなかで生じた新しい事態は、異業種企業の銀行業への参入の動きであり、そのために金融庁では金融再生委員会事務局とともに、まず、「新たな形態の銀行業に対する基本的な考え方」をまとめ、そのもとに免許の申請に対する「免許審査」において確認すべき事項を明らかにするとともに、免許後の「監督」において留意する事項も公表した。この指針のもとに翌九月に与えられた免許の第一号は、さくら銀行、富士通、NTTドコモなどが提携したジャパンネット銀行であった。

異業種の銀行業への参入を認可

筆者が金融担当相に再任されて以降、異業種から参入する新しい形態の銀行として最初に免許を下ろしたのは、IYバンク銀行およびソニー銀行であった。

IYバンク銀行については、国内で最大の店舗数を誇るセブン－イレブン・グループが各店舗にATMを設置し、来客に対しATMによる決済サービスを提供することが会長鈴木敏文氏の率いるグループのビジネスとしていかに当然であるかは、誰しもが分かることだと思ったものだ。社長には、破綻した長銀の処理に当たってくれた安斎隆氏が請われて就任した。

IYバンク銀行と同日に免許を下ろしたのはソニー銀行であった。ソニー銀は、ジャパンネット銀やIY銀のように決済サービスの提供を主たる目的とするのではなく、もっぱらインターネットを活用する銀行ではあるが、サービスの内容は主に個人の資産運用管理とするとのことであった。設立母体はソニー、当時若く優れたリーダーとして評判の高かった出井伸之氏が社長であった。

ソニーについても筆者には忘れ難い思い出がある。遠く一九七五年、ニューヨーク市場で国債あるいは政府保証債を発行しようと東京からの本省幹部を案内して現地の投資銀行を回ったときに、「発行目的が外貨獲得にあるのなら、国債などよりソニーの社債の方が売りやすい」と聞かされたことである。すなわち、米国の投資家にとって当時魅力があったのは、日本国よりもソニーの方だと言われたのであった。そんなことを思い出しながら、筆者は出井氏に銀行免許状を交付した。

筆者が金融担当相在任中に免許を下ろした最後の銀行は、〇一年七月開業のイーバンク銀行である。ソニー銀行に次いで二番目のネット銀行であるが、主たる業務は決済サービスの提供であった。

信託業務への参入解禁

筆者が金融担当相に再任されて間もなく新銀行の認可とともに直面したのは、銀行、長信銀および農林中金本体での信託業務の解禁の問題であった。

わが国では戦後長く銀行等が信託業務を兼営することは、信託業務を主業とする銀行との間の店舗数の格差の観点から禁止されてきた（その例外は大和銀行のみであった）。しかし当時はすでに店舗の量的規制は撤廃されており、また、ＡＴＭ等については届け出により機動的な設置が可能となっているほか、インターネットを通じた金融取引の進展ぶりを見れば、店舗数の重要性は相当低くなっていると考えられる。

特別目的会社（ＳＰＣ）等の集団投資スキームや確定拠出年金のビークル等として、今後ますます信託機能の活用が見込まれることから、その担い手を拡大するとともに、この分野の競争を促進することが望ましいと考えられる。

このような状況認識にもとづき、都市銀行等の銀行、長信銀および農林中金の本体での信託業務への参入を認めることとしたものである。

ただし、不動産関連業務や遺言執行業務については、宅地建物取引仲介業者等それを専門に営む者が数多く存在することから一般的には参入を認めないこととし、処分型不動産信託のみは、ＳＰＣ法や投資信託法のもとで今後の活用を見込んで参入を認めたのであった。

6 証券市場活性化

貯蓄から投資へ

筆者は、ペイオフ解禁の問題を考えていたとき、日本人は貯蓄を預金の形で持つことが多過ぎるのではないか、貯蓄の一部をもっと投資に振り向けることを考えてもよいのではないかと真剣に思うようになっていた。そしてそんな思いが九九年八月頃の新聞取材における「これからは『貯蓄から投資へ』の時代ではないか」との発言につながっていった。

当時筆者の心にあったのは、学生時代の親友のことであった。彼は、貧乏学生の筆者と異なり、アルバイトもせず、東京の中央線沿線にあった賄い付きの下宿で悠々と生活していた。親友の誼《よしみ》で、あるとき身上を尋ねると、彼は早くに父を失ったが、父が遺してくれた生前の勤め先だった製鉄会社の株の配当のお陰で郷里にいる母親と妹さん共々あまり苦労せずに暮らしているとのことであった。

彼のこの話から思ったことは、筆者たちが耳にし、眼にしてきた戦後わが国の株式市場は、とかく短期保有株式の売買を行い、そこで生じる損得ばかりを問題にしがちであったが、それは偏っているのではないか。本来の株式投資は、筆者の親友の場合のように、長期の保有によって対象企業の成長が生み出す配当に着目したものではないかということであった。

そしてこのような考え方に立つ投資が多く行われるようになれば、わが国の個人の金融資産においても投資の比率が今少し高まることになるはずだと考えたのであった。

このような問題意識を抱えていた筆者に、新しくIMFの専務理事に就任したホルスト・ケーラー氏から面談の申し込みが入った。ドイツ連邦財務省の事務次官を務め、欧州復興開発銀行（EBRD）の総裁を経てIMFの専務理事に就任された経歴も事務局からすぐに教えられた。

筆者は面談を控えた準備資料として、ドイツ国民の貯蓄について東西ドイツ統一以降の預金、株式などの形態別の比率の推移表も用意してもらっていた。興味深いことに推移表は、ドイツ国民の貯蓄形態が最近になって劇的と言っていいほどに変化していることを示していた。これはまさに格好の話題になると期待できた。

面談は〇一年一月に行われた。筆者は早速この問題を話題に供した。

「ご出身国ドイツも昔は、国民の金融資産の形態としては預金の比重が高かったが、最近でははっきりと証券投資の割合が増えている。何か特別な政策努力があったのだろうか」

彼の答えは明快であった。

「元来ドイツ国民も保守的であり、元本保証のある預金を好んでいた。私自身はそのような国民の気質は改めなければならないと考え、その機会を狙っていた。幸運なことにその機会は早く来た。九六年のドイツテレコムの民営化がそれであった。このとき、われわれ政府は、ドイツテレコムの株式を『国民の株』としてドイツポストの窓口から国民の応募を求め、国民に対し投資への啓発活動を行った。この政府の活動の効果は確かにあったと思う。現にそのとき以来、ドイツ国民の株式投資形態での貯蓄の比率は昔に比べめっきり上がっている」と会心の笑みを浮かべた。

彼の話を聞いた後には、当然わが国のNTT株公開時のことを思い出さないわけにはいかなかった。情けない、残念な思い出だった。

当時日本の要路の人々がひたすら考えたのは、わが国が久方ぶりに恵まれた財源としてだけであったので、NTT株を後日値下がりして国民の批判を招かないギリギリの高値で売りさばくことであった。それによって得た貴重な財源は、あるいは積み上げ過ぎた国債の返還に充て、あるいは景気対策という目先の需要を賄うために費消してしまった。文字どおりの「貧すれば鈍する」の歴史的事例となってしまったのであった。

Jリート導入で投資機会を創出

Jリートの導入を促す声を聞いたのは、かなり早い時期であった。

筆者が金融再生委員長として大手銀行への公的資金による資本注入を終え、株式市場も一応の落ち着きを取り戻した頃から、米国の金融市場に詳しい塩崎恭久氏など党内の同僚議員から頻りとわが国も米国にならって不動産投資信託（ＲＥＩＴ）を導入すべきだとの意見を聞かされるようになった。他方、民間の不動産業界からも岩沙弘道社長率いる三井不動産を中心に、リートに関する調査の成果が筆者の手元に寄せられるようになっていた。

不動産の証券化を要望するこのような状況に促されて、当時まだ金融制度の企画立案の権限をもっていた大蔵省（現・財務省）は、諮問機関である金融制度調査会の審議を経た後、二〇〇〇年四月わが国のリート（「Ｊ‐リート」と呼称される）の基本法とも言うべき「投資信託及び投資法人に関する法律（成立後の名称。提案時の名称とは異なる。略称は「投信法」）案」を国会に提出、五月に成立させた。

ところで、不動産の証券化による投資信託制度が成立、実施されるためには、次の五つの基本的要件が具備されていることが求められるとされる。

(1)証券化の対象資産が当該資産の現保有者の倒産から完全に隔離されていることおよび投資法人の倒産を防止すること

(2)投資法人に法人税が課税され、課税後の利益の配当に再び課税されることになれば、投資家にとって二重課税となるので、これを回避すること

(3)投資家が一定以上の損失を被らないよう信用補完を行っておくこと

(4)投資家の収益性と換金性を確保するため、証券に流動性を付与すること

(5)投資家の投資判断のために必要かつ十分な情報を与えること

これらの必須要件に対し投信法をはじめとする新たな制度については、次のような規制を設けることにより、要件を満足させ得るものと解された。

(1)の倒産隔離については、証券化対象資産が現保有者から真正に売買されていることから、確保されること

(2)の投資家への二重課税の回避については、租税特別措置法六七条の一四の規定により、投資法人が投資家への配当を損金算入できるとしたことにより、導管要件(*)を充足することから、確保されること

(3)の投資家のためのリスク制御については、証券の商品設計のうえで必要な仕組みを盛り込むこと、また、第三者による保険・保証を手当することにより、確保されること

(4)の流動性の付与については、証券の商品設計のうえで保有口数の制限など必要な仕組みを盛り込むこと、また、取引可能な市場を整備（既設の市場に上場）することにより確保されること

(5)の投資家への情報開示については、投資主を対象としては投信法において、また、一般投資家を対象としては金融商品取引法において規定することによりそれぞれ確保されること

＊導管要件とは、法人課税を回避し、配当課税等との二重課税を回避できるようにする条件をいう。

以上が規制の概要である。

投信法は二〇〇〇年一一月に施行となり、翌年三月には、投資法人の認可が始まるとともに、東京証券取引所において不動産投資信託（Jリート）の市場が開設された。そして同年九月には二つの投資法人が上場され、わが国における不動産の証券化および証券化対象不動産と投資家をつなぐ投資法人の制度の発足が見られたのである。

これにより、国民の金融資産のために新たな投資機会が創出されるとともに、日本企業が不動産に固定された経営資源を流動化できることとなり、それによって得た資金を自らの体質改善や戦略投資に差し向けることが可能となったのである。

証券取引所の改革――夜間取引、株式会社化

証券市場の活性化のために次に議論の俎上に上がったのは取引所のあり方であり、具体的にはまず夜間取引市場の導入であった。夜間取引時間の拡大は、投資家の利便性を向上させることで株式市場の活性化をもたらすのは誰もが容易に想像できることと考えられた。

ところが夜間取引に積極的であったのは一部の証券会社に止まっていたので、二〇〇〇年一一月大蔵省（現・財務省）は「私的取引システム（PTS）の開設等に係る指針」を公示し、この指針にもとづき、〇一年一月から夜間にも取引サービスを提供する証券会社等のPTS業務に対し新たな認可を下ろし、取引も開始されることとなった。

この指針には、PTSにおける売買価格決定方法として「顧客注文対当方式」と「売買気配提示方式」が新たに示されていた。ただ証券会社のなかには、PTSに該当しない従来方式による上場株式等の取引所外取引において夜間取引を行うものも依然存在していた。

他方、東京証券取引所においても夜間取引市場の導入について多角的に検討が進められていた。しかし同取引所の議決機関を構成する会員の間で投資家ニーズの多寡に関して見方が分かれた結果、導入は時期尚早との結論になってしまった。この結論に対しては、大蔵省としてもまったく不本意であったため、東証に対しより前向きな結論を得るべくさらなる検討を要請した。

証券取引所については、夜間取引の導入のみならず、そもそもの会員制から株式会社制への転換についても、この時期政府の方が取引所よりも前向きであった。株式会社化を可能にする法案は、先に述べたJ-リートの基本を定めた投信法と同一の法案の形で二〇〇〇年四月に国会に提出され、五月に成立、一一月に施行されている。このように条件がすでに整えられたにもかかわらず、東証が株式会社化されたのは法施行一年後の〇一年一一月であった。もっとも大阪証券取引所の方は、東証より半年前の四月に株式会社化を先行実現していた。

社長には、東証では前理事長で大蔵省入省の頃から知り合いであった土田正顕氏（大蔵省出身）が就任した。土田氏は初の取締役会後の記者会見で、「公共性の発揮なくして投資家の信頼はなく、投資家の信頼なくして収益の向上もない」と述べたと伝えられた。筆者は、いかにも土田氏らしい正論だなとの感想を持った。土田氏に対しては、株式会社の設立認可状を筆者から交付するというセレモニーもあった。

大証の社長も会員制時代の前理事長・巽悟朗氏が横滑りしており、この点東証と同じであった。しかし大証の取締役にはアサヒビール前会長の樋口廣太郎氏（もっとも会員制時代にも会長ではあった）、元経済企画庁長官の堺屋太一氏、米ナスダック・インターナショナル会長のジョン・ヒリー氏ら著名人の名前が並び、株式会社形態のもとで積極経営をとの意気込みが感じられた。

大証の役員に名を連ねたヒリー氏が六月、筆者の執務室に現れた。ナスダックはアップル、アマゾン、グーグルなど新興のＩＴ企業を上場させている取引所として昇り調子を誇っていた時期であった。新しい取引所ができても、いつも東証一部を頂点とする階層の下の方にしか位置付けられない日本の取引所のあり方を思い浮かべて、率直に尋ねてみた。

「アップルなどがニューヨーク証券取引所に移ることはないのか」

すぐに返答があった。

「そんなことは考えられない。彼らはわれわれの取引所で必要な資金を十分に調達しているし、その他のわれわれのサービスにも満足している。われわれは彼らとともに発展していくのだ。彼らの成功を見れば、世界の有望な企業はこれからわれわれの取引所に上場しようということになるだろう」

当然のことながら意気軒高であった。話を聞きながら、ナスダックを取り込んだ大証がナスダック同様東証第一部の首位の座を脅かすような奮闘ぶりを見せてくれると良いのだがとの思いが、心を過った。

証券税制の改革――目を見張った異例の措置

証券市場の構造改革という政策課題については、様々な議論が行われ、種々の措置が講じられたが、そのなかで最も重要視されていたのは個人の証券投資の促進であり、そのための税制面からの施策であった。

この観点から当時取られた措置は、〇一年四月に「政府与党緊急経済対策本部」において決定された「緊急経済対策」を受け六月に行われた租税特別措置法改正であった。この改正においては、一年超の長期保有株の譲渡益について一〇〇万円までを非課税とする優遇措置が講じられた。

この優遇は〇三年末までに売却した場合に与えられると決められていることから、購入は〇二年の年末までに行われなければならないことになる。したがって法律改正が行われた〇一年六月の時点からすれば、そこから一年半の間に株式の取得と売却を行い、その投資から売却益（譲渡益）が得られた場合、一〇〇万円までは非課税となるということになる。

この税制を決めた森喜朗内閣に代わり小泉純一郎内閣になると、〇一年一一月には再び株式の譲渡益課税について改正が行われた。このときの改正では、

(1)株式の譲渡益課税について、〇三年一月から源泉分離課税の方式を廃止し、申告分離方式に一本化するとともに、その税率を原則として従来の二六％から二〇％に引き下げることとす

る。ただし税率について、譲渡される株式が長期保有されたものである場合には、三年間に限り、二〇％ではなく、一〇％とする。

(2)譲渡損失について、発生の年以降三年間にわたり繰越控除を行うことを認めるものとする。

(3)長期保有株式の譲渡益を一〇〇万円まで非課税とするとの〇一年六月に決定した措置の期限を、〇三年末から〇五年末まで二年間延長することとする。この改正により譲渡益一〇〇万円非課税の優遇を受けられる株式の購入期限も二年間延長され、〇四年末となった。

これらの改正に加えてさらに、

(4)緊急異例の措置として、〇一年一一月三〇日から〇二年の年末までに新規に購入した、購入金額一〇〇〇万円までの上場株式をそのまま保有し、〇五年一月から〇七年末までに売却した場合は、売却益を非課税とすることとされた。

これらの税制改正の背景には、小泉首相の登場以後も株価（日経平均）が一貫して下がり基調にあり、そこから脱し得なかったことがあった。しかしそれにしても、税制改正のなかの(4)緊急異例の措置の内容を聞いたときには、筆者は「塩川（財務）大臣はさすがに直截簡明な大阪人だなあ」と思ったものであった。

7　創造的行政の追求

英蘭銀行総裁の言葉

筆者は、再任から一年足らずで金融担当大臣を務めた後の九月の初め、英国に出張旅行に出た。日本にも金融庁（英訳名FSA）ができたこともあり、先輩格の英国FSA（金融サービス機構）を訪問しておきたいと考えたからである。その出張では、英国の後米国を再訪し、ワシントンおよびニューヨークを訪ねたが、今度は英国を中心に考えていたわけである。

まずFSAにハワード・デービス理事長を訪ねた。デービス氏とは筆者が一度再生委員長を離れた間に彼が来日し、東京の英国大使館でFSA設立に関する講演をした際、顔を合わせていたので、二度目の面会であった。FSAは政府の役所とはいえ、英国の民間銀行が自主的に協力して設立した組織でもあるということで、民間が拠出している資金についても説明を受け、英国のサッチャー政権で生まれた「AGENCY」の何たるかを改めて説明してもらった思いがした。

FSAの後には英蘭（イングランド）銀行を訪ねた。シティにある建物にはこれまで何度も訪問しているが、総裁を訪ねたのは初めてであった。古い英蘭銀行の建築のなかでもいかにも格式の高い総裁室に通されエドワード・ジョージ総裁と面談した。冒頭、筆者がFSAを先に訪ねているのを承知している総裁から、「デービス理事長もつい先頃までここにいたんですよ。最近会うと彼の頭髪が随分後退しているので聞くと、『やはりFSAに移った後、水が合わないのかことの外進んでしまった』と嘆いていた」とジョークを飛ばし、筆者の気持ちを和らげてくれた。

しかし話し合いに入ると、筆者が日本で進めている行政についても十分情報を得ている様子で、「われわれの長い経験では」と前置きをしたうえで「マクロの金融政策とミクロの銀行監督の間には常に緊張関係がある。そしてマクロ金融政策を効果的に運営していくためには、ミクロの銀行監督では過度の厳しさを抑えることが必要だ」と述べ、われわれ金融行政に携わる者にとって最も悩ましい問題に触れてきた。前に記したとおり、ブレア政権になって公定歩合の決定権まで任されたイングランド銀行の実績の重みがあってこその発言であると思った。

マクロ金融政策とミクロの金融安定化政策の関係については、日銀総裁と筆者の間にも後に触れるように若干の経緯があった。そのときには日銀総裁から、マクロの金融政策ではできる限り努力をしているので、その効果がもっと現れるように、個別の金融機関がもっと不良債権処理を進めるようにしてほしいと求められた。

しかし筆者としては、ミクロの金融政策ではやるべきことは十分やっており、企業からの資金需要の増大を図ることはむしろマクロ政策の責任ではないかと思ったものであった。

このように両者の意見はまったくのすれ違いであり、ジョージ総裁のむしろミクロ政策を緩めるべしとする意見に何らかの解決のヒントを求めようにもその余地は見出せないと思った。

この議論のもう一つの側面について言及すれば、筆者は当時金融安定化対策には責任を持っていたが、マクロ政策には何の権限も有してはいなかった。そのような筆者の立場からすると、ジョージ総裁の言葉は、双方に権限を持っていて初めて言い得る言葉ではないかとの思いがしたのであった。

その考えに立つと、この問題に正解を得るためには、政府のなかにも、日銀とは別に、マクロの経済政策とミクロの安定化施策の双方について一元的に責任と権限を持つ組織が必要となるのではないかと考えた。そしてその意味では、橋本行革以前の旧大蔵省の体制の復活こそが必須なのではないかとも思ったものであった。

マイカル破綻をどう見たか

英国からの帰国後、九月一四日に、大阪の大手スーパー、マイカルが破綻。筆者はまた個別の不良債権問題に向き合うことになった。

マイカルは、六月に格付け会社から社債の格付けをトリプルBマイナスから一度に三ノッチも下げられ、シングルBプラスにされたこと、また、七月にかねて過大と見られていた有利子負債を資産の売却によって減額しようとしていた計画が未達に終わったことが明らかになったことの二つから、資金繰りが急速に悪化し、最終的には裁判所に民事再生を申し出るに至ったということであった。

この事案が明るみに出ると、マイカルが全国四位のスーパーだっただけに、メディアや国会の眼は一斉に銀行と金融庁に注がれ、事前の評価や備えは適切であったのかが問われることになった。八月に開会された臨時国会もすでに閉会していたが、九月二一日急遽閉会中審査が行われることとなり、本事案について議論が交わされた。

議論の第一のポイントは、マイカルに融資を行っている銀行に対する金融庁による直近の検査において、マイカルの評価はどうなっていたのかであった。

筆者は、質疑者が大方のマスコミの報道として言及していた「要注意先」の検査結果を否定しないことで答弁に代え、もっぱら検査結果が「破綻懸念先」でなかったことの理由の説明を行った。

理由としてはまず、マイカルの直近の決算期である〇一年二月末現在においては、業況は必ずしも不振ではなく、財務内容も債務超過ではなかったこと、さらに、過大ではないかと懸念される有利子負債も三カ年計画のもとで資産の売却により縮小させる見込みであった旨を述べた。

第二のポイントは、今回のマイカルの例のように、検査結果からは予想もできないような格付けの引き下げやその結果としての破綻が生じるのは、そもそも金融検査における諸々の判定が甘いせいなのではないかという問題である。

筆者はこの問題については、検査が行われる時期とその検査が対象としている時期との間のタイムラグが影響していることがあり得るとの指摘を行った。

実際にマイカルの場合、主力三都銀に対する金融庁の検査は〇一年三月下旬に行われており、マイカルの融資先企業としての評価も、マイカルの決算時期が二月末であることから、この二月末の事象が評価の対象となっていることは当然である。

しかし計数の面では、二月決算の処理は検査時期の三月にはまだ確定していないため、計数にもとづく評価は前年八月末の中間決算期までさかのぼり、そこが中心とならざるを得ない。すなわち、九月に破綻したマイカルに対する直近三月の金融検査における債務者区分といっても、計数的には前年八月決算の数字を参酌して決定されることとなり、その間ほぼ一年間のタイムラグが存在することを事実として説明したのであった。

この実情を無視して、金融検査が甘いとか恣意的だとかの議論を行ってもあまり建設的な議論とはなり得ない、と筆者は考えたのであった。

特別検査——「事後チェック」の例外に踏み切る

しかし他面、マイカルの事案が象徴するような金融検査の結果と現実に生じた事象とのギャップに由来する金融検査への不信を、そのまま放置することは許されない。そこで筆者が事務当局に検討を依頼し、その検討の結果として、銀行（主要行に限る）が決算処理を行うに当たって融資先企業の債務者区分を決定する際には、金融検査官が立ち会うこととしたのである。言わば、金融庁の監視のもとに銀行としての自己査定を行ってもらうという方式である。

それは、これまでの事前の行政指導に依存する方式を改め、事前には一般に適用されるルールを定めるに止め、個別の行為は民間で独立の判断により行ってもらい、行政によるそのチェックは事後においてのみ行われるという、橋本内閣の行政改革における大原則を修正することになる。

しかし金融行政に対する国民の不信を払拭するためには、行政改革で決めた「事後チェック」の原則を一時的に緩めることもやむを得ないと考えたのであった。

この方式は、「特別検査」と名付けられ、一〇月末経済対策閣僚会議で決定された「改革先行プログラム」に盛り込まれた。プログラムには、この特別検査が行われるのは一回限りであり、〇二年度以降は主要行において通常の包括検査を毎年度一回（従来は二年に一回程度）行うとともに、毎年度半期ごとにフォローアップ検査（従来はなし）を行うことが定められた。

これにより、最近時点での特別検査で検査の基礎固めがなされ、次年度以降はその基礎のうえに頻度の高い検査を重ねることで検査への信頼を高めるという全体の姿が、明確にされたのである。

一回限りの特別検査は一〇月中に開始されることになった。主要行へはその旨が伝えられるとともに、金融庁内ではまず特別検査の対象となる株価や格付けなど市場の評価に著しい変化が生じている債務者企業の選定が行われ、最終的には一四九社に決まったとの報告があった。

特別検査は、主要行によるこれらの企業に対する自己査定の期間中に外部の監査人と共同で行われたが、その結果を前年九月期の債務者区分に比し下位に遷移した債務者企業の数を与信額とともに示すと、企業数で七一、与信額で七・五兆円となった。また、そのうち破綻懸念先以下となったものは、企業数で三七、与信額で五・七兆円であった。

ただし言うまでもなく、これらの数字は特別検査の結果だけの計数であり、これらを含む主要行各行の全体の決算は、当然のことながら、五月半ば以降においてとりまとめられ、公表されることになった。

三〇社問題秘話

マイカル破綻に関連して金融庁の対応の経緯が議論を呼ぶなか、ＫＰＭＧフィナンシャルサービスコンサルティング社社長の木村剛氏の唱えるいわゆる三〇社問題が世間の注目を集めるようになった。

木村氏は日本銀行の出身で、一時は金融監督庁による「金融検査マニュアル」の作成にも部外の専門家として参加してもらったことがあるとのことであった。そんな専門知識を持った木村氏が「わが国の不良債権問題はバブル崩壊の影響を最も厳しく受けた不動産業など限られた業種の大手企業の問題である。そこでこれらの企業に対する貸出債権に対する貸倒引当金を現在の二倍に増やせば、それですべて解決される」との主張をしているらしいというのが、事務当局からの報告であった。

筆者は当時、誰にも私見は伝えなかったが、心のなかでは引当金の積み上げには一定のルールがあり、どの引当金であれ、それを二倍にするなどの粗っぽいルールでは例えば税務当局との折衝でも到底納得は得られないであろう、と思っていた。しかし木村所見は、メディアの論調にもうまく乗ってかなりの広がりを見せていた。

そして間もなく、小泉総理も木村氏の意見に関心を持っているらしいとの話が聞こえて来た。話はすぐに現実となり、官邸から「小泉総理が『自分の前で金融庁と木村氏がそれぞれ意見を闘わすのを聞いてみたい』と仰言っておられます」との連絡が入った。

筆者は似たような経験を思い出した。筆者が衆議院厚生委員長、小泉総理が厚生大臣だったときのことだ。二つの相対立する立場の意見をじっくり聞いて最後に感想を述べるという流儀を、答弁で使っていたのだ。

筆者は早速総理に面会を求め、「自分としては、そのような形で特別の機会を総理が持つことはいかにも不適切だと思う。木村氏と金融庁とでは負っている責任がまったく違う。金融庁が組織として打ち出した政策を総理がいかにも軽視しているように国民の眼には映ることになる」と強い調子で抗議した。だが、総理は「いいじゃないか。呼ぶのはあなたじゃないのだから、問題なかろう」と取り合わなかった。

結局、金融庁から呼び出しを受けたのは森昭治長官であった。森長官は筆者に断ることなく、出掛けていった。同時に呼ばれたのは、木村氏に加えて、対決色を薄める意味合いか、住銀出身のアサヒビール会長樋口廣太郎氏であったようだ。この件については、その後森長官からは筆者に何の報告もなかった。筆者もそれでよいと思った。

ペイオフ全面解禁前夜

筆者が直面することとなる次の課題は、ペイオフ全面解禁の実行であった。ペイオフとは、金融機関が破綻した場合、預金の扱いは破綻した金融機関に代わって預金保険機構が処理に当たり、一〇〇〇万円とその利息を限度とする預金保険の範囲内で預金の払い戻しと同額の保険金の支払いを行うというものである。

実は金融危機が始まった九五年以降の金融機関の破綻時においても、法律上はこの方式によって破綻処理を行うことが決められていたのであるが、国民が金融機関は倒産しないもの（護送船団方式）と信じていたり、倒産しても預金者にまで迷惑が及ぶことを経験したりしたことがなかった（東京協和・安全信組の破綻時には、日銀と都の支援により解決）ことから、法律を直ちに適用することは困難とされ、〇一年三月末までの五年間は法律の適用を凍結するとの法改正を行っていたのである。

しかもその後も、二〇〇〇年四月から信用組合に対する監督の権限を都道府県から国に移管するに伴い、一年間凍結を延長する措置を講じ、〇二年四月からも定期性預金についてのみ解禁することとし、流動性預金についてはさらに一年凍結解除を延期していたのである。

筆者は、このような経緯で延期に延期を重ねて来たペイオフの次の期限は是非とも守ろうと考えていた。ペイオフ解禁については、多くの反対論が唱えられ、それに対してできる限り当局の見解を繰り返し訴える間に、幸いにして「預金も必ずしも全額安全ではないものなのだ」という国民の認識が深まったという収穫も得られていた。

また、ペイオフ解禁反対論の多くが論拠としてきた、わが国の金融不安は未収束との見方に対しては、金融不安の核心と指摘されたいわゆる三〇社問題をもあえて正面から受け止め、三〇社の実に五倍ほどにも当たる数の企業への融資について特別検査を実施し、検査のタイムラグによる不信の解消に取り組んだのであった。

さらに、「わが国金融には構造改革が必要である」というのは、ペイオフ解禁の目的に対して唱えられる建前的な抽象論にすぎないとの批判に対しては、ソニー銀行やＩＹバンクなど異業種からの金融業界への参入を認可することによって構造改革の具体的な緊要性を示している。このような状況も、ペイオフの期限どおりの解禁という筆者の判断の根底にはあったのである。

解くべき難問

他方、筆者にとってペイオフは、次のような事情についても関心を払わざるを得ない事柄であった。

〇一年九月にニューヨーク州銀行監督局にいたマッコール女史が筆者を執務室に訪ねてきた。

話を聞くと、彼女は最近監督局を辞め、会社を始めたとのことであった。筆者も興味を持ってどんなビジネスをやるのかを尋ねたところ、次のようなことをやっていると言う。

「まず自分は、知り合いの銀行に呼び掛けて多数の銀行が加わる一つのネットワークを作った。そしてあるメンバー銀行に八〇万ドルの預金をしたいという客が現れたら、自分が連絡を受け、預金を八万ドルずつ、すなわち米国の一行当たりの預金保険額に見合うよう一〇口に分け、預け入れの申し込みを受けた銀行以外の九行に対し預金を紹介することにする。これにより、八〇万ドルの預金全額が米国における八万ドルの預金保険によってカバーされることになる。これをビジネスにしているのだが、結構うまくいっている」との話であった。

彼女の話を聞いて、たくましい女性だなと感心すると同時に、預金保険は本来少額預金の保護が目的なのに、こんなビジネスによって保険の目的がねじ曲げられるのは困るなと思った。

この話を聞いて筆者は、ペイオフの完全解禁に踏み切る前にはもっといろいろ考えておくべきことがあるかもしれないと思うようになった。

その一つとして自治体の公金についても、自治体と銀行との間にはいろいろな経緯があり、必ずしも安定度から見て最善の銀行が預託先になっているとは限らず、さらに、預託先は簡単に替えられるわけでもないというのが実情だと分かってきた。ペイオフ完全解禁に当たっては、公金の預託先については当然このような実情を踏まえなければならない。

また、マンションの管理組合の理事者の話を聞く機会もあった。管理組合は通常大規模修繕等の目的のために資金の積み立てを行っているが、その金額は一〇〇〇〇万円の保険限度内には到底収まらない。そこで理事者になったら預金先の分散のために数多くの銀行の間を走り回らなければならない。理事者として最善を尽くした証として飛び回らざるを得ないことも分かるが、何か工夫がないのだろうかと訴えられた。

ヒントはナローバンキング

こんな訴えを聞きながら筆者は、かなり前、国会議員になり立ての頃、まだ会ったこともない大阪大学の蝋山昌一先生からナローバンキングに関する分厚い論文を送ってもらったことを思い出した。ナローバンキングという言葉によって、銀行にとっては決済機能がいかに本質的な重要性をもつかを教えられたように受け止めたのだった。

したがって問題は、ペイオフを完全に解禁しながらどうしたらこの重要な決済機能が損なわれないような仕組みを作り出せるかである。

もちろん当座預金勘定が一つの答えではないかとの見解も否定できないが、当座預金勘定は現実問題としては手形や小切手を介した企業間の決済向きに作られていて、地方自治体やマンション組合のような任意団体の利用には不向きであると言わざるを得ない。このような経緯と考え方から、筆者はこの難問の検討を小泉総理からの指示として問題提起してもらうことにした。

早速金融審議会に検討を依頼することとし、〇二年七月末に総会が開かれた。総会では決済機能の保護という問題提起に対して、それを導入するとペイオフの全面解禁という政策が一貫性を欠くこととなり、わが国の金融に対する信頼をさらに低下させるとか、決済機能に支障を生じさせないためには他に方法があるなど異論も出たが、問題提起に応えて広く検討を進めることが決定され、そのためのプロジェクトチームを設けてもらうこととなった。

決済用預金制度の導入

プロジェクトチームは八月初めから検討を始め、九月の末におおむね次のように議論を集約した。

○金融機関が緊張感をもって経営基盤の強化等に取り組むことにより金融システム全体が効率化していくことの必要性から、ペイオフの全面解禁は適切である

○金融機関破綻時の決済機能の安定は、基本的には金融機関の健全性を確保することによって図られるべきである

○金融機関の健全性確保を基本としつつも、現実にそれが損なわれ、破綻した場合に備え、決済機能の安定確保の方途を講じることも必要である

○安全確実な決済手段として、金融破綻時にも全額保護される預金（決済用預金）を制度として用意するべきである

○決済用預金は基本的に決済に特化した預金とすることが適当であり、また、セーフティネッ

トとして広く一般に提供されることが適当である
○決済用預金は、破綻時においても以下の三条件を備える預金として定義されるべきである
・通常必要な決済サービスを提供できること
・要求払いであること
・金利を付さないこと
○各金融機関には決済用預金を提供するよう期待する。しかし、新たなビジネスモデルにもとづく金融機関の参入を阻害しないため、この預金の提供を義務付けることはしない
○付利しない預金とすることにより、預金者が真に決済に必要な資金以外を「決済用預金」に預け入れるモラルハザードを防ぐ。また、決済用預金の預金保険料を他の預金より高く設定することにより、金融機関が無コストの預金を集めることを抑制する
○ナローバンク信託勘定を設定し、運用を安全性、流動性の高い資産（国債等）に限定すれば、保険料の軽い、安全な決済手段ができるが、金融機関の仲介機能に与える影響等から信託勘定の設定は将来の検討課題であろう
○決済用預金の導入は金融機関におけるシステム対応に配慮し、改正法の施行後一定の移行期間を設ける必要がある

これらの議論を踏まえ、決済用預金の導入のための預金保険法の改正に取り組むことになったが、改正内容はこれらの議論のうちの法律事項のほか、次の二点であった。

①預金保険法の目的に、既定の「預金者等の保護」に加え、新たに「破綻金融機関に係る資金決済の確保」を規定することおよび②各金融機関は預金のうちに決済用預金を保有したときは預金保険機構に対しその旨を届け出ることであった。

8 小泉内閣下の不良債権処理

引き続く株価の低迷

話は前後するが、森内閣から小泉内閣への政権の交代があった際、筆者が内閣に留まったのは森前総理の考えによるものであった。

自民党総裁選が行われる議員総会に出掛けるため大臣室を出ようとしたところに森総理から電話が入った。「小泉君には君の留任を奨めておいたから、話があると思うが、受けるようにね」という言い方であった。こんな経緯はあったが、この総裁選では筆者は小泉氏ではなく他の候補者に投票することに決めていたので、事前の決心どおりの投票を行った。

議員総会は、小泉氏を後継総裁に選出し議事を終了したので、筆者は再び大臣室に戻った。そこに今度は小泉氏本人から電話があり、「君には金融を引き続きやってもらうから、そのつもり

図表13　日経平均株価とダウ平均株価月次推移

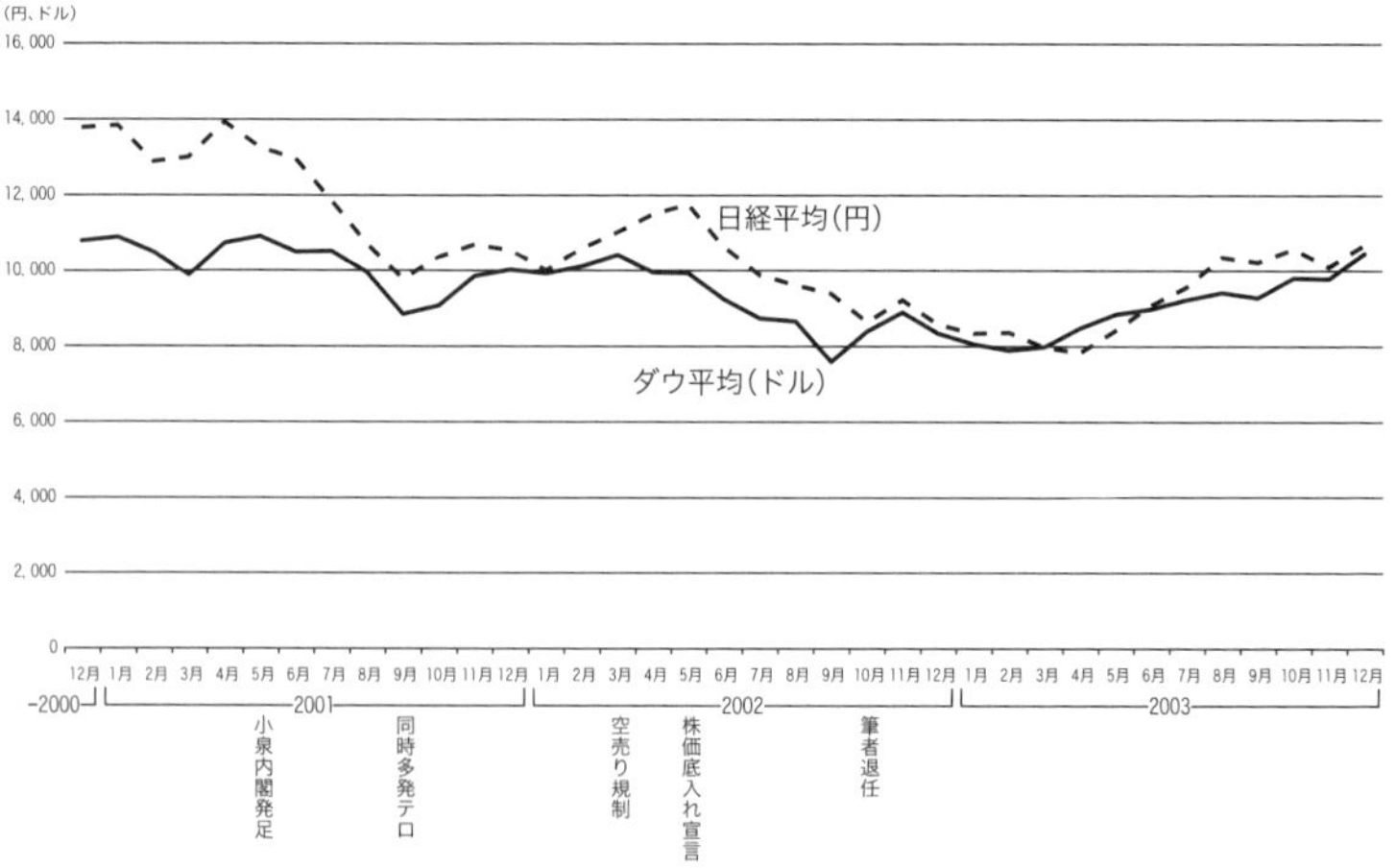

でいてくれ。よいね」とのことであった。まだ国会での首班指名も終わっていないのに、まったく目にも留まらぬ早業であった。筆者はこのようにして、三たび金融行政の責任者を務めることとなった。

ところで小泉内閣発足後の株式市況は、真に足取りの重いものであった。発足直後〇一年五月の所信表明直後こそ株価（東証日経平均、以下同）が一万四五〇〇円と過去五カ月での最高値をつけたものの、ITなど先端産業の業況不振から値下がり基調にあった米国市場に足並みを合わせて、その後はほぼ一貫して下げ続けていった（図表13）。

日本の株価の趨勢は、米国の株価の動向をなぞることが多い。貿易をはじめとして両国経済の結び付きは強いので、そうなることには合理性がないことはないと言えよう。その意味では自嘲ではなかったと思うが、宮澤元総理はよく日本の株価の動きを、米国の株価の「写真相場」と表現していた。

しかし、表現はどうあれ、下げ相場に追随する場合には、政治的には重荷となる。「自民党をブッ壊す」の檄を飛ばして総理の座を獲得した小泉総理の意気込みにはまったくそぐわないものであったであろう。筆者自身にとっても極めて不愉快なものであった。筆者の椅子の横には、株価の状況を時々刻々伝える情報ボードが新設されたが、ほとんど毎日画面が値下がりを示す青色に染まっているのを見るのは、実に辛いことであった。

基調講演のねらい

〇一年九月「始動する小泉改革を問う」をテーマに日本経済新聞などが主催するシンポジウムが千葉市で開催され、筆者は基調講演を行った。当時の段階において金融行政がなすべき改革の内容を明らかにしておくには良い機会だと思い、次のように話した。

九七年から九八年にはバブルの崩壊から日本の金融システム全体が危機に陥った。このような危機だからこそ巨額の公的資金が一五行もの大銀行に一斉に投入されたのだが、その決定も臨時に任命した経済、金融、法律などの専門家による金融再生委員会という行政委員会の審議にもとづいて行われたものであった。現在でもこのような危機的状況が生じた際には、総理を議長とする金融危機対応会議が開かれ、危機を脱するための措置が決定されることとなっているのである。

他方、現在も金融が完全に安定したと言うことはできないが、これから起きそうなことは九八年当時のようなシステム全体の危機ではない。起こるとしても個別の金融機関に止まる問題であろう。そのような個別の経営危機の場合には金融危機対応会議を開いての措置ではなく、通常の行政措置としての早期是正措置が発動される。

このように言うのは、そもそも金融機関に対しては、備えるべき自己資本比率が定められており、国際的業務を行う銀行は国際基準の八％、国内業務だけを行う金融機関は国内基準の四％となっている。そこで、ある銀行の自己資本がこの基準を割りそうになったときに早期是正措置としてまず命じられるのは、自力で増資の努力をすること、それができないとなったらどこか自己資本比率の高い銀行との合併などの可能性を探ること、もしそれもできないとなればいずれ破綻すなわち廃業清算となってしまうであろうが、これがこれからの制度なのである（合併が行われる場合には、合併銀行の資本を増強するため、公的資金の注入が行われることはあり得る）。

破綻すれば、債務超過分は、債権者が債権の額に応じて負担することになる。これは一般の企業倒産と同じである。銀行の場合には預金者も債権者だから、原則としてプロラタ（比例配分）で預金を減らされることになる。ただし預金者に対しては、一〇〇〇万円までの預金とその利息は、破綻した銀行ではなく、預金保険機構という別の組織が代わりに払ってくれる。これがペイオフの制度であり、〇二年四月からはこの制度が実施される。

これまでは、預金者には迷惑を掛けないという考え方から、政府が公的な資金で全額払い戻してくれたが、これからは自己責任の考え方の時代となり、銀行が破綻すれば預金者も債権者として相応の負担をすることになる。

そうなると、預金者も預金の預け先を慎重に選ぶようになるはずであり、他方銀行側も預金者に選ばれる銀行になるように、今まで以上の緊張感をもって安定した経営をするように努力することになる。これが金融機関に構造改革として期待されている事柄である。

以上が、基調講演として当日筆者が話したことの概要である。

なお基調講演をした当時、もう一つ筆者が胸に秘めていた考えをあえて付け加えておきたい。それはこの時期、日本の金融機関が出直し的改革に真剣に向き合うためには、どこか現実にもう一つ破綻する例を持った方がよいのではないかと考えていたことである。このことは実際に事務当局の幹部には伝え、宿題として考えておいてもらいたいと指示したことであった。

金融システムの将来ビジョン

その後筆者は、わが国の金融の学界および実務者のなかにあって指導的な地位にある方々に集まっていただき、日本の金融システムの将来ビジョンの検討をお願いした。座長には前出の蝋山先生に就いていただき一〇回にわたる会合を持ってもらい、行政に対する厳しいコメントも含め、それぞれの問題意識にもとづく幅広い議論を提示していただいた。この議論の内容は、〇二年七月、「金融システムと行政の将来ビジョン」(*)と題した報告書としてとりまとめられ、提出していい

＊報告書は『金融システムと行政の将来ビジョン』(蝋山昌一編著、財経詳報社)として刊行された。

ただいた。ここでは、本報告書の内容について、金融システムの中核をなす仲介機関が目指すべき方向として提言されている部分を取り上げ、その要点をまとめて示すこととする。

第一に、仲介機関は資金のコスト（典型的には、預金金利とリスク負担に必要なプレミアムの合計値）を明確にし、これを資金調達者に要求すること。

これまでの金融仲介においては、デフォルトについてのコストや株主資本に対するリターンなど、リスクプレミアムに関する基準が明確ではなかった。市場を通ずる資金仲介ではリスクに見合う価格が市場機能として自ら形成されるが、相対型の場合には、内在的にその機能が備わっているわけではないので、貸し出しに際して特に強く認識されなければならない。

この点に関連して、消費者金融や商工ローンはこれまで金融業界において必ずしも主流の資金仲介チャネルと位置付けられてこなかったが、リスクを明確に評価、管理したうえに利益を上げる仕組みは、今後金融仲介が一般的に目指すべき方向であり、積極的に評価すべきものである。

第二に、仲介機関は自らの機能分化を図り、専門化を進めるべきである。

これまでの長期的関係を前提としたビジネスモデルでは、いったん取った信用リスクをリスクに応じたリターンを取ることなしに、いつまでもバランスシートの上に抱え込んできた。これでは、実体経済のリスクが仲介機関に集中し過ぎる結果となることは不可避である。これを避けるためには、リスクを値付けし機関投資家など他に転嫁することが必要である。そしてこのプロセスを円滑に実行するためには、仲介機関の機能を①貸し出しの組成機能、②その証券化機能、③

証券化に伴う事務処理機能などに、分化することが必要である。同時に、決済サービスの専業化も進めてよいであろう。

ところでこの機能分化のなかでも、金融システムにおける資金やリスクの配分の上で鍵となるのは証券化である。それにもかかわらず、わが国がこの点で米国に比べ大きく後れを取っているのは、銀行業と証券業を厳密に区分する業態規制の存在が障害になってきたためと考えられる。

しかしこの点は、最近においてわが国においても特別目的会社（ＳＰＣ）法などの整備により、証券化の法的前提は整えられたので、今後は税制面の支援などによりリスクテーカーとしての投資家を育成していくことが課題であると考えられる。

第三は、仲介機関が資金供給者である個人に対し、一つの窓口でその人のリスクの選好やライフスタイルに応じてタイプの異なる多様な金融商品を提供できるようになることが重要である。

預金、保険、投資信託、債券、株式など各種の金融商品を直接ではないにせよ、代理店、子会社などを通じてであっても提供できる体制を作ることが望ましい。もとより、取扱商品の拡大が取扱機関の経営の健全性を損なわないよう十分な注意を払うことが必要である。

以上が報告書の要点であった。ここには、ペイオフ解禁後において期待される金融機関の構造改革の向かうべき方向が、将来ビジョンとして提示されているというのが、筆者らの考え方であった。

ストレステスト手法の伝授

〇二年二月および三月の二回続けて筆者は、ニューヨーク連銀元総裁ジェラルド・コリガン氏を執務室に迎えた。コリガン氏は連銀総裁退任後ゴールドマン・サックスの役員に加わっていたが、来訪に際しては二回ともGSの人を誰も引き連れず、一人で現れた。ニューヨーク連銀の総裁室に通じるフォイヤー（次室）には歴代総裁の写真が飾られてあるが、目の前の人は間違いなく最後に飾られていた写真の人であった。

そして彼は二回目の来訪の際、「これはわれわれが使っていたストレステストの様式です」と言って一枚の書式を筆者に渡し、「日本でも必要になろうから、参考にしてもらって結構です」と伝えてくれた。

ストレステストとは、金融機関を取り巻く経済の環境条件が悪化した場合に、金融機関がその悪化のストレスにどの程度まで耐えられるのかを、金融機関の監督当局が事前に把握する手法（テスト）で、ニューヨーク連銀が二〇〇〇年頃に本格的に活用を始めたものである。

テストの際に課すストレスの種類項目とそれが当該金融機関の財務状況に与える影響の度合いが簡潔に把握できる様式が、多分相当の調査研究を経たうえで開発されていた。そしてそれは、当然テストの対象となる民間の金融機関には秘されるべき書類であろうと推察された。それをコリガン氏は、わざわざ足を運んで自ら筆者に届けてくれたのであった。

筆者は、コリガン氏がそういう形で日本の監督当局に示してくれた厚意に対し、心からの謝意を述べた。それから程なくして届けてもらったこの様式にならい、わが国においてもストレステストを活用し始めたのは言うまでもない。(*)

日銀が銀行の保有株式買い取りを発表

小泉内閣の発足以来、株価は〇一年九月初めまで棒下げ状態であったが、九月半ばの大手スーパーのマイカルの破綻を契機に、債務者企業に対する市場の評価と金融検査のそれとのタイムラグを修正する特別検査の実施公表に株式市場も若干反応し、小幅の持直しを示したが、同時多発テロによる米国株のさらなる退潮ぶりに再び追随する市況となった。

この下げ相場では、それをあおるような米国等のヘッジファンドの動きも見られ、察知した監督局長高木祥吉氏の主導により、株取引に際して空売りであることを明示する義務の拡大など、空売りへの総合的な取り組みのなかで、〇二年二月空売り規制が強化された。

これには株価も反応し、株式市況は五月末には一万二〇〇〇円近くにまで回復した。内閣も五月の「月例経済報告」において株価の底入れ宣言をするまでに至った。しかし株価はその宣言の

＊わが国で実施されたストレステストは、FRBのトップダウン式の方式と異なり、各行独自のシナリオにもとづくものとして行われている。

直後からまたも下げに転じ、〇一年四月末の小泉内閣発足以来の最安値にまで落ち込んでいった。

株式市況は直接的には政治そのものとは関係を持たないはずである。しかしわが国では戦後池田内閣の頃から、経済が政策の中心に置かれるようになって以来、株式相場が将来の経済状況を示すことが多いとされたことから、内閣にとっては無関心ではいられない指標のようになっていった。

筆者も二〇〇二年七月小泉総理に対し、東京の相場がいかにニューヨークに連動するかを話した際に「ダウが七〇〇〇ドル台になれば、日経平均も八〇〇〇円台になるかもしれません」と話したことがあった。小泉総理も「そんなに下がるのか」と小さい声で呻《うめ》いたものであった。

ところでわが国のもう一つの金融の中央機関は日本銀行であるが、その使命はいわゆるマクロ金融政策により国民経済の安定と成長を実現するに資することおよび資金の供給（日銀特融）等により個別金融機関の財務の安定を図ることである。

その日銀が、〇二年九月半ばの株式相場の低迷期に銀行の保有株式の買い取りを発表した。買い入れるのは、〇二年一月に金融庁が創設した銀行等保有株式取得機構と同じ銀行保有株とのことであった。そうであるとすると、世間は差し当たりこの政策に三つほどの疑問を思い浮かべるであろうと思われた。

一つは、保守的な日銀が株式のような価値の安定しない金融資産を買い入れるというのは、日銀が遂に株価の下支えに出動したのか。

二つは、それにしても買い入れ対象が銀行保有株に限られていることは、銀行保有金融資産の時価評価化への移行に備えて、評価損の発生（自己資本比率の低下）を限定的にするための銀行に対する救済措置なのか。

三つは、もしそうであるとしても、買い入れの対象をＥＴＦにするなど日銀はなぜ先に設置されている銀行等保有株式取得機構と競合する手法を採るのか。

「金融経済のマクロ政策にはコメントしない」

その頃は、考査と検査以外は日本銀行、金融庁とも相手に迷惑になる話でなければ自らのやることについて互いに連絡や説明はしない雰囲気だったのかもしれない。しかし〇一年には、筆者は速水日銀総裁から何度も品川駅前のホテルの地下食堂での朝食に呼び出しを受けて話を聞かされていた。

総裁の話はいつも同じであった。「日銀としては銀行の金融資産を買い上げて精一杯ベースマネーを供給しているが、民間企業までは資金が流れず、マネーサプライ（現在はマネーストック）が伸びない。自分の見方では、これは不良債権問題が解決しないため、銀行が民間融資に積極的にならないからだと思う。是非不良債権問題の早期解決に努力してもらいたい」。この話をベースマネーの供給量とマネーサプライの伸びを示す簡単なグラフを示しながら訴えるのだ。

この話を聞かされる度に筆者の方では、「銀行の貸し出しが伸びないのは、健全な企業からの資金需要がないためではないですか」という言葉が口を衝いて出かかるのだが、その都度言葉を飲み込んで過ごしたものだ。

実は筆者は、金融担当大臣への就任会見で「金融安定化の責任者としてこの任にある間は金融経済のマクロ政策にはコメントしない」と明言していたのだ。筆者としては自分も政策が効果を上げないときには、必ずマクロ政策に文句を言いたくなるであろうが、そんな責任のなすり合いは不毛だと考え、あらかじめその道を封じておいたのだ。

これまでの不良債権処理促進施策

筆者の立場からすれば不良債権の問題については、国際基準との比較から客観的に修正が必要と認められる点は迅速かつ真摯に改善に努めてきたうえに、国際基準並みが形式だけに陥らないよう特別な措置さえ加えてきている。

改めてここでその大要を摘記しておけば、次のとおりとなる。

(1)貸付債権の評価基準について、米国のSEC基準を導入

(2)貸倒引当率について、企業会計基準の一環として公認会計士協会の基準を採用。一部に提案があった予防的引当は、恣意的になるため不採用

(3)自己資本比率について、バーゼル銀行監督委員会の定める基準を導入

以上が基本的枠組みであったが、その後も問題が認識される都度次のとおり新たな基準を採用し

てきた。

(4)破綻懸念先以下の債権について、査定後三年以内に債権放棄あるいは売却によりバランスシートから除去すること。後に債権放棄のため「私的整理に関するガイドライン」が定められ、また、売却先としてRCCへも時価での売却を可能とする議員立法が行われた

(5)株価・格付けが急低下した融資先企業への債権について例外的に決算処理に立ち会う方式による特別検査を行うとともに、通常検査の頻度について毎決算期と中間決算のフォローアップの年二回に増やすこと

(6)要注意先の区分についてより細分化するとともに、細分化された各区分の引当について区分ごとの債権の残存期間と貸倒実績から算出された引当率によるものとすること

(7)保有する金融資産の評価について、時価評価に改めること

辻褄合わせの誤った議論

ここに挙げた不良債権の処理（償却・引当・売却）を促進するための諸施策のリストを見たうえで、さらなる不良債権処理を主張した人々、例えば日銀の速水総裁、一部のエコノミスト、メディアなどは、他に何をやるべきと求めていたのだろうか。それが公的資金の追加投入であったことは、筆者としても当時から察していたことであった。

すなわちそれらの人々の議論の筋立ては、不良債権の処理をもっと積極的にやらないのは、処

理をすると処分損が発生し、その処分のためには資本が毀損され、自己資本比率の基準割れを招くことを恐れているからである。したがって金融機関に安心して不良債権の処理を進めてもらうためには、先回りして潤沢な資本を供給しておかなければならない。こんな明白なことを筆者が理解せず実行しないのは、九九年の資本注入が失敗だったことを自認することになるからに違いない。こんな辻褄合わせの憶測をしていたようであった。

しかし、この議論は、その前提部分すなわち「不良債権の適正な処理を進めると、自己資本比率が基準を下回る」との見解からして誤っているのである。

この部分は、言うまでもなく金融庁の行政のうえで最も基本的な認識に係るものだけに、庁内でも十分な検討を経たものだ。金融庁としては、主要行の破綻懸念先以下の債権のうち非保全額が全損になっても、自己資本比率への影響は〇・三％程度であり、当時（〇一年三月末）の自己資本比率一一％台が基準を下回るに至ることはあり得ないとの揺るぎない検討結果のうえに立っていたのだ。

公的資本投入を巡る対立

次に資本注入そのものの議論についても、やはりいろいろと適正を欠くものがあったことを指摘せざるを得ない。確かに筆者は九八〜九九年のあの局面では、資本注入および銀行の合併再編については、それなりの成果は上がったと自負していた。しかしそれはほとんど時の流れの勢いが筆者にその仕事をさせてくれたと率直に言って思っていた。

まず、公的資金を受ける銀行にあえて経営責任を問わなくてよいという通常ではありえないことが許容された。金融システムが崩壊して大混乱が起こるよりはよいとして、国民与論がその方向の流れに力を与えてくれたのである。

注入される資本の代価として受け取る株式等の商品についても、資本増強の効果を織り込むなど理由の付く限り最も寛大な条件によって発行された。各銀行にとって最大限負担の軽い条件のもとで必要な追加資本の金額を算出してもらい、申請どおりの公的資金の投入を行ったのであった。

これも、金融システム全体の崩壊は何としても防ぐべきだとする国民与論の流れの力があったからこそ可能となったものであった。

しかし〇二年の夏前後に公的資金によって資本注入をするとした場合、受け入れる銀行に何も経営責任を問わないで国民与論が納得するであろうか。当時の状況は九八年とはまったく異なることから、経営責任を問わないで済ますことは論外であろう。

加えて、注入される資金の条件は当然通常の市場での条件のもとでとなることだろうと思われた。そしてそうだとすれば、高率の利益が予想される等の投資資金であれば格別、一般に資本の増加は、株式価格の稀釈化すなわち株価の下落を招くとされるうえ、配当コスト増による減配・無配の懸念も株価に対してはマイナスに働くと想定されるであろう。

さらに付け加えるならば、〇二年当時の不良債権は、必ずしもバブルの崩壊によって生み出されたものではなく、その後のデフレ経済のなかで発生したものではないかという問題も見過ごすことはできない。なぜなら、公的資金投入の根拠法たる早期健全化法は、バブル崩壊への対応を目的に制定されていたからである。

このように、〇二年当時における公的資金の再投入は、銀行貸出を盛んにして経済全体を活性化させることに役立たないと筆者自身確信していたうえに、金融庁事務当局の分析においても経済合理性も法適合性もないということであったので、政府、日銀、メディアの一部にあった「是非やるべし」との議論に与することはできなかったのである。

九月三〇日、内閣改造が行われ、筆者は金融担当大臣の職を解かれた。土砂降りの日であった。夕刻、登頂に失敗した登山者のように、議員会館の自室に戻る大臣車の車中で駄句が頭に浮んだ。

秋天の　現れずして　帰庵する

あとがき

二〇〇〇年一二月金融再生委員長に再任されると、「島崎くに先生が『伯夫はまた金貸しなんかの大臣になって……』と、嘆いていたよ。ウフフ」と郷里袋井市の豊田順介氏（当時、同市商工会議所会頭）から連絡が入った。島崎先生は筆者が小学校（当時は国民学校）一年と三年のときの担任の教師であった。年齢はもう九〇歳を超えているはずだった。この年代の地方住まいの女性たちには、銀行の評判が良くないことを久しぶりに思い出させられて苦笑した。

また、さかのぼって筆者が一九九八年一〇月初代の金融再生委員長に就いたときには、就任後間もなく執務室を訪ねてきた米国のメディア業界で著名なティム・ライアン氏が「大臣、銀行ほどバカバカしい商売はないですよ。あんな巨額の貸出資産をもっていて、そこにどんなリスクが潜んでいるかなど分かるわけがないじゃありませんか」と大声でまくし立てて去っていった。

零細な庶民におカネが回らなかったり、金融機関の貸出先の事業が失敗して回収が滞ったりの話は、いずれも金融の言わばミクロの問題であり、筆者がその解決に努めてきたことはここまでに述べてきたとおりである。

しかし、その後に新たに生じているのは、いずれも主に金融のマクロ的な面で生じている、より深刻な問題である。まず経済の全体的なデフレ状況に伴い、金融機関に対する資金の需要も減退を重ね、当局による長期にわたる金融の量的緩和や低金利政策の実施にもはかばかしい反応が見られない状況が続いている。そこに最近ではさらに新型コロナウイルス感染症（COVID-19）の世界的流行が加わり、各国の国民の経済社会活動が全体的に著しく低迷しているうえに、デジタル技術の急速な進展が伝統的な金融サービスの領域を思いのほか早くに侵食する懸念が生じていることから、金融機関の経営にとってはフローおよびストックの両面において、新たな厳しい困難に直面していると見られる。

このような事態は、これまでの経済社会が経験したことのないものと考えられ、そこからの脱却について世界の知性と認められる人々が各方面からの検討の結果を提示しつつあるが、なお妙薬は見付かっていないようである。わが国の学界、実務界からも是非ともこれらの議論に加わり、また、その議論を主導するような成果が出現することを強く期待したいものである。

さて本書の出版については、二〇〇七年一月日本経済新聞夕刊のコラム「こころの玉手箱」への執筆に誘ってくれた縁で、現在NIKKEI ASIAの編集長として活躍している奥村茂三郎氏にまず相談を投げ掛け、日経BP日本経済新聞出版本部の編集委員の堀口祐介氏を紹介いただいた後、同氏の多大なご指導をいただき、この度実現の運びとなったものである。ここに奥村、堀口の両氏に深甚の感謝を表させていただくものである。

また本書の内容の記述面については、まず原稿を書き下ろす段階において手元に乱雑に保存してあった資料の山を整理し、筆者の問い掛けに応じて記憶の整理を助けてくれたWB金融経済研究所研究員の日下裕章氏に心から感謝するとともに、できあがった原稿の査読のお願いに応じて数々の有益な改善の提案をしてくれた元金融庁の幹部職員木下信行氏（日本金融取引所社長）、八田斎氏（ライフネット生命保険常務取締役）および金丸由美氏（森・濱田松本法律事務所弁護士）に改めてお礼を申し上げる。

言うまでもなく、彼らの査読の対象外の事柄であったり、彼らの査読以後も筆者が多くを加筆したりしたために、筆者の記憶違いがそのまま残ってしまった部分も少なくないと思われるが、それらはすべて筆者の責任であることを改めてここに記しておきたい。なお加えて元米シティ・バンクの日本人職員中山正澄氏には、フィリップ・L・ツヴァイク著『リストン』など貴重な古書の収集など、筆者がニューヨークを訪問した機会にたびたびお世話になったことにも謝辞を記しておきたい。

二〇二一年二月

柳澤伯夫

付録　ロイ・スミスNYU教授との対話

スミス教授との面談は、筆者が大臣職および議員職を退任した後（二〇一二年一一月二六日）に行われた。スミス氏とは彼がウォール街のゴールドマン・サックスに勤務中からの知り合いであり、彼が同社を退任後ニューヨーク大学（NYU）の教授に転じ、精力的な著作活動などで金融業界からも注目を浴びていると聞いて、大学に彼を訪ねた。話題が最近における米金融界の動向に集中したので、以下に問答の要点を掲げる。

【筆者】金融の改革は主に二つ、「自由化」と「技術革新」にあると理解している。後者の金融技術革新について、特にデリバティブ、ファンド、証券化についてうかがいたい。

まずはデリバティブについて、デリバティブが市場に出現してきたいきさつは、シカゴの取引所が先物・オプションを取り扱ったことが最初か、またはそれ以前から現れていたのか。

【スミス】私もそのように考える（シカゴにおける取引が最初）。ニクソン・ショック後、一九七〇年代半ばから、商品の先物＝オプションがシカゴの取引所で扱われ始めた。他のところでも行おうとしていたが、シカゴが最初であろう。それが政府証券（government securities）やLIBOR、社債関連のデリバティブ商品に広がっていった。最初はノウハウベースで広がっていったが、やがて金融商品（financial products）として取り扱われるようになった。

こうした動きが、為替市場や債券市場にボラティリティを生み出した。そのため、ディーラーが

（特に債券市場において）何らかのヘッジ活動を行うようになった。

【筆者】いわゆるニクソン・ショックのために市場のボラティリティが高まったという理解でよいか。

【スミス】ニクソン・ショックが市場構造を変えた大きな要因の一つであろう。外貨取引が国境を越えて自由に行われるようになり、その多くが政府証券へ向けられたため、政府証券の金利が変動するようになった。他の要因もあったが、ニクソン・ショックがボラティリティ拡大の始まりであったと言えるだろう。

同時に、レーガン大統領時代における過剰な財政赤字は、政府証券の発行・取引を要するものであったため、政府証券の取引量が増加し、結果、債券取引におけるヘッジの需要が高まった。

これらの二つが起こっている際には、先物・オプションといったデリバティブのツールがすでに存在していたため、それがより幅広く利用されるようになると同時に、例えば八〇年代初めに出現したスワップ取引のように、さらに進化したデリバティブ取引が行われるようになった。当時は外国為替取引について一定の規制があったが、市場参加者は、スワップを利用することで当該規制を回避していた。

【筆者】われわれもデリバティブの重要性は当時から認識しており、勉強していたが、基本的にはマートン・ミラー（米国の金融学者）が言うように、ボラティリティに対する「保険」ということで現れてきた。他方、デリバディブ市場が成り立つためには、投機的に行動する参加者が同時に必要だろう。

先ほど、スミス教授は八〇年代にスワップが出現してきたことについて、自然に出現してきたようにおっしゃったが、これは、モルガン・ギャランティ・トラスト・カンパニーの特定のチームが研究した結果、スワップを市場で大きく取り扱うことになったと理解しているが、どうか。

【スミス】誰が最初のスワップ取引を行ったかということまでは承知していないが、有名なのは、スイスで行われた世界銀行・IBM間での通貨スワップだろう（八一年）。ゴールドマン・サックスが当時関与していたが、当時はスタンダードというものが存在しなかったこともあり、とても難しく、長い時間がかかってしまった。

金利スワップも早い時期から始まったが、米国でS&L（貯蓄金融機関）危機が起こるなか、規模が急速に拡大していった。これは、多くのS&Lが巨額の資産・負債ミスマッチを抱えており、その対応として、当時、ソロモン・ブラザーズとクレディ・スイスが積極的に金利スワップを行っていた。

しかし、スワップ市場の拡大に最も寄与したのは、スワップ契約の標準化、スワップ価値の計算方法の標準化および情報端末スクリーンにそうした情報が日次で流れるようになったことだろう。八〇年代半ばには、スワップ市場において標準化がとても進み、大きな成長を遂げた。

【筆者】オプション等ではなくスワップ取引においては、取引相手がかなりのリスクを負うようになるが、そのリスクを負うことができた背景としては「証券化」があるのではないか。スワップを小分けしてリスクの程度に応じて証券化することができなければ、市場において取引対象にならなかったのではないかと考えているが、見解如何。

【スミス】スワップ市場における基本的な考え方は、適格性のある銀行（qualified banks）のみが、カウンターパーティーとなれたということ、すなわち信用力が高い相手先だからこそ、心配なく取引を行うことができたということだ。企業から銀行という形で行われたスワップ取引を、銀行が市場で他の銀行と取引を行うことで、スワップ市場において流動性が供給された。もしこれらを売却したければそれは当然可能であり、売却されたスワップ取引もまた再び販売されることになった。これらがスワップにおける証券化の最初の姿であったが、まだ本当の証券化と呼ばれるものではなかった。

次の大きなイノベーションは、八〇年代半ばに始まった住宅ローンの証券化である。問題を抱えている二〇〇〇〜三〇〇〇ものS&Lが住宅ローンを行い、そのローンを証券化し、売却するというものである。証券化された住宅ローンは、政府機関でも住宅ローン担保証券（MBS）という形で取り扱うようになり、取引規模がさらに拡大することとなった。特に八〇年代後半に行われていたのは、固定金利と変動金利のスワップ商品を銀行に売却し、銀行がこれらを住宅ローンとして取り扱うというものであった（固定金利の債券を多様な投資家層に売却するために、金利スワップを用いて変動金利の商品に変えて銀行等に売却）。

【筆者】 住宅ローンの証券化以外にも、中古自動車の販売債権の証券化についても触れられることが多いが、一方、モルガン・ギャランティ・トラスト・カンパニーがクレジット・デフォルト・スワップ（CDS）の証券化を行った。CDSは通常、大規模金融機関の間での相対取引になるが、より多くの投資家を対象として多く売却するためにCDSの証券化を行ったと聞いているところ、どのように考えるか。

【スミス】 そのとおりだと思う。S&Lを救済する観点から、八〇年代、住宅ローン証券化商品が出てきた頃、これらへの需要は非常に大きかった。しかし、救済された後には新たな問題が発生した。すなわち、「他にも証券化できる対象は存在するのではないのか」ということだ。そうして、中古自動車ローン、クレジットカードなど、様々なものが証券化されていくことになった。資産担保証券（ABS）の額は、金融危機時の〇七年においても約一一兆～一二兆ドル、うち半分以上が住宅ローンではなく他の資産を担保とした証券であった。

ファニーメイやフレディマックといった大きな政府系の住宅ローン保証会社が、住宅ローンの満期が到来する前に次々と転売し、新しい住宅ローンに再投資を行うといったことを繰り返していた。これが、高いスプレッドを求めて信用力の低いサブプライム・ローンに過大に投資する問題を生み出すこととなった（住宅ローン全体のうちサブプライムの割合は約一二％）。

このように、新しい金融商品を考えついた際には、別の大きな市場に持ち込みたくなるため、欧州や日本に導入しようとしたが、日本ではあまりうまくいかなかった。規制当局の影響だろうか。

【筆者】 新たな金融商品の拡大がリーマン・ブラザーズの破綻につながり、金融取引にブレーキがかかったということなのだろう。リーマン・ショックの際に証券化商品取引において過大なレバレッジがかかっていた。過大なレバレッジがかかってしまうのは、証券化商品の特性であり必然なのか、それともリーマン・ブラザーズの従業員が利益を追求しすぎた結果にすぎないのか、どのように考えるか。

【スミス】 証券化商品は、適切に扱えば有益なものであるが、使い方を誤ると大きな問題を引き起こしてしまう。現在、業界全体でやや証券化商品に対し躊躇するような姿勢が見られているが、証券化商品を適切なものに修復し、市場を健全にしていかなければならないと考えている。レバレッジが過大であったということは、適切な証券化商品ではなかったということであろう。多くの主要金融機関は、約三〇倍もの、とても大きなレバレッジを効かせていたが、それを支えるだけの資本を持ち合わせていなかった。いざ問題が発生したときには、十分な流動性を保有することができず、パニックに陥ってしまった。

【筆者】証券化商品をうまく利用するという際に、例えばレバレッジ規制や自己資本比率規制を別途設けるといった処方（formula）が生まれてくるのか。

【スミス】そのとおりだ。銀行がこうした問題を克服するためのイノベーションに欠けている本当の理由は、現在デレバレッジ（レバレッジ取引の解消）の過程にあることによる。将来、バーゼルⅢに示されているように、自己資本比率規制は強化される一方、銀行の市場取引における収益力は低く、コストがカバーできない。資本を積むコストを収益によってカバーできていないという状況が、金融危機後四年間継続している。こうした状況下、銀行は経営が安定するまで規模を縮小しているところであり、景気がよくなればまた銀行経営の状態もよくなるのではないか、という希望を持っている。

現在（二〇一二年）の資本市場の規模は、〇六年のピーク時に比べて六〇％程度であるが、こうした状況が継続している。市場を回復させるという観点からは、住宅ローン担保債券市場を活性化させる必要があるが、かつてのように、リスクの高い住宅ローンへの投資を呼び込むような形ではできない。規制当局もそのような投資を認めるようなことはしないだろうし、銀行業界としても腰が引けた状態になっている。通常、もっと回復ペースは速いのだが、回復は未だ見られず、決定的な打開策も見当たらず、行き詰まりの状況が続いている。

なお、今日の『フィナンシャル・タイムズ』紙で、欧州の不動産会社が、今年、二〇〇億ユーロの債券を新規発行して、銀行から借りている分を返済するという記事があった。これは、機関投資家が不動産によって担保された債券を購入し、銀行はそうした貸し出しを行わないということを意味している。資本市場が銀行の代わりを務めているというものだ。〇六年に、欧州のみで五〇〇〇億ユーロもの住宅ローン担保証券（MBS）が存在していたことに比べれば、この記事の二〇〇億ユーロという数字はまだ小さいが。今後、誰かがこれらの債券をパッケージにして何らかの形で販売する可能性もあるだろう。

【筆者】住宅ローン担保証券ではなく、CDS、すなわち銀行の貸付資産を証券化して売却する商品の市場は、どのような道行きをたどったのか。

【スミス】CDSはJPモルガンによって発明されたものである。モルガン・ギャランティ・トラスト・カンパニーの一味だ。

金利スワップの目的は、市場リスクを短期・長期間で移転することができるというものである。スワップにより、自分のポジションを様々な形でヘッジすることができる。スワップ取引は金利差の部分で行われるので、元本を払い戻す必要がないにもかかわらず、リスクを移転することができる。

CDSはそれと似たようなもので、市場リスクではなく信用リスクを他に移転させるものである。信用損失に保険をかけるようなものだ。もし顧客の要望を受け、私が債券のロングポジションを持つことになっても、一定のコストを払いCDSを用いれば、当該債券のデフォルトリスクに対して保険をかけることができる。経済的にはとてもいいアイデアだ。もし、私がそれによりリスクをヘッジできたとすれば、さらに多くのリスクを抱えることができるようになる。そのようなことを通じて、レバレッジがいつの間にか三〇倍にもなっていたということだろう。

【筆者】デリバティブとスワップは、金融技術革新においてどちらが大きな影響を与えたと思われるか。

【スミス】どちらがというのではなく、それぞれが重要であろう。もし先物やオプションがなければスワップは生まれなかっただろう。

スワップ取引は非常に大きな割合を占めている。現状、スワップの想定元本は約八〇兆ドルと、極めて大きな金額である。それだけ大きなヘッジの力があるということだ。世界に存在する株式等の資本の市場価値は、二二〇兆ドルにもなる。そのうちの六〇兆～八〇兆ドルがヘッジされているということである。ただし、二重にカウントされている部分も多い。もし私がスワップを売却したいと思えば、もともとのスワップを解消させるスワップを新たに作らないといけない。

このように、一つのスワップから複数のスワップが派生するが、それぞれオフセットされるところがあるため、言われているほど大きな額には達していないかもしれないが、これらの数字は報告義務があるものでもないため、市場での噂ベースでしか分からないが。

ウォーレン・バフェットはデリバティブを多く利用しているにもかかわらず「大量破壊兵器」と呼んでいるが、NYUの大半の人は、デリバティブはfriendであり、危険なものではないと思っている。よいデリバティブ市場は、キャッシュマーケット（現物市場や直物市場）に流動性を提供する。流動性を高めれば高めるほど、市場はより効率的になり、資本コストが低下する。デリバティブは、ヘッジのメカニズムを通じ、市場に流動性をもたらすと考えている。

金融危機の際、なぜデリバティブが話題になったかと言うと、ベア・スターンズの場合、政府はスワップが多く市場に存在しているということ、そして相互に関連している（interconnectedness）ことを懸念していた。政府はそれらに対応することはできたのだろうが、なぜかそうしなかった。リーマン・ブラザーズの倒産は、史上最大の破綻であり、同社は何百万ものスワップ契約を抱えていたが、（破綻により）スワップの処理は難しくないということが証明された。

問題はＡＩＧであった。ＡＩＧはＣＤＳの保険を提供していたが、担保を用意していなかった。いくつかの銀行は担保を要求し、担保を用意させたケースも存在したが、ＡＩＧは傲慢なところがあり、そうしたことはほとんど行わなかった。

実際には現金担保がないなか、ＡＩＧが担保を持っていないため担保の提供が求められるレベルにまで格下げされ、結果として破綻してしまうのではないかとの懸念があった（当時の格付けはＡＡであったにもかかわらず）。これはＡＩＧの経営ミスであり、また監督当局のミスでもあった。ただ、スワップそのものが問題であったのではなく、スワップの利用者であるＡＩＧ側に問題があったと考えている。

【筆者】 最後に、ファンドの歴史についてご教示いただきたい。四九年、アルフレッド・ジョーンズのファンドが歴史上最初のファンドだと学んでいるところ、今日ではニューヨークの街を歩いていても数多くのファンドのオフィスが目立つが、ここまで大きくなっているファンドの始まりについて、どのように整理しているか。

【スミス】 アルフレッド・ジョーンズのファンドが「ヘッジファンド」の起源であると認識している。五〇年代にもヘッジファンドは存在したが、およそ八〇年代までは、現在と比べて非常に小さな規模であった。ヘッジファンドの投資家は主に富裕層の家族と、ほんの少しの機関投資家であった。

資金はあるが運用が不得手な富裕層と、運用はできるが資金がないヘッジファンドマネジャーが組んだことから始まったが、よいマネジャーは、レバレッジや空売りといった異なる手法を用い（当時は主に普通株への投資運用を行っていた）、優れた運用成績を出していた。しかし、多くの人々はこれらが通常の投資信託に比べてリスクの高い運用をしているのではないか、と思っていたので、一般の投資家にはあまり広がっていかなかった。また、ヘッジファンドは運用手数料が高く、SEC等の当局の許可を得ていないため、一部の適格な投資家しか投資ができなかった。

七〇年代半ばから後半にかけて、ダートマス大学、ハーバード大学およびイェール大学などが、資産運用の方法を、いわゆるモダンポートフォリオ理論に沿った形に再構成していった。具体的には、株式や債券以外のアセットクラスへの投資や市場中立型（market neutral）戦略などの採用を行い、そうしたなかで、早いうちから、保有している多額の資金をヘッジファンドに投資していた。リターンがよかったため、後には多くの年金基金がヘッジファンドに投資するようになっていった。今では、年金基金がヘッジファンドの最大の投資家である。年金基金は、三兆～四兆ドルと言われているヘッジファンド投資全体のおよそ四分の三を占めるのではないか。

【筆者】 ファンドが現在のように大きな存在となったのは、機関投資家がファンドに出資することがSEC等の規制当局に許可されたことが契機となったのか。

【スミス】 機関投資家は、最初から法制上ヘッジファンドに投資可能であったが、当初はあまり興味を持っていなかった。しかし、〇二、三年から〇七年にかけて巨額の資金がヘッジファンドに流れてきた。その後金融危機が起こったため、一度は資金が引いたものの、またすぐに戻ってきたため、今ではかつてないくらいの巨大かつ多数のヘッジファンドが存在するのだろう。

【筆者】 日本では、ヘッジファンドは「ヘッジをしないファンド」と言われることもある。そこで、ヘッジファンドは必ずリスクヘッジをしているファンドを指すのか、それとも、投機を含め、単に利益機会を狙って投資を行っているファンドもヘッジファンドと呼ぶのかどうか、うかがいたい。

【スミス】 もちろん、ヘッジファンドにはヘッジをしないものを含め、様々な投資形態があるのだろう。もし一〇〇%リスクヘッジをしてしまったら、リターンを望めなくなる。例えば、資金のちょうど半分をロング、もう半分をショートとするポジションを持った場合、よほど銘柄選定が上手でないと、リターンを得ることは難しい。リターンを得るためには、ある程度市場エクスポージャーを持たなければならない。

一方、投資信託（mutual fund）は、ヘッジをまったく行わないファンドと言えるだろう。市場へのエクスポージャー（価格変動のリスクにさらされている資産の割合）は一〇〇%である。市場が下落しているときに、投資家の資金を守るのがヘッジファンドである。原資産ほど大きく価値が下落しない。市場が低迷していても利益を上げていた投資先でも、次のサイクルになればどうなるか分からないため、常に勝つことは難しいが、ジョージ・ソロスは長年よい成績を出していたところ、とてもうまくやっていたのだろう。

【筆者】 日本は投資信託に馴染み深く、それが一〇〇%市場エクスポージャーであってもそれなりの利益を出しているところ、米国ではヘッジファンドがうまく運用していたということなのだろう。

一方、日本では特に不良債権処理の過程において、倒産企業に投資を行うプライベートエクイティファンド（以下、PEファンド）に馴染まされたところだが、PEファンドはヘッジファンドに含まれるのか。それともPEファンドとヘッジファンドは別であり、ヘッジファンドのなかにPEファンドのようなカテゴリーが別途存在するということなのか。

【スミス】 ヘッジファンドとPEファンドを明確

に区分けすることは難しい。しかし、大きな違いは「投資をコミットする期間の長さ」にある。もしPEファンドに投資する場合、将来何があろうとも、一〇年以上は解約できないのが通常である。すなわち、投資した資金は一〇年以上流動性がなくなる。投資家は一〇年の間、常にPEファンドの人たちが良い人であることを望んでいる。なお、PEファンドにも様々な投資形態があるが、最も資金が多く入っているのがレバレッジド・バイアウト・ファンドである。

ヘッジファンドであれば、通常は三カ月あれば解約し、資金を引き出すことができる。したがって、ヘッジファンドは投資信託よりは流動性が低いが、PEファンドよりははるかに流動性が高いと言える。

米国においてヘッジファンドとPEファンドに多くの資金が流れた理由は、ここ最近の数年間においては、日本と同じく、株式市場が振るわず、金利もゼロ近傍だったからである。こうした状況下では、州政府や大企業の年金基金においても、年金の支払いを賄うだけのリターンを得ることができず、実質的に破綻状態になってしまう。そこで、リスク・リターン比で少しでもよい投資機会をとらえるために、一〇〇%市場エクスポージャーする（原資産への）投資をヘッジファンドやPEファンドに移していく動きが年金基金において見られていたということである。

『平成金融危機』関連年表

月日	事項
1980	
7・17	鈴木内閣発足
1981	
1・20	レーガン、米国大統領就任
5・5	米国、公定歩合引き上げ（13→14％）ＦＲＢボルカー議長のインフレ・ファイティングの始まり
10・1	住友信託銀行、「ファンド・トラスト」販売開始
12・3	ニューヨーク・オフショア市場発足
1982	
4・1	新銀行法施行 改正証券取引法施行
7・30	自民党税制調査会、グリーンカード実施時期を5年間延長決定
9・16	自民党対策議連、グリーンカード導入断念決定
11・27	中曽根内閣発足
1983	
1・31	大蔵省、銀行等に対し4月からの国債等窓口販売業務を認可
6・6	国債発行残高、１００兆円突破
11・9	レーガン大統領来日、日米円・ドル委員会設置等に合意

年	月日	事項
1984	4・1	大蔵省、外為管理の自由化実施
1985	1・31	TDK、戦後初の無担保社債を発行
	5・27	国土庁、「首都改造計画」発表
	7・31	大蔵省、金融機関に対し不動産融資の自粛要請（事務連絡）
	9・22	G5、ドル高是正の協調介入合意いわゆる「プラザ合意」
	9・24	日銀、ドル売り円買い介入開始、円、史上最大の上げ幅
	10・1	大口定期預金（10億円以上）の金利自由化実施
1986	1・30	日銀、公定歩合引き下げ（5→4・5％）対米協調利下げの始まり
	4・7	前川レポートを首相に提出
	10・27	ロンドン証券取引所、ビッグバンを実施
	11・1	日銀、公定歩合引き下げ（3・5→3％）
	12・1	東京オフショア市場開設
	12・19	大蔵省、各金融団体に対し、土地関連融資を慎重に取り扱うよう通達
1987	2・23	日銀、公定歩合引き下げ（3→2・5％）
	4・1	国土庁、土地公示価格発表、東京都区部で76％超の史上最高の急騰
	6・9	総合保養地域整備法（リゾート法）施行
	6・30	第四次全国総合開発計画（四全総）閣議決定

8・11	グリーンスパン、FRB議長就任
10・19	大蔵省、土地関連融資の厳正化について通達
	NY株式市場大暴落（ブラックマンデー）
11・6	竹下内閣発足
12・7	バーゼル銀行監督委、銀行の自己資本比率の国際的統一基準を公表
12・10	大蔵省、銀行の自己資本比率の国際的統一基準発表、92年度末8％を義務付け
1988	
4・1	少額貯蓄非課税制度（マル優）の原則廃止
1989	
2・1	相互銀行52行、普通銀行（いわゆる第二地銀）に転換
4・1	消費税導入
5・31	日銀、公定歩合引き上げ（2・5→3・25％）
10・31	三菱地所、ロックフェラーセンター買収
12・26	大蔵省、営業特金の廃止を通達（角谷通達）
12・29	日経平均株価3万8915・87円の史上最高値
1990	
3・27	大蔵省、不動産関連融資の総量規制に関し銀行局通達（4・1実施）
1991	
5・2	地価税法公布
6・19〜22	野村證券など大手四社の大口投資家に対する損失補塡が発覚

年	月日	事項
	6・27	日銀、窓口指導廃止を決定
	8・13	尾上縫向け不正融資事件発覚
	9・13	臨時行政改革推進審議会、証券業監視の第三者機関設立を答申
	10・3	改正証券取引法成立（事後の損失補塡禁止、取引一任勘定取引の原則禁止など）
	11・5	宮澤内閣発足
1992	1・1	地価税実施
		改正証券取引法施行
	5・16	英フィナンシャル・タイムズ、邦銀の不良債権は42兆〜56兆円と報道
	7・20	証券取引等監視委員会が発足
	7月	イ・アイ・イ・インターナショナル、金利の棚上げを金融界に要請
	8・14	「日本住宅金融」支援、母体行9行が金利軽減で合意
	8・30	宮澤首相、軽井沢で金融システム安定化のための公的資金投入を示唆（のち撤回）
	9・9	大蔵省、大手21行の不良債権額7兆9927億円、うち回収不能額2兆5619億円と発表
	10・30	大蔵省、大手21行の9月末不良債権額12兆3000億円程度と発表
1993	2・26	大蔵省の主導で母体行による「日本住宅金融」の再建策まとまる
	3・31	都長銀、信託など自己資本比率8％のＢＩＳ基準達成
	6・8	日銀政策委員会、定期性預金金利の完全自由化等を決定（6・21実施）
	8・9	細川内閣発足

1994	4・28	羽田内閣発足
	6・30	村山内閣発足
	10・17	流動性預金の金利自由化を実施
1995	1・27	住友銀行、ノンバンク向け不良債権処理による赤字決算を公表（都銀の赤字決算は初、他行も追随）
	2・13	東京協和・安全両信組の解散と東京共同銀行（日銀、都出資）への事業譲渡を決定
	6・8	大蔵省「ペイオフ凍結」を発表
	7・31	東京都、コスモ信用組合に業務停止命令
	8・30	大阪府、木津信用組合に業務停止命令
		大蔵省、兵庫銀行を96年初頭に新銀行へ営業譲渡の方針発表
	9・26	大和銀行、ＮＹ支店の不正事件を公表
	11・14	大蔵省、95年9月末の金融機関の不良債権額37兆３９００億円と発表
	12・19	政府、住専処理策を決定、農水省の負担を５３００億円とし、公的資金６８５０億円を一般会計から支出
1996	1・11	橋本内閣発足
	2・6	政府・連立与党、大蔵省改革のためのプロジェクトチーム開設で合意
	4・1	東京三菱銀行発足
	8・31	住専7社解散、清算法人に
	9・25	与党ＰＴ大蔵省改革の最終報告書を公表
	11・11	橋本首相、日本版金融ビッグバンの具体化指示
	12・24	与党3党、「金融行政機構等の改革について」発表

1997	2・6	金融制度調査会、日銀法改正案を三塚蔵相に答申
	4・1	消費税率5％に引き上げを実施
	5・16	改正外為法成立
	6・11	改正日銀法成立
		改正独占禁止法成立（持株会社解禁）
	6・13	大蔵省3審議会、「日本版ビッグバン」最終報告
	6・16	金融監督庁設置法成立
	7・31	大蔵省、早期是正措置に関する省令等制定
	11・3	三洋証券、会社更生法適用申請
	11・17	北海道拓殖銀行、経営破綻
	11・24	山一証券、自主廃業決定
	12・5	大蔵省、2001年3月まで預金（ペイオフ延期）、金融債等全額保護表明
1998	1・12	銀行146行の総貸出額624兆8000億円のうち、回収に懸念がある債権の総額を76兆7000億円と大蔵省が発表
	2・16	改正預金保険法、金融機能安定化緊急措置法成立
	3・5	都銀9行ほか長信銀、信託銀、地銀の計21行、佐々波委員会に公的資金投入申請
	3・24	全銀協、新統一開示基準決定（「不良債権」の呼称を「リスク管理債権」に変更）
	4・1	新日銀法施行
	5・25	大手18行、98年3月期の「リスク管理債権」総額21兆7786億円
	6・22	金融監督庁発足

	7・2	政府与党協議会、金融再生トータルプラン発表（ブリッジバンクの導入）
	7・30	小渕内閣発足
	8・17	ロシア、ルーブルの実質切り下げを含む緊急金融対策
	9・23	ヘッジファンドＬＴＣＭの救済枠組みにつき、ＮＹ連銀、大手銀行、証券合意
	10・12	金融再生法、金融再生委員会設置法成立
	10・16	金融早期健全化法成立
	10・23	金融再生法、金融再生委員会設置法、金融早期健全化法施行
		金融再生担当相に柳澤伯夫就任
		長銀の債務超過認定、特別公的管理決定
	11・24	大手15行、公的資金による資本注入の申請方針表明
	12・1	生命保険契約者保護機構設立
	12・13	日債銀の破綻認定、特別公的管理決定
	12・15	金融再生委員会発足（柳澤伯夫委員長）
1999	1・19	三井信託銀行、中央信託銀行が合併合意
	3・12	金融再生委員会、申請15行に対し資本注入承認（総額７兆４５９２億円）
	4・1	整理回収機構発足
		保険会社へソルベンシー・マージン比率にもとづく早期是正措置導入
	4・11	国民銀行経営破綻
	5・21	幸福銀行経営破綻
	6・12	東京相和銀行経営破綻
	8・7	なみはや銀行経営破綻
	8・20	日本興業銀行、第一勧業銀行、富士銀行が２００２年春の経営統合を合意

	9・28	金融再生委員会、長銀譲渡の最優先交渉先を米リップルウッド社のグループに決定
	10・2	新潟中央銀行経営破綻
	10・5	柳澤伯夫金融再生委員長退任
	10・14	住友銀行、さくら銀行が合併発表
	11・25	イトーヨーカ堂、銀行業参入の方針表明
	12・9	ソニー、銀行業参入の方針表明
2000	2・9	金融再生委員会、長銀を米リップルウッド社を中心とした投資組合へ譲渡決定
	2・24	金融再生委員会、日債銀譲渡の最優先交渉先をソフトバンクのグループに決定
	4・5	森内閣発足
	5・8	大阪証券取引所がナスダックジャパン市場を開設
	5・24	預金保険法等改正案、保険業法及び更正特例法の改正案が成立（ペイオフ解除を2002年4月に延期）
	5・30	金融再生委・金融監督庁が異業種の銀行業参入などに対する免許審査・監督の指針を発表
	6・6	金融再生委員会、日債銀をソフトバンク・オリックス・東京海上火災保険の3社連合へ譲渡決定
	6・15	三和銀行、東海銀行が合併発表
	7・1	金融監督庁と大蔵省金融企画局を統合し、金融庁発足
	7・12	そごう自主再建を断念、民事再生法適用申請
	10・12	ジャパンネット銀行開業
	11・27	自民党、政府に株価対策を要望
	12・5	柳澤伯夫金融再生委員長再任
	12・16	金融再生委員会、信用組合関西興銀と東京商銀信用組合を破綻認定

2001	1・6	中央省庁再編（1府12省庁体制発足）
	3・15	政府・与党緊急経済対策本部第1回会合（公的資金による株式の買い上げを討議）
	4・1	三井住友銀行発足
	4・6	経済対策閣僚会議による「緊急経済対策」発表（不良債権オフバランス化ルールの公表）
	4・26	小泉内閣発足
	5・7	アイワイバンク銀行開業
	6・11	ソニー銀行開業
	9・10	不動産投資信託（日本版ＲＥＩＴ）東証に上場
	9・11	米国同時多発テロ発生
	9・12	日経平均株価1万円割れ
	9・14	マイカル自主再建を断念、民事再生法適用申請
	9・19	「私的整理に関するガイドライン」公表
	9・21	大和銀行、あさひ銀行が経営統合を発表
	10・26	経済対策閣僚会議による「改革先行プログラム」発表（主要行への特別検査の実施）
	12・28	金融庁、石川銀行を破綻認定
2002	1・1	欧州単一通貨ユーロの流通開始
	1・15	ＵＦＪ銀行発足
	1・30	銀行等保有株式取得機構設立
	3・11	日本承継銀行設立
	3・8	金融庁、中部銀行を破綻認定

4・1	ペイオフ凍結一部解除（定期性預金のみ）
	みずほ銀行発足
7・12	「金融システムと行政の将来ビジョン」公表
9・5	金融審議会、決済用預金の全額保護案を答申
9・18	日銀、銀行保有株の直接購入を表明
9・30	第一次小泉内閣（第一次改造内閣）発足、柳澤伯夫金融担当相解任

〈ヤ　行〉

〈ラ　行〉

〈ワ　行〉

〈タ　行〉

〈ナ　行〉

〈ハ　行〉

〈マ　行〉

人名索引

〈ア　行〉

〈カ　行〉

〈サ　行〉

〈マ　行〉

〈ヤ　行〉

〈ラ　行〉

〈ナ　行〉

〈ハ　行〉

〈タ　行〉

〈サ　行〉

事項索引

〈英　数〉

〈ア　行〉

〈カ　行〉

【著者略歴】

柳澤 伯夫（やなぎさわ・はくお）

初代金融再生委員長

1935年静岡県生まれ。1961年東京大学法学部卒、同年大蔵省に入省。衆議院議員（8期）、国土庁長官（第31代）、国務大臣（金融再生担当）、金融再生委員会委員長（初・第7代）、金融担当大臣（初代）、自由民主党税制調査会会長、厚生労働大臣（第7代）、城西国際大学学長などを歴任。

主な著書に『赤字財政の10年と4人の総理たち』（日本生産性本部）がある。

平成金融危機

2021年3月22日　1版1刷

著　者　柳澤　伯夫

発行者　白石　賢

発　行　日経BP
日本経済新聞出版本部

発　売　日経BPマーケティング
〒105-8308　東京都港区虎ノ門4-3-12

D T P　CAPS

印刷・製本　中央精版印刷

Printed in Japan　ISBN978-4-532-35880-8